GEORG KOENIGER

Bis dass die Autotür uns scheidet

Ein Leben in 12 Fahrrädern

Mit 16 Abbildungen

MALIK

Mehr über unsere Autoren und Bücher:
www.malik.de

MIX
Papier aus verantwor-
tungsvollen Quellen
FSC® C006701
FSC
www.fsc.org

ISBN 978-3-89029-429-2
© Piper Verlag GmbH, München 2013
Fotos: Georg Koeniger, vespamore photography (S. 46),
123RF (S. 174, 214, 236)
Illustration: Sven Binner
Satz: seitenweise, Tübingen
Gesetzt aus der Quadraat
Litho: Lorenz & Zeller, Inning a.A.
Druck und Bindung: CPI – Ebner & Spiegel, Ulm
Printed in Germany

INHALT

VORNEWEG

Fahrräder haben meinem Leben von Anfang an eine Richtung gegeben. In Münster, wo ich aufgewachsen bin, lernt man das Radfahren sehr früh. Wer da mit zwei Jahren noch nicht alleine auf dem Drahtesel sitzen kann, dem wird Ergotherapie verschrieben. Überall sonst in Deutschland gilt bei Kindern die Fähigkeit zum Radfahren als ein Zeichen der Schulreife. In Münster kommt man ohne sie nicht einmal in die Krabbelgruppe.

In meiner Heimatstadt fährt jeder Rad. Schon immer. Von Kindesbeinen an bis ins hohe Alter. Ich sehe meinen Opa noch vor mir, wie er für Besorgungsfahrten in Hemd und Weste, mit Schlips und Hut sein Vorkriegsmodell bestieg. Seinen Gehstock, der nach dem Absteigen wieder vonnöten war, konnte er währenddessen mittels zweier Clips an der Vorderradgabel einrasten lassen. Wenn es zum geliebten Schrebergarten ging, wurden Gartenutensilien auf den Gepäckträger geklemmt, die Gießkanne hing am Lenker. Auf dem Rad ist er dann auch gestorben. Er ist eines Tages auf einer dieser Fahrten einfach abgestiegen, weil er sich plötzlich nicht wohlfühlte, wie er meiner Oma sagte, hat sich hingesetzt und ist verschieden. Aus dem Fahrradsattel abgetreten. Trotz der großen Trauer, die sein Tod bei allen von uns auslöste: Es gibt schlechtere Arten, sich aus dem Leben zu verabschieden.

Radfahren bringt einen weiter, nicht nur von Ort zu Ort, sondern auch persönlich. In meiner Kindheit gab es zum Beispiel noch keine Stützräder. Wir sind noch ehrlich auf die Nase geflogen. Und haben gleich was fürs Leben gelernt. Denn später, wenn dich dein Chef rausschmeißt oder deine Frau dich verlässt: Wo sind denn da die Stützräder? Jedes meiner Lebensabschnittsgefährte machte mich um mindestens eine Erfahrung reicher, erschloss mir neue Horizonte.

Bei meiner Vorliebe fürs Radfahren spielt sicher auch ein Stück Bequemlichkeit eine Rolle. Bevor ich zum Beispiel für einen Einkauf in der Innenstadt mein irgendwo im Viertel geparktes Auto suche, an jeder Ampel im Stau stehe, danach lange und erfolglos einen Parkplatz suche, um am Ende in ein sündhaft teures Parkhaus fahren zu müssen, springe ich doch lieber schnell aufs Rad und packe zu Hause schon wieder meine Einkäufe aus, während ich für das Auto gerade mal das Ticket aus dem Parkautomaten gezogen hätte. Auch öffentliche Verkehrsmittel sind mir meistens zu langsam, ganz zu schweigen von den oftmals langen Wartezeiten bis zu ihrem Eintreffen. Da ist es meiner seelischen Gesundheit sehr viel zuträglicher, wenn ich Rad fahre.

Übrigens hat es alle hier beschriebenen Fahrräder tatsächlich gegeben. Jedes Lebensabschnittsgefährt ist, was Charakter und Eigenschaften angeht, so wahrheitsgetreu geschildert wie möglich. Ähnlichkeiten mit noch rollenden oder bereits verschrotteten Rädern müssen also kein Zufall sein. Auch die erwähnten Orte und Landschaften sind tatsächlich alle von mir mit dem Rad besucht worden. Dies ist jedoch keine *Autobiografie*, sondern eine *Fahrradbiografie*. Bei den in diesem Buch erwähnten Menschen habe ich mir daher gewisse dichterische Freiheiten erlaubt. Manche sind mehr oder weniger erfunden, manche nur vage an tatsächlich existierende Personen angelehnt. Wieder andere vereinen die Eigenschaften verschiedener tatsächlich existierender Reisepartner in nur einem fiktiven Charakter.

Ein Wort zum Wort »radeln«. Ich weiß, dass jedem nördlich des Mains Geborenen das Wort sehr bairisch vorkommt. Es ist jedenfalls alles andere als westfälisch. Aber ich muss sagen: Es ist vor allem praktisch. Während die Holländer *footballen, tennissen* und eben *fietsen*, müssen wir im Hochdeutschen immer ein sperriges »spielen« oder »fahren« hinzufügen, also »Fahrrad fahren« sagen. Nicht so beim bairischen »radeln«. Deshalb benutze ich es immer wieder gerne. Vielleicht trägt das dazu bei, dass dieses kurze und prägnante Verb auch in Norddeutschland Fuß fassen wird oder besser: eine Rolle spielt.

Niemand erlebt dich so unverstellt und ungeschminkt wie deine Räder. Sie hören dich gotteslästerlich fluchen, wenn mal wieder ein Auto den Weg versperrt, sie spüren deine Schwäche, wenn du dich ohne Mumm den Berg heraufquälst, sie müssen deine Nachlässigkeit erdulden, wenn du mal wieder die einfachsten Pflegearbeiten vergisst.

Fahrräder lehren dich, bei langen Anstiegen Geduld zu haben, dich im Straßenverkehr in andere Menschen hinein-zuversetzen, sie fördern dein Improvisationsgeschick bei Pannen; sie machen es dir leicht, auf Reisen mit Einheimischen in Kontakt zu kommen, sie halten dich fit – zumindest solange kein argloser Zeitgenosse im falschen Moment die Autotür auf-reißt ...

»GETTING DOORED« IN EDINBURGH

A Scottish piper stands alone
And high on the wind
The highland drums begin to roll
And something from the past just comes
And stares into my soul

MARK KNOPFLER, »SAILING TO PHILADELPHIA«

Normalerweise wäre mir so etwas nie passiert. Ich bin ein erfahrener Radfahrer und von Kindesbeinen an besonders in der Stadt sehr umsichtig. So halte ich stets mindestens eine Türbreit Abstand zu parkenden Autos, wenn ich an ihnen vorbeifahre. Beständig scanne ich das Wageninnere durch die Rückfenster nach Insassen ab, die möglicherweise genau in dem Moment die Tür öffnen könnten, in dem ich neben ihnen bin. Meine Ohren sind gespitzt und mein ganzer Körper darauf trainiert, sofort mit einem Ausweichmanöver zu reagieren, sollte sich das verräterische »Klick« melden, das Türschlösser machen, wenn sie geöffnet werden. *Getting doored* heißt es im Englischen, wenn man als Radfahrer von einer Autotür erwischt wird – »getürt« werden. Aber an diesem Vormittag in Edinburgh herrschten keine normalen Umstände.

Es war der letzte Tag unseres Radurlaubs in Schottland gewesen. Sarah, eine gebürtige Schottin, hatte die Reise vorgeschlagen. Ich war nicht gerade begeistert gewesen. Schon allein wegen des Wetters war Schottland nicht allzu hoch auf meiner Prioritätenliste von Ländern, die es noch unbedingt zu besuchen galt. Aber nachdem Petra und ich unsere Freunde Sarah und John zweimal über die Alpen und einmal quer durch Korsika gescheucht hatten, war das Vorschlagsrecht eindeutig auf ihrer Seite.

Ich wurde von Schottland ganz positiv überrascht. Die Landschaft war einfach grandios. Obwohl nur wenige Hundert Meter hoch, wirkten die unzähligen kargen Hügel wie die Gipfel in einem hochalpinen Gelände. Und eine Einsamkeit, wie man sie in einem europäischen Land nicht erwarten würde.

Jetzt stand ich ziemlich gut gelaunt mit meinen Freunden an einer Kreuzung mitten in der schottischen Hauptstadt. Mein Reiserad zitterte unternehmungslustig unter mir. Allerdings konnten wir uns nicht einigen, wie wir unsere geplante Sightseeingtour nun angehen sollten.

Das war an sich nichts Neues. Denn: Vier Leute sind wohl die größte gerade noch akzeptable Zahl von Radlern auf einer Tour. Jedenfalls wenn kein bezahlter Reiseführer dabei ist.

Schon zwei Radler sind dem Solo-Pedaleur in der Tagesleistung hoffnungslos unterlegen. Man kommt zu zweit morgens schon so viel später los, weil einer noch mal aufs Klo muss oder einen Handschuh nicht findet oder weil das Frühstück länger dauert, da man sich gerade noch so nett unterhält.

Auch die Anzahl der Stopps steigt mit der Anzahl der Mitradelnden. Wenn also ein Radler, sagen wir mal, fünfmal am Tag anhält, sind es bei zwei Radlern schon zehn Stopps, denn jeder muss zu unterschiedlichen Zeiten aufs Klo, und oft kriegt man auch zu unterschiedlichen Zeiten Hunger. Dem einen ist zu warm, der dem anderen zu kalt oder zu nass oder beides – alles Anlass zum Anhalten und Umziehen.

Aufwendige Computersimulationen am Lehrstuhl für Velologie und Cyclistik der Radhochschule Münster haben ergeben: Erhöht man die Zahl der Mitfahrer weiter, steigt die Zahl der Stopps nicht mehr nur linear an, sondern exponentiell, das heißt bei vier Fahrern sind es nicht mehr 5 mal 4, also 20 Stopps, sondern 5 hoch 4, also 625 Stopps an einem Tag. Jetzt werden zusätzlich Fotos geschossen, seltsame Geräusche an der Vorderachse untersucht, Schuhbändel in die Kette verwickelt, Telefonate angenommen, an jeder Kreuzung Zweifel am Routenverlauf geäußert, Wehwehchen behandelt, Reißverschlüsse verklemmt, Kleidungsstücke gesucht, Wutattacken ausgelebt, Schwächeanfälle simuliert, Freundschaften aufgelöst und einige Kilometer später wieder gekittet. Auch die Standzeiten verlängern sich aufgrund unterschiedlicher Marotten der einzelnen Gruppenmitglieder und des unterschiedlichen Tempos beim Radeln und beim Essen. Es ist eigentlich ein Wunder, dass vier Radler zwischendurch überhaupt die Zeit finden, gemeinsam zu fahren.

Aufgrund dieser Erfahrungen hatte ich schon am Abend vorher in unserem Hotel in Edinburgh die Planung für den heutigen Tag begonnen.

»Aber wir hatten doch beschlossen, bei der Besichtigung mit der Burg anzufangen«, fasste ich nun auf der Straße stehend den Diskussionsstand des gestrigen Abends zusammen.

Jedenfalls so, wie ich ihn nach dem ewigen Palaver verstanden hatte.

»Ja, aber ich wusste ja nicht, dass das hier so steil raufgeht.« Sarah hatte immer noch eine ausgeprägte Scheu vor Steigungen.

»Burgen liegen gerne mal hoch oben. Außerdem sollten dir die steilen Hügel doch jetzt nichts mehr ausmachen.«

»Aber doch nicht am letzten Tag. Da will ich es relaxed angehen lassen.«

»Also ich muss heute auch nicht mehr auf dem Rad rumgurken«, bekam Sarah jetzt unerwartet Schützenhilfe von John.

»Was soll das denn jetzt heißen?«

»Dass sich hier im Viertel einige sehr einladende Pubs befinden.«

»Und ich habe schon beim Frühstück gesagt, dass ich noch shoppen gehen will«, mischte sich nun Petra ein.

»Wozu sitzen wir eigentlich gestern fast zwei Stunden zusammen und planen den heutigen Tag, stelle ich dann mühselig einen Besichtigungskurs zusammen, der allen Bedürfnissen gerecht wird, wenn ihr den bei der erstbesten Gelegenheit wieder umschmeißt?«

»Naja, ich wusste ja nicht, dass die Pubs schon um diese Zeit offen haben.«

»Und dass die Läden so einladend aussehen.«

»Wisst ihr was? Ihr könnt mich alle mal!« Wütend trat ich in die Pedale. Trotz aller Debattenhärte, die ich inzwischen mit meinen Freunden erworben hatte, das schlug alles. Ich stieg aus dem Sattel und gab Gas Richtung Festung. Ich war in der richtigen Stimmung, den Hügel zur Burg im Rekordtempo hinaufzufahren und – WAMM! – fuhr ungebremst gegen die sich öffnende Türe eines Kleinwagens.

Mein deutscher Radfahrerinstinkt hatte Autos auf der linken Seite wirklich nicht auf dem Schirm, denen kam ich normalerweise ja nicht zu nahe. Im nächsten Moment flog ich über die Autotür, langsam und zeitlupenartig, wie mir schien, und gleichzeitig war mir, als ob neben mir schon wieder jemand

streiten würde. Es klang genau wie eine dieser endlosen Debatten, die wir vier so oft während unserer verschiedenen Radreisen geführt hatten. Ich hörte mehrere Stimmen, aber das waren nicht meine Freunde, die da diskutierten.

»Also, Leute, wir müssen noch eine Sache klären ...«
»Och nöööö ...«
»Ich weiß, gleich ist Mittagpause, aber da unten in Edinburgh fliegt noch ein Radfahrer durch die Luft. Was wollen wir mit dem machen?«
»Also ich würde sagen, den holen wir heim in den Himmel und fertig.«
»Och nöö, nicht schon wieder einen Radfahrer.«
»Was hast du denn gegen Radfahrer?«
»Die sind zu fit. Ich hab hier schon die ganze Wolke voller Radfahrer.«
»Ja und?«
»Die bleiben ja nie mal still sitzen. Die platzen vor Bewegungsdrang und fressen einem die Haare vom Kopf.«
»Apropos: Was gibt's denn heute in der Kantine zu essen?«
»Keine Ahnung. Schau halt auf den Speiseplan.«
»Denkt doch mal an den ganzen Aufwand, wenn wir ihn nicht heimholen. Gehirnerschütterung, Krankenhaus, Gips, Reha, das dauert ja ewig, bis wir den wieder aufgepäppelt haben.«
»Wie wär's denn mit einem Wunder? Wir lassen ihn einen Riesensatz machen, und er steht auf und hat keinen Kratzer.«
»Leute, wir müssen zu Potte kommen, der kann ja nicht ewig fliegen, das fällt irgendwann auf.«
»Oder die Zeitraffernummer? Ihr wisst schon, während er fliegt, zieht sein ganzes Leben an ihm vorüber und so weiter, und wir gehen erst mal was essen? Nachher können wir dann ja immer noch überlegen.«
»Naja, nicht gerade originell, aber wenn wir uns nicht beeilen, fressen uns die anderen wieder alles weg.«

MEIN ERSTES FAHRRAD

Du kommst sehr schnell und leicht zum Ziele,
fährst Du ein Fahrrad Marke Miele.

WERBESPRUCH AUS DEN 1950ER-JAHREN

Obwohl Fahrradfahren in Münster so verbreitet war, fehlte es in unserer Familie am Anfang an geeigneten Fahrzeugen, denn wir hatten wenig Geld. Meine Mutter hat uns fünf Kinder alleine großgezogen. Mein Vater hat unsere Familie verlassen, als ich vier Jahre alt war. Wenigstens ließ er uns sein Fahrrad zurück. Auf dem fuhr bald mein älterer Bruder Jochen. Weil es für ihn zu groß war, wurde der Sattel direkt auf die Stange geschraubt, sodass Jochen gerade mit den Füßen an die Pedalen reichte. Mir blieb nur der Platz auf dem Gepäckträger. Jochen hasste es, mich durch die Gegend fahren zu müssen, und ich hasste es, tatenlos hintendrauf zu sitzen. Einmal habe ich sogar meinen Fuß in die Hinterradspeichen bekommen. Meine Zehen sind zum Glück heil geblieben, meine Sandale hat es aber nicht überlebt. Die Standpauke, die mein großer Bruder dafür von unserer Mutter erhielt, war gewaltig. Danach war er noch weniger motiviert, mich mitzunehmen. Und ich noch weniger bereit, mich mit der Beifahrerrolle abzufinden.

Die erste Fahrt auf einem Fahrrad, an die ich mich erinnere, war auf dem Damenrad meiner Mutter. Die Firma Miele hat zwischen 1924 und 1960 in Bielefeld ungefähr 1,2 Millionen Fahrräder gebaut. Eins davon gehörte meiner Mutter. Auf den Pedalen stehend, mit den Armen nach oben die Griffe des Lenkers fassend, schlingerte ich über unseren Spielplatz. Ich nehme an, dass ich das Radeln auch auf diesem Rad erlernt habe. In unserer Familienchronik finden sich dazu leider keine Aufzeichnungen. Normalerweise war meine Schwester mit diesem Rad unterwegs, wenn es unsere Mutter nicht brauchte. Jetzt hatte ich es ihr abgeluchst. Es noch dazu verbotenerweise selbst aus dem Keller getragen und dabei natürlich zur großen Freude unserer Vermieterin ein paar Schrammen in die weiß gekalkte Wand graviert. Aber auf solchen Kleinkram konnte ich keine Rücksicht nehmen. Ich wollte meinem Bruder nacheifern und ihn bei unserem geplanten Rennen – dreimal um den Löschteich – besiegen.

Das Rad meiner Mutter war wunderschön. Ich sehe es noch genau vor mir: die wie bei einem Rolls-Royce auf das vordere

Ende des Schutzblechs geschraubte »Kühlerfigur« in Gestalt eines flachen Globus, der von einem Pfeil durchbohrt wurde und eine Banderole mit der Aufschrift »Miele« trug. Darüber thronte die wuchtige Vorderlampe, die noch mit einem kleinen Drehschalter zu bedienen war. Und über dieser schwebte der wie die ausgebreiteten Flügel eines Vogels geschwungene Lenker, dessen schwarze Griffe ich nur mit erhobenen Armen erreichen konnte. Den langen dünnen Handbremshebel konnte ich ebenso wenig bedienen wie die klobige Klingel, die mit einem Relief vom heiligen Christophorus verziert war. Beim Aufsteigen fiel mein Blick immer auf das liebevoll mit Kreisen ausgearbeitete Kettenblatt und auf das fein ins Schutzblech eingewebte Netz über dem Hinterrad, das Damenröcke von den Speichen fernhalten sollte. Ein doppelbeiniger Ständer war unter die Tretkurbel geschraubt; wenn man das Gewicht geschickt nach vorne verlagerte, konnte man das Hinterrad sogar im Stehen drehen. Es war nicht einfach, mit diesem riesigen Mutterschiff Fahrt aufzunehmen. Und nicht ganz ungefährlich. Man konnte von den Pedalen rutschen und sich die Knie aufschrammen.
Aber ich hatte inzwischen den Bogen raus, und wenn das schwere Teil einmal rollte, war es auch gut zu kontrollieren. Und so versuchte ich also, meinem Bruder nachzujagen, der schon einigen Vorsprung hatte. Das ging auch eine Weile gut, ich hatte sogar den Eindruck, dass ich mindestens so schnell war wie er, aber dann rutschte ich in einer Kurve auf einem Sandfleck aus, das Mielerad legte sich quer, und ich flog darüber. Das offene Rohr des Lenkers schlug mir einen Halbmond in die Unterlippe. Ich blutete wie ein Schwein. Nach diesem Unfall bemühte sich meine Mutter intensiver um ein Fahrrad für mich.

Und so wurde ich stolzer Besitzer meines ersten eigenen Drahtesels. Nicht, dass das Fahrrad nach etwas ausgesehen hätte. Dabei war es ein handgemachtes Einzelstück. Allerdings kein allzu edles. Unser Nachbar, Herr Genauer, ein älterer krummbuckliger Herr, der seine Kriegsversehrtenrente mit Reparaturarbeiten aller Art aufbesserte, hatte es aus vielen Schrottteilen zusammengebaut. Seine Werkstatt war ein kleiner, selbst zusammengezimmerter Schuppen, den er auf einer Baulücke errichtet hatte. Diese Schneise hatte einer der vielen Bombenangriffe auf Münster in unsere Straße gerissen, und sie war auch in den Sechzigerjahren noch nicht wieder geschlossen worden. Dass er für seine Werkstatt Miete zahlte, war kaum anzunehmen. Der Verschlag war bis zum Dach mit Metallteilen vollgestopft, über deren Herkunft man nur spekulieren konnte. Im Viertel hieß es, nach dem Krieg habe Herr Genauer viele Teile aus den ausgebombten Häusern »organisiert«. Er selbst sagte, jedes Teil sei redlich erworben. Jedenfalls hatte Herr Genauer auf Initiative meiner Mutter hin mir zu meinem siebten Geburtstag dieses Fahrrad zusammengebastelt. Mein eigenes Fahrrad. Ich war so stolz, dass ich seine kleinen Unzulänglichkeiten gar nicht wahrnahm.

Die noch nicht abgesprungenen Überreste der ehemaligen Lackierung versuchten verzweifelt, dem sich pausenlos ausbreitenden Rost Widerstand zu leisten. Überall zeigten sich dunkle Ölflecken an Rohren und Schutzblechen – Zeugen des halbwegs gelungenen Versuchs von Herrn Genauer, alle beweglichen Teile des Fahrrads einigermaßen gängig zu machen. Das Vorderrad war ein bisschen kleiner als das Hinterrad, der Rahmen neigte sich deshalb leicht nach vorne. Dadurch wirkte das Rad sehr schnittig, wie ich fand. Der Sattel bestand nur noch aus einem Metallgerippe mit Federn. Die Lederhosen, die ich sommers wie winters trug, mussten den Satteleüberzug ersetzen. Kein allzu überzeugendes Konzept für lange Fahrten. Aber mir war das egal, ich fuhr sowieso meist nur im Stehen. Das hatte ich ja auf dem Fahrrad meiner Mutter auch nicht anders gemacht.

Die Vorderradbremse arbeitete mit einem Gummiklotz, der sich von oben auf den Reifen drückte, wenn man den langen geschwungenen Bremshebel betätigte. Nicht sehr wirkungsvoll. Deshalb wurde sie von mir, auch meist vernachlässigt. Wie einem Rennfahrer gelang es mir, durch Betätigen der Rücktrittbremse und geschicktes Querstellen des Rades meine Fahrt viel stil- und wirkungsvoller zu beenden. Das erforderte viel Übung. Ganze Nachmittage verbrachten meine Freunde und ich damit, in Parks oder auf Spielplätzen möglichst lange Bremsspuren in die Schotterwege zu gravieren. Wie im Schwimmbad bei der Arschbombe versuchten wir dabei außerdem, sozusagen für die B-Note, möglichst viel Sand und Kieselsteine in die Luft zu schleudern. In einer anderen Disziplin galt es, mit Höchstgeschwindigkeit von hinten auf ahnungslose Mädchen zuzufahren und sie dann mit einem haarsträubenden Bremsmanöver zu möglichst schrillen Schreien und lautstarken Verwünschungen zu provozieren. Wer Schläge bekam, galt unter uns als besonders erfolgreich. Um nicht frühzeitig bemerkt zu werden, musste ich dafür allerdings die hölzernen Eisstiele und Plastikteile lösen, die ich sonst mit Gummibändern an den Rahmen befestigte, um dem Fahrrad die angemessene Geräuschkulisse für unseren Auftritt zu verschaffen. Klappern gehörte zum Radeln.

Einen Namen hatte mein Drahtesel auch bald: Ich nannte ihn Flury, weil er für mich wie das Pferd Fury in der Fernsehserie mein treuester Begleiter war. »Na, Fury, wie wär's mit einem kleinen Ausritt?« Das war der legendäre Satz, mit dem jede Folge begann. Ich habe das allerdings immer F-l-urie ausgesprochen, das ging leichter über die Lippen als das komplizierte F-j-urie.

Das Fahrrad eröffnete mir ganz neue Welten. Plötzlich konnte mich mein älterer Bruder nicht mehr abhängen, wenn er verbotenerweise zur Gärtnerei am anderen Ende des Viertels fuhr, über den Zaun kletterte und versuchte, die dort in einem Stall stehenden Schweine zu »dressieren«. So war ich dabei, als ihm die sensationelle Leistung gelang, alle neun Schweine in einer Reihe aufzustellen. Ich konnte auch in rasender Flucht aufs Rad springen und davonsausen, als wir dabei überrascht wurden. Ich konnte in die Nähe des Bahnhofs radeln und direkt an den Gleisen, auf einem Trafokasten sitzend, den langen Güterzügen nachschauen. Immer in der Hoffnung: Vielleicht sehe ich ja heute einen Zug mit mehr Waggons als den mit 41 von letzter Woche. Endlich konnte ich auch regelmäßig zum Tischtennistraining fahren. Niemand kam in den Sechzigerjahren auf die Idee, seine Kinder zum Sport zu kutschieren. Das mussten wir schon selber hinbekommen. Mein Fahrrad fungierte auch als mobile Räuberleiter. Richtig angelehnt, konnte man auf dem Oberrohr stehend eine bisher unerreichbare Mauerkrone erklimmen. Manchmal rollte das Rad allerdings beim letzten Abstoßen davon, dann hing ich hilflos zwischen Himmel und Erde.

Das Fahrrad bot mir auch sonst viele Möglichkeiten, meine motorischen Fähigkeiten zu verbessern. Für eine Weile gehörte es im Rahmen der familiären Arbeitsteilung zu meinen Aufgaben, jeden Tag frische Milch zu holen. Mit der leeren Zweiliter-Kanne war ich bisher zu Fuß zum Lebensmittelladen gestiefelt, um mir an der großen Handpumpe zwei Liter abfüllen zu lassen. Auf dem Rückweg habe ich dann den physikalischen Nachweis für das Wirken der Zentrifugalkraft erbracht, indem ich die gefüllte Zweiliter-Milchkanne in schnellen Windmühlenbewegungen hoch über meinem Kopf herumschwenkte. Meistens gelang mir das auch ohne größere Zwischenfälle. Dieselben Windmühlenbewegungen jetzt auf dem Fahrrad in voller Fahrt zu vollbringen, kostete mich mehrere Versuche, den Verlust mehrerer Liter Milch und mehrere Wochen Taschengeldentzug.

Seit ich mein Rad hatte, war keine Treppe vor meinen Abfahrtsversuchen mehr sicher. Und als es mir gelang, an einem trockengelegten und zum Spielplatz umfunktionierten Löschteich aus dem Zweiten Weltkrieg die Betonmauern herunterzufahren, war ich für eine Weile der König der Marienthalstraße.

Kurz und gut: Mein Fahrrad war mir mindestens genauso wichtig wie einem Cowboy sein Pferd. Aber dann wurde eines Tages diese unverbrüchliche Freundschaft auf eine harte Probe gestellt.

»Lässt du mich mal fahren?«, fragte Sylvia, ein frisch zuge-
zogenes Mädchen aus der Parallelstraße, und wedelte ein bisschen mit ihren blonden Zöpfen.

»Was? Mit meinem Fahrrad?« Das gefiel mir gar nicht.

»Mmh, weiß nicht«, versuchte ich mich deshalb rauszu-
reden, »geht ja eigentlich nicht, ist ja ein Jungenfahrrad. Mit
Stange und so.«

»Ja und? Meinst du, ein Mädchen kann deshalb nicht drauf
fahren?« Dafür, dass sie von mir einen Gefallen wollte, war sie
ganz schön schnippisch, fand ich.

»Nee, ich mein nur, der Sattel ist zu hoch.«

»Nicht wenn ich mit Rollschuhen fahre.«

Mir gingen langsam die Argumente aus. Ich hätte natürlich einfach Nein sagen können. Ich war zehn, ich hatte mein
Fahrrad nun schon einige Jahre, und ich hatte bisher niemandem erlaubt, es zu fahren. Und dafür hatte ich bisher noch nie
eine Begründung gegeben. Ich wollte einfach nicht. Fertig.
Wieso sollte ich bei einem elfjährigen Mädchen eine Ausnahme
machen?

Ich musste an meine Mutter denken, die uns immer eingebläut
hatte: »Es gibt die drei großen F, die man nie verleihen sollte:
Frauen, Füller und Fahrräder.« Zwar hatte ich keine Ahnung,
wie man eine Frau verlieh, meinen Füller hatte ich schon so oft
verloren oder die Feder kaputt gemacht, dass mir das aktuell in
meinem Besitz befindliche Modell herzlich egal war, aber das
mit dem Fahrrad leuchtete mir sofort ein. Dieser Fall hier lag
allerdings komplizierter: Wie muss man die Regel auslegen,
wenn sich das eine F ein anderes F ausleihen möchte, wenn also
eine Frau mein Fahrrad will?
Ein Stück weit hatte ich mir die Sache ja selber eingebrockt.
Ich hatte Sylvia, um ihr zu imponieren, erzählt, dass mein
Flury ein echtes Kriegsfahrrad sei, das Herr Genauer aus Sta-
lingrad gerettet habe. Der Lederüberzug des Sattels habe den
harten Winter 1942 nicht überstanden, der sei in einem Koch-
topf gelandet und von den Landsern verspeist worden. Mit dem

letzten Flugzeug seien die beiden dann rausgekommen. Die Kratzer und Beulen am Rahmen – eigentlich nur das Ergebnis meiner nachlässigen Art, das Fahrrad durch den engen Fahrradkeller zu manövrieren – hatte ich ihr als Spuren eines russischen MG-Angriffs verkauft. Insofern hatte ich ihr mein Fahrrad vielleicht etwas fahrlässig allzu schmackhaft gemacht. Dass Sylvia unbedingt auf meinem alten Rad fahren wollte, war dennoch ziemlich erstaunlich, denn es gab Alternativen.

»Oder soll ich Bernd fragen, ob er mich fahren lässt?«, fragte sie jetzt, als könnte sie meine Gedanken lesen.

Das war eine ziemlich fiese Frage, denn Bernd hatte seit Kurzem ein Bonanzarad. Er wohnte gleich bei uns um die Ecke. Er hieß eigentlich Bernward, aber alle nannten ihn nur Bernd. Er war zwar ein Jahr älter als ich, aber uns verband ein gemeinsames Schicksal: Wir hatten beide lange gelispelt. Unter dem Druck meiner mich ständig hänselnden Geschwister gelang es mir schneller als dem Einzelkind Bernd, diesen Sprachfehler abzutrainieren. Für eine Weile hatte ich deshalb Oberwasser.

»Bernd, sag mal Schutzblech«, hänselte ich ihn, so wie mich meine Geschwister gehänselt hatten.

»Nein, nicht Sssutsssblech, das heißt Schutzblech. Sag mal Schutzblech!« –»Ssseissspott!«, verlor Bernd irgendwann die Geduld und verprügelte mich.

Seitdem waren wir Freunde. Seit einem Jahr lispelte er auch nicht mehr und seit ein paar Monaten besaß er eben das Bonanzarad. Er war der Erste in unserer Nachbarschaft, der eines hatte. Während wir anderen noch auf mehr oder weniger alten Mühlen um die Kreuzkirche herumsausten, hatte er plötzlich das coolste Rad im Viertel.

Als ich ihn zum ersten Mal damit sah, dachte ich, er säße auf einem Motorrad. Mit dem hohen Lenker und dem bananenförmigen Sattel sah es aus wie eine amerikanische Harley-Davidson aus dem Fernsehen. Und Bernd saß mit seinen fast elf Jahren auch drauf wie ein waschechter amerikanischer Filmstar. Er hatte sich sogar einen Zahnstocher besorgt, damit es so aussah, als hätte er eine Zigarette im Mundwinkel. Stolz zeigte er

mir seine Gangschaltung, die nicht mit einem mickrigen kleinen Hebel am Lenkergriff betätigt wurde, sondern mit einem mächtigen, zwischen seinen Oberschenkeln mittig auf den beiden dünnen Oberrohren angebrachten Schaltknüppel, der an die Automatikschaltung bei einem Rennauto erinnerte. Bernd saß am liebsten so, dass er die Arme auf der Schaltung lässig über Kreuz aufstützen konnte. Der Sockel des Schalthebels war sogar mit einer Folie in Holzmaserung beklebt. Wie bei einem Alfa Romeo.

Während alle unsere Normalo-Räder in gedeckten Farben von dunkelgrün bis rostbraun daherkamen, war sein Rahmen in einem knalligen Orange gespritzt. Die hoch aufragenden Lenkerenden des Bonanzarads waren mit bunten Plastikbändern versehen, hinten am Bananensattel flatterte stolz ein Fuchsschwanz, wenn Bernd seine Runden drehte. Zwei Rückspiegel und ein Mercedes-Stern (Gott weiß, wo er den herhatte …) taten ein Übriges: Jetzt drehten sich die Köpfe nach *seinem* Fahrrad. Ich platzte fast vor Neid. Seit er es sein Eigen nannte, sah man ihn eigentlich nur noch auf dem Rad, als wäre es irgendwie mit ihm verwachsen. Er fuhr damit bis auf die Terrasse seines Elternhauses, die prompten und regelmäßigen Ermahnungen seiner Mutter ignorierend. Alte Männer gehen nicht ohne Stock aus dem Haus, Bernd ging nicht ohne Bonanzarad.

Sylvia war, obwohl sie in einer anderen Straße wohnte, erstaunlich oft in unserem Revier anzutreffen. Bernd behauptete, das sei wegen seines Bonanzarades.

»Wegen der albernen Mühle? Sieht ja aus wie die Kreuzung von einer Nähmaschine mit einem Pfingstochsen!«, stichelte ich und war schon weitergerollt, ehe er versuchen konnte, mich mit seinem Vorderreifen zu treffen. Ich fuhr Schlangenlinien, während er von hinten versuchte, mich zu schubsen. So war es jetzt oft: Während Sylvia scheinbar desinteressiert auf einer Mauer oder Bank saß, versuchten wir ihr mit unseren Rädern zu imponieren. Ich dachte, ich hätte eigentlich keine Chance gegen seinen Flitzer, aber bei unseren Wettrennen zeigten sich bald die Schwächen des Bonanzarads. Wenn man damit nicht lässig und dekorativ an einer Straßenecke oder auf dem Spielplatz herumstand, sondern tatsächlich damit fuhr, war es selbst alten Kleppern wie meinem Kriegsveteranen Flury hoffnungslos unterlegen. Obwohl Bernd älter war und größer als ich, gewann ich jedes Rennen gegen ihn. Er kam mit seinem Chopper einfach nicht »aus dem Quark«, wie wir sagten. Das Teil war nämlich ziemlich schwer. Wenn er schließlich keuchend zu mir aufschloss, behauptete er, ich hätte einen Frühstart hingelegt, oder er klagte über einen Kettenklemmer.

Sein Fahrrad war außerdem alles andere als bequem, und längere Fahrten darauf waren eine richtige Tortur. Nicht umsonst wurde das Bonanzarad oft stehend gefahren. Mit dem hohen Lenker und der seltsamen Sitzposition hatte Bernd große Schwierigkeiten, es im Gelände zu beherrschen. Die großen glänzenden Federn an der Vordergabel dienten nur zur Zierde. Die so beneidete »Pornoschaltung« versagte schnell ihren Dienst. Irgendwann rammte sich Bernd auch noch bei einem der vielen Stürze den Schalthebel in die Weichteile. Als er wieder atmen konnte, beendete ein wütender Tritt das Leben des Schalthebels.

Vor dem blondbezopften Publikum versuchten wir auch immer wieder, uns mit Tricks zu übertreffen. Er fuhr freihändig, die Beine nach hinten angewinkelt, die Hosenbeine hatte er mit den Händen gepackt, damit sie nicht auf dem Boden schleiften. Ich versuchte es mit voltigierähnlichen Übungen: Tempo gewinnen, dann halb absteigen und auf einer Pedale stehend, abspringen, in voller Fahrt zwei Schritte machen und sich dynamisch wieder auf den Sattel schwingen.

Offensichtlich hatten Sylvia meine Übungen mehr imponiert, denn sie wollte mit meinem Flury fahren und nicht mit Bernds Bonanza-Banane. Insofern klangen ihre Drohungen, Bernd zu fragen, etwas hohl. Dennoch gab ich nach.

»Nee, ist ja schon gut. Kannst mal fahren.« Ich hielt ihr Flurys Lenker hin. Wir standen am Rand der Promenade, des alten Festungswalls der Stadt und so ziemlich deren einzige Erhe-

bung. Man hatte sie schon vor langer Zeit mit einem Asphalt-
band versehen, auf dem Radfahrer fast ohne Unterbrechung
um die ganze Stadt herumrollen können. Diese ausschließlich
für Radfahrer vorgesehene Stadtautobahn ist noch heute ziemlich einzigartig, in den Sechzigerjahren war sie geradezu sensa-
tionell. Wir Kinder dachten uns aber nichts dabei. Wir kannten
es nicht anders. Im Gegenteil: Wir nahmen an, so etwas gebe
es überall.

Im Schweiße meines Angesichts hatte ich Sylvia zum Kamm der
Promenade heraufgeschleppt. Auf ihren Rollschuhen stehend
und sich an meinem Gepäckträger festhaltend, hatte sie sich
ständig beschwert, es gehe ihr zu langsam. Und oben dann verkündet, sie wolle selber fahren. Aber das war noch nicht alles:
Ich solle mitfahren, eröffnete sie mir jetzt. Auf dem ziemlich
betagten Gepäckträger, der wohl tatsächlich schon vor 1945
Marschbefehle an die Front gebracht hatte.
   »Aber wieso denn? Fahr doch einfach mal hier auf der Promenade auf und ab, dann ist gut.«
   »Ooch, langweilig«, maulte sie und zog eine Schnute.
Bei meiner Schwester hätte mich das jetzt fuchsteufelswild
gemacht. Bei ihr machte mich das ... ich konnte das gar nicht
genau sagen ... weich?
   Ich half ihr also in den viel zu hohen Sattel, stellte ihre Rollschuhe auf die Pedalen, hielt das Rad in der Balance und nahm
vorsichtig auf dem breiten Gepäckträger Platz, der sofort
schmerzhaft gegen meine Oberschenkel drückte. Sie wollte
einen steilen Schotterweg hinunterfahren, der von der Promenade abzweigte.
   »Wieso willst du denn da nicht mit Rollschuhen runter?«,
machte ich einen letzten Versuch, das Unheil abzuwenden.
Zu ängstlich, um nach vorne zu sehen, studierte ich lieber das
nähere Umfeld. Ich stellte fest, dass der Gepäckträger mit zwei
verschiedenen Schrauben am Rahmen festgemacht war, eine
rund mit Schlitz, die andere sechseckig und flach. Ob sie wohl
halten würden?

»Geht nicht«, behauptete sie, »da klemmen sich Steinchen ein und dann blockieren die Räder.« Sprach's und trat scheppernd in die Pedalen. Ich versuchte noch mit den Füßen schleifend zu bremsen, aber es war schon zu spät. Immer schneller werdend, rollten wir den Hügel hinab.

Bald begann das Fahrrad bedrohlich zu schlingern, sie schien keine Gewalt mehr über den Lenker zu besitzen, und die Rollschuhe hinderten sie offensichtlich daran, zu bremsen. Oder wollte sie etwa so schnell fahren? Unsere Schräglage wurde schnell so bedrohlich, dass ich mich irgendwann entschied abzuspringen. Wie beim Bockspringen im Turnunterricht stützte ich beide Hände auf den Gepäckträger, hob mich selbst ab und schwang mich rückwärts vom Rad. Sobald meine Beine den Boden berührten, versuchten sie wie wild rennend das rasende Tempo des Oberkörpers aufzunehmen, der gemäß den Gesetzen der Trägheit unwiderstehlich vorangezogen wurde. Dieses ungleiche Rennen ging nur zwei Schritte gut, dann konnte ich mich nicht mehr auf den Beinen halten und kippte bei voller Geschwindigkeit vornüber. Bevor ich aufschlug, gelang es mir noch, die Hände nach oben zu reißen und den Kopf auf die Brust zu nehmen. So legte ich eine vorbildliche Rolle vorwärts auf den Weg. Mein Schwung war danach immer noch so groß, dass ich direkt wieder auf die Beine kam, die sich diesmal erfolgreich bemühten, unter meinem davoneilenden Schwerpunkt zu bleiben und ihn dann langsam abzustoppen. Mein Turnlehrer wäre geradezu begeistert von mir gewesen.

Schnaufend stand ich da und schaute mich um. Offensichtlich war es mir gelungen, relativ unbeschadet abzusteigen. Meine Flugrolle auf dem Kiesweg hatte einige Bremsspuren auf Schultern, Wirbelsäule und Hüftknochen hinterlassen (»Mein Gott, der Junge ist ja nur Haut und Knochen«, hörte ich meine Tante sagen), aber ich würde es wohl überleben.

Ob das bei Sylvia auch der Fall war, konnte ich nicht gleich sagen, denn weder sie noch mein Fahrrad waren irgendwo zu sehen. Von Sorge getrieben, lief ich den Rest des Hügels so schnell ich konnte abwärts. Schließlich hörte ich ein unter-

drücktes Fluchen. Ich entdeckte Sylvia und mein Fahrrad neben dem Weg in einem Gebüsch liegend. Während das Hinterrad noch einige letzte sinnlose Umdrehungen in die Luft wirbelte, rappelte sie sich schon hoch. Ungeschickt versuchte ich, ihr dabei zu helfen, doch sie schlug meine angebotene Hand aus. Beim Aufstehen versetzte sie meinem Flury noch einen gemeinen Tritt.

»So ein doofes Fahrrad. Da kann man ja gar nicht richtig mit fahren. Da wackelt ja alles. Wegen dir hab ich mir jetzt die Knie aufgeschrammt. Du Doofmann!«

Sie inspizierte ihre Beine, die für meine Begriffe ziemlich unbeschadet aussahen. Jedenfalls bluteten sie nicht. Im Unterschied zu mir.

Aber das war ihr egal. »Das sag ich meinem großen Bruder, der kommt dann und verhaut dich!« Sprach's und stolperte auf ihren offensichtlich verklemmten Rollschuhen davon. Dann drehte sie sich noch einmal um.

»Doofmann!«, rief sie mir erneut zu und verschwand.

»Komm her, Doofmann«, sagte ich zu Flury, half ihm aus dem Gebüsch und puhlte ihm das ausgestanzte Rasenstück aus dem offenen Lenkerende. »Tschuldigung, soll nicht wieder vorkommen.«

Beim Heimradeln schwor ich mir, den Ratschlag meiner Mutter in Zukunft zu befolgen und mein Flury niemals wieder zu verleihen. Schon gar nicht an Frauen. Die konnten mir bis auf Weiteres aber gewaltig gestohlen bleiben.

SILBERPFEIL

Saxi ist auf seinem Renner
Unterwegs mit Karlchen Penner
Heute will er ihm mal zeigen
Wer der Schnellere von beiden
Schon beim Start ist er voraus
Denn er hat den Bogen raus
Deshalb Saxis schlauer Rat
Gut, wenn man den Dreigang hat.

AUS EINER WERBUNG FÜR SACHS
DREIGANGSCHALTUNG, 1960ER-JAHRE

»... und zum Dritten! Für 30 Mark an den Herrn im schwarzen Sakko!«

Ich saß in einer kühlen Halle und ärgerte mich, dass mir schon wieder jemand ein Fahrrad vor der Nase weggeschnappt hatte. Das war jetzt schon der dritte Versuch, an ein Rad zu kommen, aber immer war einer höhergegangen als ich. Ich fand das total »schofel« (typisch Münsteraner Ausdruck für etwas allgemein Negatives. Stammt eigentlich aus dem Jiddischen, fand sich in der alten Münsteraner Unterschichtensprache Masematte wieder und erlebte in den 1970er-Jahren eine Renaissance besonders unter Jugendlichen. Nur wer »schofel« und sein positives Pendant »jovel« kennt und ohne nachzudenken verwenden kann, ist ein echter Münsteraner).

Die Stadt Münster veranstaltete mehrmals im Jahr Versteigerungen, in denen sie sich der schier unübersehbaren Menge herrenloser Fahrräder zu entledigen suchte. Die meisten dieser Räder waren gestohlen und dann irgendwo zurückgelassen worden. Andere waren zwar ordnungsgemäß abgeschlossen, aber verkehrsbehindernd geparkt worden. Wieder andere waren den Ordnungshütern in dem großen Meer wogender Lenker aufgefallen, das sich vor dem Hauptbahnhof erstreckte. Diese Räder waren schon lange dort gestanden und trotz mehrmaliger auf den Gepäckträger geklemmter Aufforderungen offensichtlich nicht mehr bewegt worden, sodass man von städtischer Seite die Geduld verloren und sie entfernt hatte. All diese traurigen Fahrradexistenzen wurden an diesem für Münster typischen grauen Nachmittag für »'nen Appel und 'n Ei« verhökert, um Platz zu machen für den nächsten Schwung bespeichter Waisen. Eigentlich hatte ich gehofft, hier schnell und billig einen neuen fahrbaren Untersatz zu bekommen. Aber jetzt saß ich schon fast ein Stunde da, mir war kalt, und ich war frustriert.

Meine Beziehung zu meinem Kinderrad Flury hatte sich nach Sylvias Sturz nie ganz erholt. Der sichtbare Schaden war gering, ein verbogenes Schutzblech, der Lenker verdreht, aber irgend-

wie sah ich das Rad plötzlich mit anderen Augen. Mir war vorher nie aufgefallen, wie schäbig es eigentlich aussah. Es wurde mir zunehmend peinlich, mit ihm gesehen zu werden. Dennoch haben wir es noch einige Jahre miteinander ausgehalten. Aber der Schwung war raus. Außerdem wurde es mir langsam zu klein. Ich versuchte es dann erfolglos meinem kleinen Bruder anzudrehen. Ein Rahmenbruch machte der Beziehung schließlich endgültig ein Ende. Denn Herr Genauer, der den Rahmen hätte schweißen können, hatte sich inzwischen in die himmlische Werkstatt verabschiedet und flickte dort wahrscheinlich die Räder der Himmelsboten. Für eine Weile behalf ich mir mit dem Fahrrad meines Vaters, das mein älterer Bruder abgestoßen hatte. Bis es mir gestohlen wurde.

Deshalb saß ich jetzt mit sechzehn in dieser trostlosen Versteigerung. Ich hoffte, dass ich mit 20 Mark ein einigermaßen brauchbares Rad erstehen konnte. Für ein neues fehlte mir einfach die Knete. Aber selbst wenn ich viel Geld gehabt hätte, wäre ich wohl trotzdem zu der Versteigerung gegangen.

Denn ich hatte inzwischen die Politik entdeckt. In den frühen Siebzigerjahren schwappten die Ideen der 68er-Studentenbewegung zwar verspätet, aber mit großer Wucht in die Schulen. Mich hatte es voll erwischt. Besonders die sogenannten Kämpfe der Völker der Dritten Welt hatten es mir angetan, und da wäre es mir total *bourgeois* erschienen, mir ein nagelneues Fahrrad zu kaufen. Ein gebrauchtes oder wenigstens ein möglichst gebraucht aussehendes Fahrrad sollte es sein. Das war aber nicht so einfach, wie ich mir das vorgestellt hatte. Soeben führte der Mann im schwarzen Sakko ein ziemlich schnittiges Rennrad aus der Halle, eins, das cool genug gewesen wäre, damit Mädchen zu beeindrucken, das aber ebenfalls so benutzt aussah, dass man mit ihm auch in Managua oder Saigon nicht aufgefallen wäre. Dreißig Mark hatte der Bieter dafür bezahlt, zehn über meinem Etat. »Lang zu hamel!«, murmelte ich ungläubig. Ein Ausdruck, der je nach Kontext sowohl positiv als auch negativ sein konnte und etwa so viel bedeutete wie »Wahnsinn« oder »unglaublich«. Ich hatte aber nicht viel Zeit, mich zu ärgern. Schon wurde das nächste Rad von einem gelangweilt dreinblickenden Stadtangestellten gebracht.

»Hollandfahrrad, silbern, zehn Mark«, nuschelte der Auktionator. Und ich hob die Hand, bevor ich genau wusste, was ich da tat. Ein Hollandfahrrad hatte ich eigentlich nicht auf dem Zettel gehabt. Besonders nicht so ein hochbeiniges, das irgendein Vorbesitzer total silbern eingefärbt hatte, einschließlich der Felgen. Wahrscheinlich war es geklaut, und ein Wiedererkennen sollte verhindert werden. Inzwischen war der Lack aber an vielen Stellen abgeschlagen, sodass die jägergrüne Hollandrad-lackierung wieder durchkam. Alles in allem eigentlich ein Radl von der traurigen Gestalt. Nicht mal zehn Mark wert, wenn man genauer drüber nachdachte. Aber ich wollte endlich raus aus dieser deprimierenden Veranstaltung. Offensichtlich hatte niemand von den anderen etwa 50 Interessenten Lust, nach dem schönen alten Rennrad für ein überlackiertes Hollandrad zu bieten. Nach kurzem Warten rief der Versteigerer:

»Zehn zum Ersten ...«

In Münster fahren viele Leute Hollandrad. Ich frage mich immer wieder, warum. Vielleicht sind Hollandräder so etwas wie die Rache der Holländer für die Besatzungen von 1914 und 1940 oder für die Niederlage bei der Fußballweltmeisterschaft 1974.

»Zehn zum Zweiten ...«

Aerodynamisch ist das Hollandrad ein Albtraum. Die physikalischen Erkenntnisse der letzten hundert Jahre buchstäblich in den Wind schlagend, sitzt man auf diesen Mühlen völlig aufrecht, um ja die größtmögliche Angriffsfläche für Fahrt-, Gegen- und sonstige -Winde zu bieten. Wenn da so ein Sturm aus der holländischen Tiefebene herüberbläst, kann es schon sein, dass man stehen bleibt. Sachs Torpedo-Dreigangschaltung gegen Tornado: null zu eins.

»Zehn zum Dritten. An den jungen Mann dort drüben.«

Ich gab meine zehn Mark ab und wuchtete meine neue Eroberung aus dem Radständer. Ein Hollandrad wiegt gewöhnlich etwa zwei Tonnen. Wenn man da noch einen Einkaufskorb hintendrauf macht, braucht man eigentlich einen Lkw-Führerschein. Den muss man aber nur deswegen nicht machen, weil die Dinger keine echte Gangschaltung haben und deshalb nicht als vollwertige Fahrzeuge gelten. Die völlig wirkungslose Sachs Torpedo-Dreigangschaltung schaltet sich gerne selbstständig im völlig unpassenden Moment nach oben und frisst sich spätestens nach nur einem feuchtnassen Münsteraner Winter fest und bietet daraufhin nur noch den höchsten Gang an.

Während ich meinen Silberpfeil aus der Versteigerungshalle schob, merkte ich, dass er hinten einen Platten hatte. Na, das fing ja prima an. Das hatte ich von der Tribüne aus gar nicht gesehen. Es ist also schon nicht unbedingt die pure Freude, so ein Ding zu fahren. Aber wehe, es fährt nicht mehr und man muss es reparieren. Man kann in Münster auffällig viele Leute mit verbundenen Händen oder fehlenden Fingern sehen. Das sind die Folgen eines platten Reifens beim Hollandrad. Diese Räder bieten so viele Möglichkeiten, sich weh zu tun, dass es in Münster Ärzte gibt, die sich auf derlei Verletzungen spezialisiert haben.

Ich gebe ja zu, es ist ein durchaus attraktiver Anblick, wenn an einem windstillen Sommerabend eine junge Studentin aufrecht sitzend mit wehenden Haaren und voller Anmut auf einem weißen Hollandfahrrad elfengleich an dir vorbeigleitet. Aber man kann sicher sein, hinter jeder dieser wunderschönen Feen steht mindestens ein junger Mann – oder soll man besser sagen: kniet? –, der in der Hoffnung sich einen Platz im Herzen der Angebeteten zu erobern, seine Karriere als Pianist oder Chirurg riskiert, um mit blutigen Fingern einen Reifen zu flicken oder die Schaltung gangbar zu machen. Während sie in ihrer ganzen sphärischen Schönheit lächelnd danebensteht. Aus eigener Erfahrung kann ich übrigens sagen, dass diese unermüdlichen Fahrradmechaniker nicht unbedingt die sind, mit denen das Mädchen dann am nächsten Abend auch ausradelt. Das ist sehr bitter angesichts der Schwerstarbeit, die man(n) vorher geleistet hat.

Seufzend machte ich mich, zu Hause angekommen, an die Arbeit. Ich wusste ja, was mir bevorstand. Allein ein Hollandrad auf den Kopf zu stellen erfordert die Kraft eines Hafenkrans. Da ist schnell mal ein Wirbel rausgesprungen. Darüber hinaus ist ja die Erfindung des Schnellspanners – immerhin schon 1927 von einem gewissen Tullio Campagnolo erfunden – bis heute an Holland vollständig vorbeigegangen. Hollandräder haben so etwas nicht. Holländer haben offensichtlich kein Interesse daran, anderen Völkern das Leben zu erleichtern. Stattdessen sind Felgen und Sattel immer noch mit Schrauben befestigt, und zwar mit Schrauben, die aus sehr weichem Metall gefertigt wurden und sehr seltsame Schlüsselweiten aufweisen, wie 15½ oder 18½. Schrauben, an denen der handelsübliche 17er-Schlüssel abrutscht, was dazu führt, dass man sich die Hände aufschürft und gleichzeitig die Mutter so deformiert, dass bald überhaupt kein Schlüssel mehr passt und ein Lösen der Schraube völlig unmöglich wird. Ich habe schon Leute gesehen, die ihrem Hollandfahrrad mit dem Schweißbrenner zu Leibe gerückt sind.

Die Krone holländischer Hinterlist ist allerdings das Hinterrad. Und ich meine nicht einmal so sehr diesen kleinen beknackten Hebel, mit dem die Rücktrittbremse am Rahmen festgeschraubt wird, diesen Hebel, dessen Namen keiner kennt und dessen kleine Schraube schon verrostet ist, bevor man nach dem Kauf des Rades bei sich zu Hause angekommen ist. Ich rede auch nicht von den Halterungen von Gepäckträger, Schutzblech und Rockschutz (nein, nicht Rostschutz, Rockschutz, mit so was sind Hollandräder serienmäßig ausgestattet, die sollen verhindern, dass unsere Feen ihre Schleier in die Speichen bekommen), Halterungen, die alle von ein und derselben Schraube gehalten werden, von der Schraube, die zu allem Überfluss auch das Rad fixiert, und die alle, samt dazwischengelegten Unterlegscheiben, in verschiedene Richtungen davonspringen lässt, sobald die Schraube endlich gelöst ist, nein, ich rede vom Kettenschutz. Als sei der Antrieb eines Fahrrads der Heilige Gral, der unseren zudringlichen Blicken auf ewig ver-

borgen bleiben muss, ist die Kette geradezu verbarrikadiert mit Metall, Kunststoffteilen, mit Scheiben, armlangen Federn oder Druckknöpfen. Die beste Technik, zu diesem Geheimnis vorzudringen, ist Thema von Doktorarbeiten, und ich habe noch nie jemanden gesehen, der diesen Kettenpariser wieder faltenfrei und ohne Verletzungen draufgekriegt hat. Man bräuchte die ruhige Hand eines Chirurgen, gepaart mit der Kraft eines Schmiedes und der Geduld eines buddhistischen Mönches, um dieses Gewirr wieder zusammenzusetzen.

Während ich mich fluchend damit abplagte, wurde mir immer klarer: Solange es Hollandfahrräder gibt, kann es keinen Frieden zwischen den Völkern geben.

Ich verstehe das auch nicht so recht. Holländer sind eigentlich ein nettes Völkchen. Auf den vielen Einkaufsfahrten nach Enschede, wo man billig Kaffee, Zigaretten und später auch Gras kaufen konnte, hatte ich immer einen guten Eindruck von unseren Nachbarn bekommen. Aber beim Fahrrad hört die Völkerfreundschaft wohl auf. Einstweilen wuchtete ich mit letzter Kraft meine neue Errungenschaft nach getaner Flickarbeit wieder auf die Reifen. Auf meinen schwarzen ölverschmierten Fingern klafften nur wenige blutrote Schnittwunden. Ich war glimpflich davongekommen.

Immerhin, zu seiner Ehrenrettung muss ich sagen, mein Silberpfeil stellte sich als ziemlich unverwüstlich heraus und war bald mein unentbehrlicher Begleiter. Ich fuhr mit ihm jeden Tag zur Schule und zu den verschiedensten politischen Veranstaltungen. Gelegentlich diente es mir auch als Transport- und Fluchtfahrzeug, wenn es darum ging, nachts Plakate mit Demonstrationsaufrufen an Trafokästen zu kleben oder politische Parolen an die riesige Schlachthofmauer zu sprühen. Ich war sicher, damit einen wichtigen Beitrag zum Kampf der Völker der Dritten Welt gegen den Imperialismus zu leisten. Und dank meines schnellen Silberpfeils bin ich dabei auch nie erwischt worden.

Übrigens würdigte ich diese fortschrittliche Rolle des Fahrrads auch in einem Referat im Sozialkundeunterricht. Ein Referat, das ziemliche Wellen schlug. Das Thema lautete:

»Das Fahrrad als natürlicher Verbündeter der revolutionären Völker – Am Beispiel des Arbeiter-Radfahrbundes ›Solidarität‹«. Ich hatte mir mit dem Vortrag sehr viel Mühe gegeben.

»Ich werde einen Überblick geben über die Rolle des Fahrrads bei den Kämpfen der Arbeiterklasse in der Weimarer Republik, einen Überblick über die revolutionären Arbeiter-Fahrrad-Bünde, die dabei eine Rolle spielten.«

»Moment mal, wir hatten uns auf das Referatsthema ›Die Geschichte des Radfahrens‹ geeinigt«, unterbrach mich mein junger, aber leider auch konservativer Lehrer aus den hinteren Gefilden des Klassenraums. »Von den sogenannten Kämpfen der Arbeiterklasse war nie die Rede.«

Geeinigt war gut. Er hatte das Thema total verbogen und es mir dann reingedrückt. Aber es wäre doch gelacht, wenn wir nicht eine revolutionäre Aktion daraus machen könnten.

»Ich werde von mutigen Landpartien berichten, mit denen junge Revolutionäre in den Zwanzigerjahren versuchten, die Bevölkerung auf dem Land für den Kommunismus zu gewinnen, vom Fahrrad als Verkehrsmittel der Arbeiterklasse, von fliegenden Fahrradtruppen, die bei den bewaffneten Kämpfen in Leuna 1923 einen heroischen Kampf ...«

Hier unterbrach mich mein Lehrer erneut. »Wenn Sie bitte beim Thema bleiben wollen. Ich werde nicht zulassen, dass Sie hier Gewalt verherrlichen.«

»Ich werde auch berichten, wie es den jungen Revolutionären immer wieder gelungen ist, mit dem Fahrrad als Fluchtfahrzeug ihren Häschern zu entkommen.«

»Was Sie da machen, ist linke Propaganda. Sie sollen ein sachliches Referat halten.«

Gott, war der staatstragend. Wo war der eigentlich gewesen, als der SDS (Sozialistischer Deutscher Studentenbund) einige Jahre vorher die Universitäten aufgemischt hatte?

»Wenn Sie nicht ...«

»Ich werde einen Bogen spannen«, unterbrach ich ihn jetzt

meinerseits, indem ich die Stimme erhob, »zu den Millionen und Abermillionen Radfahrern in China, die unter der Führung der Kommunistischen Partei ...«

»Junger Mann, Sie kriegen einen Haufen Schwierigkeiten!«

Ich hätte ihm gerne an dieser Stelle ein Zitat vom großen Vorsitzenden Mao Tse-tung über das revolutionäre Radfahren an den Kopf geworfen, aber leider hat Mao gar nichts über das Radfahren gesagt. Mein Lehrer unterband dann den weiteren Vortrag. Er bezichtigte mich des Aufrufs zu strafbaren Handlungen. Er sah in meinem Referat politische Propaganda im Klassenzimmer. Es kam zu einem Skandal, in dessen Verlauf mehrere Schülerzeitungen über die »Zensur im Unterricht« berichteten, selbst die Lokalpresse nahm Kenntnis. Ich fühlte mich ermutigt und hielt mit Unterstützung einer Schülergruppe eine Megafon-Kundgebung auf dem Schulplatz ab. Natürlich ungenehmigt. »Keine Zensur in der Schule! – Für eine demokratische Ausbildung!« waren die Slogans auf einem Transparent, das Aktivisten hinter mir hochhielten, während ich durchs Megafon zur Redefreiheit aufrief. Eigentlich wollte ich das ganze Referat über die revolutionären Räder durch den Verstärker blasen, aber an der Stelle, an der ich die Bedeutung des Fahrrads im Widerstand gegen den Faschismus hervorheben wollte, kamen zehn Polizisten auf den Schulplatz gelaufen – das waren mehr als die Zuhörer, die ich zu diesem Zeitpunkt hatte – und führten mich vom Schulhof. Ich bekam 80 Stunden gemeinnützige Arbeit aufgebrummt. Abzuleisten im gerade eröffneten Allwetterzoo meiner Heimatstadt.

Silberpfeil spielte auch bei weniger umstürzlerischen, mindestens aber genauso aufregenden Abenteuern eine tragende Rolle. Als junger Revolutionär tat ich mich mit dem anderen Geschlecht recht schwer. Ich fand, es war noch schwieriger an Frauen ranzukommen als an die Kette eines Hollandrads. Die meisten weiblichen Revolutionäre waren nämlich schon Studentinnen, also mindestens 18, und interessierten sich kaum für einen dünnen, zu allem Überfluss auch noch jünger aussehenden 16-jährigen Oberschüler. Die himmelten lieber die Mitglieder des Zentralkomitees, die mitreißensten Redner auf den AStA-Versammlungen oder wenigstens die Zellenleiter an. Die gleichaltrigen Mädels dagegen schienen sich für Politik noch nicht zu interessieren, die zündeten offensichtlich lieber Räucherstäbchen an, tranken Kräutertee und lauschten verträumt den Songs von Cat Stevens und Donovan. Das war jedenfalls mein Eindruck. Genaues wusste ich nicht. Ich war ja auf einer reinen Jungenschule. Die wachsende Teilnahme an politischen Versammlungen tat ein Übriges, die Kontaktaufnahmen mit gleichaltrigen Mädchen sehr übersichtlich zu gestalten. Aber immerhin, es gab sie.

Sibylle zum Beispiel war so ein Kontakt. Ich hatte sie in der Disco kennengelernt. Ja, auch als Revolutionär konnte man reinen Gewissens tanzen gehen, sagte ich mir. Man konnte ja auch fortschrittlich tanzen und versuchen, bei Hits wie »Born to be wild« oder »Voodoo Chile« mit ganz besonders neuartigen Bewegungen das verkrustete Klassensystem aus den Angeln zu heben. Die ratlosen Blicke der meisten Umstehenden bewiesen nur, dass sie immer noch stark im bürgerlichen Denken verhaftet waren. Und man musste sich ja nicht gleich der von der herrschenden Klasse aufoktroyierten Kleiderordnung beugen. Das taten sowieso die wenigsten in meinem Umfeld. 1975 war es noch kein Problem, in einen Tanzschuppen zu kommen, egal wie man aussah. Türsteher waren noch weitgehend unbekannt oder genau solche Schluffis wie wir selbst. Außerdem waren sackähnliche Parkas das angesagte Kleidungsstück dieser Jahre, die sahen zwar schofel aus, und wir wirkten ziemlich uniformiert in unserer Nonkonformität (in der Tat waren die angesehensten Teile amerikanische Militärparkas, die vom Aussehen und der Haptik her an Zeltbahnen erinnerten), aber dafür waren sie auf dem Rad sehr praktisch, weil sie den Fahrer warm und einigermaßen trocken hielten.

Tagsüber war die Disco eine stockbiedere Tanzschule, die sich aber fast jeden Abend in ein Szenelokal verwandelte, in dem

Avantgardemusik gespielt wurde und Drogen aller Art erstanden werden konnten. Irgendwie kam ich an diesem Abend in einer der grotesk plüschigen Sitzecken mit Sibylle zusammen. Kaum dass wir uns kennengelernt hatten, laberte ich ihr für den Rest des Abends die Ohren voll. Ich quatschte von der Revolution, die kurz bevorstünde, und wie sich alles ändern würde und welche Rolle Frauen und Fahrräder dabei spielen würden – normalerweise ein sicheres Ticket für eine einsame Heimfahrt, aber aus irgendeinem Grund ist Sibylle nicht weggelaufen. Sie ist immer nur dagesessen, hat mich etwas verträumt angeschaut und häufig »Hmmm« gesagt. Ich fand das süß. Später, vor der Disco, stellte sich dann heraus, dass sie zu Fuß da war. Ihr Hollandrad sei kaputt. Schnell erbot ich mich, es mir in den nächsten Tagen mal anzusehen. So was zu reparieren sei ein Klacks. Nein, nein, das sei gar keine Mühe, fügte ich auf ihre Nachfrage hinzu. Als ich ihr dann anbot, sie einstweilen mit meinem Fahrrad heimzubringen, stimmte sie zu.

Ich wickelte zunächst meinen Parka um die Stange, damit Sibylle weicher saß. Ich wusste, dass meine Reifen, auf die doppelte Last nicht vorbereitet, nur wenig Luft zwischen Felge und Straße bringen und bei jeder kleinen Unebenheit die Schläge ungefedert an den Rahmen weitergeben würden. Also lieber mit der Jacke einen minimalen Stoßdämpfer schaffen, auch wenn ich deshalb anfangs ziemlich frieren musste. Das Treten für zwei war beschwerlich und schweißtreibend, besonders weil ich die Beine zusätzlich nach außen drehen musste, um die Mitfahrerin nicht mit dem Knie vom Rad zu stoßen.

»Bin ich dir auch nicht zu schwer?« Gibt es eine rhetorischere Frage als diese? Was erwartete sie denn, was ich darauf sagen würde? »Jetzt wo du's sagst: wäre mir echt lieber, wenn du läufst, bevor ich einen Rahmenbruch riskiere.« Oder: »Ja, du hast recht, ich schaff keinen Meter mehr weiter mit dir fetten Plunze auf der Stange.«

»Nein, nein«, antwortete ich also erwartungs- und pflichtgemäß und so beiläufig wie möglich. »Hoffe, du hast es einigermaßen bequem?«

Jetzt war es an ihr, zu lügen. »Jaja, alles prima!« Und lächelte dabei etwas gequält. Denn auch das Auf-der-Stange-Sitzen wirkt nur von außen super-entspannt. Wenn man darauf sitzt, merkt man schnell, dass Ausdauer gefragt ist, eine gute Bauchmuskulatur und einiges an Sitzfleisch, trotz daruntergewickelter Jacke. Insofern hatte Sibylle sogar meiner Meinung nach im wahrsten Sinne des Wortes die Arschkarte gezogen. Da strampelte ich lieber und spielte den Helden.

Wenn man eine Frau auf der Stange durch die Gegend kutschiert, kommt man sich schnell näher. Körperkontakt ist praktisch unvermeidlich – Fahrradgeometrie sei Dank. Man muss ja beide Arme dicht an der Angebeteten vorbei an den Lenker strecken, die Köpfe sind sich aufgrund der vorgebeugten Haltung des Fahrers sehr nahe. Während ein Porschefahrer tumbe Manöver erfinden muss, um Körperkontakt in den Schalensitzen herzustellen, wie zum Beispiel einen klemmenden Sicherheitsgurt markieren, den man nur weit nach rechts gebeugt »reparieren« kann, ergibt sich die körperliche Nähe auf dem Fahrrad ganz von selbst. So konnte ich auf unserer nächtlichen Fahrt schon mal den Geruch ihres Parfüms genießen. Nicht, dass ich dabei eine Überraschung erlebte, sie trug natürlich Patschuli, das die Siebzigerjahre mit seinem schweren Duft überzog und bei Mädels genauso verbreitet war wie Parkas bei Jungs. Auch ein Hauch ihres Henna-Shampoos umwehte mich, leider mitsamt ihren Haaren, und ich hatte wegen der prekären Gleichgewichtslage keine Hand frei, sie mir aus dem Gesicht zu wischen.

Dabei war freie Sicht von größter Wichtigkeit. Denn durch die Mitfahrerin waren die Anforderungen an mich als Piloten extrem gestiegen. Ich musste eigentlich bekannte Engstellen neu bewerten, von denen ich wusste, dass sie für mich alleine breit genug waren, bei denen es allerdings zu einem abrupten und schmerzhaften Abstieg der Mitfahrerin kommen könnte, wenn ich nicht höllisch aufpasste. Gleichzeitig musste ich Ausschau halten nach Gesetzeshütern, die Augen also überall haben. Die hätten sich sicher besonders für die Tatsache interessiert, dass

wir nicht nur zu zweit, sondern auch ohne Licht fuhren. Den Dynamo hatte ich natürlich abgeschaltet, ich quälte mich ja so schon genug. Auf der anderen Seite: Nichts schweißt zwei Partygänger mehr zusammen als eine gemeinsam durchstandene Polizeikontrolle. Die zehn Mark Strafe wären so betrachtet vielleicht sogar eine gute Investition gewesen ...

»Undfsss? Geffffffällts dir fffsss?«, fragte ich und versuchte, ihr langes Haar aus meinem Gesicht zu blasen.

»Super. Geht das eigentlich auch etwas schneller?«

Also strampelte ich noch mehr, ihr die Tatsache verschweigend, dass meine Vorderradbremse ihren Dienst schon vor Jahren vollständig eingestellt und mein Rücktritt inzwischen den Bremsweg eines Güterzugs hatte. Immerhin führte die höhere Geschwindigkeit auch zu einer größeren Stabilität dieses doch recht labilen Systems, jedenfalls bei Geradeausfahrt. Ganz anders sah es jedoch bei Kurven aus. Ich musste Richtungsänderungen antizipieren und entsprechend frühzeitig einleiten, denn ich konnte nur Lenkbewegungen im einstelligen Gradbereich ausführen. Steilere Kurven verhinderten die steilen Kurven meiner hübschen Fracht, in die sich bei starkem Einschlag der Lenker bohren würde. Auch die ziemlich platten Reifen ließen uns bei jedem Bogen bedrohlich schlingern. Da war all mein fahrerisches Können gefragt, damit wir nicht unsanft abstiegen.

Der Fahrtwind blies mir nicht nur ihre Haare ins Gesicht, kitzelnd wie lästige Fliegen, sondern drohte bald auch, ihren langen, selbst gebatikten Schal in die Speichen zu wehen. Ich musste etwas tun. Mit einer schnellen Bewegung der rechten Hand griff ich ihn mir, legte ihn ihr um die Schultern und hatte den Lenker schon wieder gefasst, bevor das ganze labile System überhaupt realisiert hatte, dass es im Ungleichgewicht gewesen war. Sie lächelte mich träumerisch an ob dieser ritterlichen Geste. Dabei waren meine Motive ziemlich egoistisch. Es gibt wohl nur wenige Frauen, die noch erotische Gefühle entwickeln, nachdem sie von einem in die Speichen verwickelten Schal halb erwürgt vom Rad gezerrt wurden.

Zum Glück hatten wir es nicht allzu weit, eine zu lange Zweierfahrt auf einem Fahrrad kann für alle Beteiligten doch recht anstrengend und auch schmerzvoll sein, und das ist der Romantik doch arg abträglich. Schon nach 15 Minuten erreichten wir unversehrt ihr Elternhaus.

Sibylle schien auch nicht allzu sehr gelitten zu haben, jedenfalls bat sie mich umstandslos ins Haus. Sie hätte sturmfreie Bude, die Eltern waren im Wochenendhaus, erklärte sie. Das musste mein Glückstag sein! Hastig schob ich Silberpfeil in den Vorgarten und lehnte ihn in eine viereckig geschnittene Hecke, in die er sofort halb versank. Ich hatte keine Zeit, ihn aus dieser Umarmung zu retten. Ich war kurz vor der Erfüllung meiner Träume.

Das Haus war der Hammer. Eine Villa. Ein Palast. Die Familie schien sehr viel Geld zu haben. Mit wenigen Worten erklärte Sibylle, dass ihre Eltern eine große Gartenbaufirma besäßen. Ihr schien der offensichtliche Reichtum eher peinlich zu sein. Fieberhaft überlegte ich, was denn der Genosse Mao in seiner roten Bibel in solchen Situationen riet. Durfte man mit der Tochter eines offensichtlichen Kapitalisten etwas anfangen? Ich kam nicht weit mit meinen Überlegungen, denn schon fiel sie mir um den Hals. Wir knutschten bis zum Umfallen und sanken dabei auf ein riesiges Sofa, das sich in dem Flugzeughangar verlor, der wohl das Wohnzimmer darstellen sollte. Ich beschloss, dass ich sie ja am nächsten Tag viel besser für die Sache der Arbeiterklasse und des Volkes gewinnen könnte.

Plötzlich hörte ich die schwere Haustür zufallen. Wir schauten uns erschrocken an. Oh Gott, dachte ich, die Eltern sind aus dem Urlaub wieder da. Mir fielen alle möglichen Filmszenen ein, und im Geiste sah ich mich schon im Schrank versteckt, von Fenstersimsen fallend und in Rosenbeeten strampelnd. Dann aber hörten wir eine eher jugendliche Stimme von der Eingangstüre her.

»Sibylle, bist du schon zu Hause?«

»Mein Bruder!«, gab Sibylle mir mit theatralisch übertriebenen Mundbewegungen flüsternd zu verstehen. Dann legte sie den Finger auf ihre Lippen.

»Da hat doch irgendso ein besoffenes Arschloch sein Schrottfahrrad bei uns in die Büsche geworfen. Ich hab's auf die Straße
gepfeffert, also sei vorsichtig, wenn du morgen rausfährst.« Ein
Reißverschluss wurde geöffnet, Schuhe flogen auf den Boden.

»Schrottfahrrad?«, rief ich. Ich erhob mich aus den tiefen
Sitzkissen der Couchgarnitur.

»Schhhhh, hör nicht hin«, hauchte Sibylle.

»Er hat mein Fahrrad durch die Gegend gepfeffert.« Ich
wollte aufstehen, aber sie hielt mich fest.

»Jetzt lass doch das blöde Fahrrad.«

»Sibylle?«, kam es von der Türe.

»Das blöde Fahrrad?«, empörte ich mich. »Immerhin hat es
uns heimgetragen. Und was ist, wenn jemand drüberfährt?« In
mir erwachte wieder der revolutionäre Geist, den ich für kurze
Zeit in den Sofakissen erstickt hatte.

»Ich habe halt keinen fetten Bonzen-Mercedes in der Garage
stehen. Ich brauche mein Fahrrad. Das ist mein einziges Fahrzeug.«

»Wer ist denn der Clown?« Der Bruder war inzwischen neben
uns aufgetaucht und sah mir mit einem spöttischen Ausdruck
zu, wie ich mich aus den Tiefen des Sofas befreite und mein
Hemd zurechtzupfte. Wutschnaubend lief ich auf die stille
Straße, ohne mir die Mühe zu machen, die Schuhe anzuziehen.
Mitten auf der Fahrbahn lag mein Fahrrad und glänzte silbern
im Mondlicht.

Als ich es wieder in den Vorgarten schieben wollte, fragte der
große Bruder: »Soll ich ihn rausschmeißen?«

Sibylle schüttelte wortlos den Kopf.

»Dann stell das Schrottteil wenigstens hinters Haus.« Schul-
terzuckend verschwand er aus dem erleuchteten Hauseingang.
Als ich wieder hereinkam, wartete sie immer noch in der Tür.
Ich wollte ihre Hand nehmen.

»Tschuldigung, aber ich kann's einfach nicht ab, wenn einer
so mit meinem Rad umspringt.« Aber sie wandte sich ab.

»Ich bin müde«, sagte sie, und als ich sie küssen wollte: »Du,
wir müssen reden.«

Gibt es einen Satz, der mehr Unheil ankündigt als dieser? Es sei ja total nett von mir gewesen, sie auf so romantische Weise heimzufahren, begann sie, aber sie sei eigentlich unglücklich in einen anderen verliebt, gestand sie mir nicht mal unter Tränen. Und irgendwie hätte sie gedacht, sie bräuchte jemanden, der sie durch diese Nacht begleite. Aber bei dem Streit mit ihrem Bruder sei ihr dann aufgefallen, dass das ja mir gegenüber total unfair wäre, und sie sei froh, dass so nichts passiert sei, wir könnten ja jetzt Freunde bleiben.

Als ich kurz darauf aus der Hintertür kam, lehnte Silberpfeil ziemlich schräg, aber ansonsten unbehelligt an der Rückwand des Hauses. Ich entfernte das Grünzeug, das er aus der Hecke aufgesammelt hatte. Aber ich konnte nicht gleich aufspringen. Der Hinterreifen hatte endgültig seinen Widerstand aufgegeben und alle Luft entweichen lassen. Die Doppelbelastung und die ruppige Behandlung des Sklaventreiber-Bruders waren wohl zu viel für ihn gewesen. Frustriert und ratlos schob ich mein Fahrrad heim. Frauen durfte man nicht verleihen, aber was, wenn man ihnen sein Herz schenkte? Durften die das dann einfach so wegwerfen? Als Antwort gab der Hinterreifen nur ein trauriges »Flapp-flapp-flapp« von sich. Ich hätte es nicht besser ausdrücken können.

COLNAGO

When you're in love with a beautiful woman
You know it's hard
Everybody wants her
Everybody loves her
Everybody wants to take your baby home
When you're in love with a beautiful woman
You watch your friends ...

DR. HOOK, 1979

»Einen Fahrraddiebstahl wollen Sie melden?« Der Polizist auf der Wache meines Viertels sah mich an, als hätte ich den Verstand verloren. In Münster einen Fahrraddiebstahl anzuzeigen ist etwa so Erfolg versprechend wie der Versuch, auf dem Mond Rosen zu züchten. Der Freund und Helfer öffnete den Mund, um etwas zu sagen, blies dann aber nur theatralisch seufzend die Backen auf. Betont langsam begann er, das Protokoll abwechselnd mit Blau- und Durchschlagpapier zu unterfüttern und den so entstandenen Packen vorsichtig in die Schreibmaschine einzuspannen. Beim ersten Versuch verschoben sich die verschiedenen Papierlagen beim Durchdrehen aber so stark, dass er, erneut schwer seufzend, alles wieder aus der Walze herausziehen musste. Beim zweiten Mal ging es auch nicht viel besser, aber diesmal ließ er es dabei bewenden. Es folgte mehrfaches Hin- und Herdrehen und Leertasten-Tippen, bis das Namensfeld des Formulars an der richtigen Stelle war, genau in der Einflugschneise der Typenhebel. Endlich begann er, langsam mit einem Finger meine Personalien aus meinem Ausweis abzutippen. Sicher, ich konnte nicht erwarten, die Polizei würde gleich mit Blaulicht zum Tatort fahren, mit einem Technikteam im Schlepptau, den ganzen Bereich großräumig absperren und nach Spuren und Fingerabdrücken suchen. Aber ein bisschen mehr Betriebsamkeit als dieses entnervend langsame »Klack-klack« der dickbauchigen mechanischen Schreibmaschine im sonst verlassenen Polizeibüro hatte ich schon verdient. Immerhin handelte es sich um mein heiß geliebtes Rennrad, das mir soeben abhandengekommen war. Und immerhin hätte da ja noch die Chance bestanden, den Täter auf der Flucht zu fassen.

»Datum? – 17. 9. 1979«, antwortete der Wachtmeister sich selber, mit Blick auf den großen Wandkalender, der für einbruchsichere Türschlosssysteme warb. Gleich daneben ein Fahndungsplakat mit den Konterfeis der RAF-Mitglieder.

»Klack-klack-klack.«

Ungeduldig trommelte ich mit den Fingern auf die Schalteroberfläche. Merkte er denn nicht, dass es hier um Leben und Tod ging? Das Gefühl, plötzlich ohne das Rennrad zu sein, war

ganz und gar unerträglich. Dabei kannten wir uns erst fünf Monate. Nichts ließ damals darauf schließen, dass der Anruf meiner Tante mein Leben verändern würde. Ein Kunde habe seine Schulden mit Naturalien beglichen, erklärte sie mir, da sei auch ein Rennrad dabei, ob ich das gebrauchen könne. Ich sei doch schon als Kind immer so ein »Wippstert« gewesen – der westfälische Ausdruck für jemandem, »der Hummeln im Hintern hat«.

Mäßig interessiert, lief ich also zu Fuß quer durch die Stadt zum Elternhaus meiner Mutter, in dem mein Onkel in dritter Generation eine Kupferschmiede betrieb. Er und seine Frau galten in der Familie als sehr gutmütig. So nahm ich an, dass sie irgendein klammer Kunde mit einer rechten Schrottmühle übers Ohr gehauen hatte. Was ich aber dann in der Werkstatt meines Onkels zu Gesicht bekam, verschlug mir die Sprache. Ich war zwar kein Fahrradexperte und der in Gold auf den Rahmen gedruckte Name Colnago sagte mir nichts, aber dass da etwas Besonderes vor mir stand, war mir sofort klar. Ferrari-roter Rahmen, weiß ummantelte Bremszüge, die Muffen, mit denen die einzelnen Teile des Rahmens zusammengesteckt und dann verlötet worden waren, liebevoll ausgearbeitet und mit Goldlack akzentuiert. Ornamente verzierten die beiden am Rahmen angebrachten Schalthebel, die Chromteile glänzten makellos. Wahrscheinlich war das Rad nicht nagelneu, aber in bestem Zustand. Ohne Zögern willigte ich ein, mich im Sommer als Gegenleistung für das Fahrrad regelmäßig im Schrebergarten meiner Verwandten sehen zu lassen und beim Unkrautjäten und Umgraben zu helfen.

»Marke?«, fragte der Wachtmeister.
»Colnago.«
»Wie schreibt man das?«
Ich buchstabierte es für ihn.
Qualvoll langsam folgte mir sein Zeigefinger. Trotzdem brachte er es fertig, zwei Tasten gleichzeitig niederzudrücken und deren Typenhebel miteinander zu verklemmen. Leise flu-

chend musste er mit den Händen die beiden Streithähne trennen.

»Farbe?«, fragte er, als alle Typen wieder in Reih und Glied lagen.

»Rot.«

»Klack-klack-klack.«

»Besondere Kennzeichen?«

»Ja also, wie soll ich das sagen, die eine Muffe ist etwas ... verbogen?«

Seinen erhobenen Adlerfinger tatenlos in der Luft haltend, sah er mich verständnislos an.

»Naja, Sie wissen doch, wie Italiener so sind, verspielt und alles, und die verzieren doch ihre Muffen immer so ...«

Immer noch wartete der Finger auf den Befehl, auf eine der Tasten niederzustoßen.

»Also, da, wo das Oberrohr und der ... also das Lenkerrohr zusammenstoßen«, stammelte ich, so genau kannte ich die Fachausdrücke ja nun auch nicht. »Na, da ist eben eine Muffe, und die ist verziert, aber diese eine Verzierung ist offensichtlich bei der Herstellung leicht abgebrochen, jedenfalls ist das da im Gegensatz zu den anderen Muffen ganz stumpf. So abgerundet. Und wenn man genau hinschaut, etwas schief.«

»Das ist aber ...«

»Nichts Schlimmes«, beruhige ich ihn, »eine Unregelmäßigkeit, mehr nicht. Ein ganz kleiner Fehler, so sexy wie ein leichter Silberblick und so unverwechselbar wie ein Leberfleck.«

Jetzt sank der Finger langsam resignierend neben die Schreibmaschine. »Und was schreib ich da jetzt?«

»Ach so ...«, überlegte ich.

»Hat das Fahrrad denn keine Schutzbleche, Lichtsystem, Dynamo und so, an denen man es erkennen könnte?«

»An einem Rennrad? Einem Colnago? Einer Marke, mit der die Tour de France gewonnen wurde?« Das wäre, als würde man bei einem Ferrari eine Anhängerkupplung anbauen. Oder einem Porsche 911 einen Dachgepäckträger aufdrücken. Ich schüttelte den Kopf.

»Hat das Fahrrad eine Seriennummer?«

»Nicht, dass ich wüsste. Wo wäre die denn zu finden gewesen?«

»Am Rahmen, unter der Tretkurbel.«

»Nee, da ist keine, das weiß ich bestimmt.« Nur ein kleines Kleeblatt – das Markenzeichen von Colnago – war da unten mit einer unglaublichen Liebe zum Detail eingraviert. Genauso wie auf dem Steuerrohr, den Bremsgriffen, den Schalthebeln und den Schnellspannern. Kleine geschmackvolle Tätowierungen, die mir das Rad noch attraktiver erscheinen ließen. Auch der Rahmen war überall mit Kleeblattaufklebern versehen. Ich hatte Stunden damit zugebracht, jeden einzelnen Quadratzentimeter des Rads nach weiteren aufregenden Details abzusuchen.

»Seit wann ist das Fahrrad in Ihrem Besitz?«, brachte mich der Polizist wieder in die Wirklichkeit zurück.

»Seit fünf Monaten. Ich ...«

Das Telefon auf dem anderen Schreibtisch klingelte. »Moment«, sagte der Wachtmeister und hob ab. »Polizeipräsidium Münster ... ja ... ja ... ich seh mal nach.« Er legte den Hörer zur Seite und ging aus dem Raum, ohne mich eines Blickes zu würdigen.

Fünf Monate, dachte ich, während ich mich auf den brusthohen Schalter lehnte, der das Publikum von den Beamten trennen sollte, und die abwaschbare Kunststoffbeschichtung inspizierte. Was waren das für herrliche fünf Monate gewesen! Wir hatten uns sofort verstanden, Colnago und ich, auch wenn es am Anfang nicht ganz einfach war, sie zu fahren. Denn bei aller Schönheit: Sie hatte keinen einfachen Charakter. Rot wie ein Ferrari und genauso kapriziös. Der steife Rahmen wirkte bockig, der kurze Radstand erforderte eine feste Hand bei Kurvenfahrten, die eleganten dünnen Reifen verziehen keine Fahrfehler. Dennoch waren wir bald ein Herz und eine Kurbel.

Denn die Geschwindigkeit, die man mit diesem Rad erreichen konnte, begeisterte mich, machte süchtig. Ich verspürte eine unbändige Lust, Rad zu fahren, einfach so, ohne eigentliches Ziel, ohne Zweck, nur um des Fahrens willen. So waren die letzten fünf Monate wie ein Traum verflogen. Lange Fahrten durchs Münsterland auf den berühmten »Pättckes«, den asphaltierten Pfaden, die die flache Landschaft kreuz und quer durchziehen. Immer wieder spritzten aufgeschreckte Hollandräder vor mir auseinander, bevor ich an ihnen vorbeisauste. Nachmittage am KÜ, dem alten Kanalübergang über die Ems, einem sehr beliebten Ausflugsziel der Münsteraner. Aber ich wagte nicht, es all den anderen gleichzutun und ins Wasser zu springen, weil ich dann ja Colnago alleine auf der Wiese hätte zurücklassen müssen. Undenkbar, trotz zweier Schlösser. Aber auch ohne an so einem Tag »plümpsen« zu können, war ich glücklich. Ich berauschte mich am Anblick der Strahlen der langsam untergehenden Sonne, die meine neueste Eroberung sanft umspielten. Träumerisch drehte ich ihr Hinterrad und lauschte dem zärtlichen Tack-tack-tack der Schaltung im Leerlauf. Danach die abenteuerlich aufregende Heimfahrt ohne Rücklicht.

Wir waren unzertrennlich. Silberpfeil hatte in dieser Zeit keine Chance. Nur wenn es überhaupt nicht zu vermeiden war und ich mein Fahrrad für längere Zeit hätte irgendwo alleine lassen müssen, griff ich auf mein altes Hollandrad zurück. Aber dann waren die Fahrten lustlos und uninspiriert. Jetzt in der Polizeiwache fiel mir auf, wie klaglos diese treue Seele sein Schicksal ertragen hatte. Hollandräder sind geduldig. Vielleicht ahnte es aber auch schon, dass wieder andere Zeiten kommen würden.

Die Anwesenheit von Colnago führte bei mir zu einer dramatischen Persönlichkeitsveränderung. Ich war so begeistert von ihr, dass ich sie immer wieder putzte oder ihr sonst etwas Gutes tun wollte. Ein Verhalten, das ich bis dahin noch nie bei einem Rad an den Tag gelegt hatte. Anfänglich ölte ich täglich die Kette. Meiner Mutter luchste ich Silberputzmittel ab, um die Speichen wieder zum Glänzen zu bringen. Ich erwischte mich sogar dabei, wie ich mit einem Zahnstocher das sehr sparsame Profil der Reifen von festgeklemmten Steinchen befreite. Ich war diesem Rad total verfallen. Umso härter war der Schock, als sie vor einigen Stunden grußlos und ohne Vorwarnung verschwand.

»So, jetzt erzählen Sie mal kurz und knapp, wo und wie Ihnen das Fahrrad abhandengekommen ist«, riss mich der Wachtmeister aus meinen Gedanken und setzte sich wieder schwer atmend vor seine Schreibmaschine. Den Hörer hatte er beim Hereinkommen einfach wieder auf die Gabel gelegt.
»Sie stand einfach nicht mehr vor dem Fahrradladen ...«
»Sie?«
»Ich meine es, das Fahrrad, natürlich«, berichtigte ich mich hastig, »das hatte ich für nur wenige Minuten abgeschlossen vor einem Fahrradladen zurückgelassen, um ein sündhaft teures, aber wohlriechendes Kettenöl für sie zu kaufen. Kann sein, dass ich mich etwas länger aufgehalten habe als geplant. Wissen Sie, der Inhaber hatte mir ein ganz feines französisches Tröpfchen angeboten, das eine sagenhafte Schmierleistung haben soll ...«
Wieder der untätig erhobene Finger und der ausdruckslose Blick.
»Jedenfalls«, beeilte ich mich, »als ich wieder herauskam, stand da nur noch der angeschlossene Vorderreifen, grotesk sinnlos an den Fahrradständer gelehnt. Der Rest: vom Erdboden verschluckt.«
»Adresse?«
»Was?«
»Na, vom Radladen.«
Ich gab sie ihm. Nur einige wenige Dutzend Schreibmaschinentypen flogen gegen das Papier. Das ist alles, was übrig bleibt von unserer großartigen Zeit, dachte ich deprimiert. Inzwischen hatte ich jede Hoffnung aufgegeben, dass die Kavallerie losgaloppieren würde, um meine Colnago aus den Händen des schmählichen Verbrechers zu befreien. Aber nicht mal tausend Worte würden ausreichen, diesen grausamen Moment zu beschreiben, an dem man begreift, dass man seines Fahrrads

beraubt worden ist. Es ist, wie wenn man hochspringt, aber vergessen hat, dass man in einem Türrahmen steht. Total unvorbereitet trifft einen ein harter Schlag auf den Kopf, gefolgt von einem stechenden Schmerz im Steißbein, wenn man ebenso unvermittelt auf dem Boden aufschlägt. Das Perverseste waren ja die Schuldgefühle, die sich sehr bald einstellten. »Wieso habe ich auch nur so ein einfaches Ringschloss genommen?«, hatte ich mich auf dem Weg zur Polizei immer wieder gefragt. »Wieso habe ich Dämel auch nur das Vorderrad angeschlossen? Wieso habe ich mich auch so lange in dem Laden aufgehalten?« Ich hatte mir das Hirn zermartert und mir schwere Vorwürfe gemacht. Es schien fast so, als hätte ich das Rad selbst gestohlen.

»Fahrraddiebstahl ist ein Delikt, das mit mindestens hundert Jahren schwerer Festungshaft bestraft werden sollte«, wagte ich eine ordnungspolitische Ansicht, während der Polizist vorsichtig mit der Walze und der Leertaste das nächste Formularfeld anfuhr. Natürlich stand so eine Meinung einem ansonsten doch fortschrittlich denkenden Menschen nicht gerade gut zu Gesicht. Aber Pferdediebstahl wurde im Wilden Westen auch mit dem Tod bestraft. Wenn man vor einem leeren Fahrradständer steht, kriegt man eine Ahnung davon, warum.

»Haben Sie irgendeinen Verdacht?«, las der Polizist jetzt vor, weit über die Schreibmaschine gebeugt und mit angehobener Brille mühsam die Frage auf dem nächsten Feld des Formulars entziffernd.

Mit entfuhr ein verächtliches Schnauben. »Einen? Ist Ihr Fragebogen groß genug? Als Täter kommt da jeder infrage. Das kann mein Nachbar gewesen sein, der jedesmal auffällig enthusiastisch mein neues Fahrrad lobte, wenn er uns traf, das kann ein Komplize vom Fahrradhändler sein, der, während der mich im Laden festhält, mein Rad klaut, das kann aber auch jemand vom Revolutionären Radler Club sein.«

»Vom was?«, unterbrach er mich plötzlich.

»Na, vom Revolutionären Roten Radler Club. Sie hätten mal sehen sollen, wie die geglotzt haben, diese Schnellspanner!«

Erst jetzt merkte ich, dass mich der Wachtmeister mit ganz neuem Interesse anschaute. Dass er sogar lächelte.

»Das ist ja interessant. Ein revolutionärer Klub ...«

Verdammt. Ich hatte mich verplappert. Das Ende der Siebzigerjahre war nicht die Zeit, in der man gegenüber der Polizei die Revolution erwähnte. Seit den menschenverachtenden Anschlägen der RAF löste allein dieses Wort höchst allergische Reaktionen bei der Staatsmacht aus.

»Erzählen Sie doch mal von diesem roten Klub«, versuchte es der Wachtmeister erneut auf die freundliche Art. Aber ich spürte seine Anspannung.

»Och, da gibt's nicht viel zu erzählen«, wich ich schnell zurück, »das sind ganz normale Radfahrer.«

»Sooo, ganz normale Radfahrer«, wiederholte er gedehnt. »Und woher kennen Sie diese ganz normalen Radfahrer?«

»Naja«, versuchte ich Zeit zu schinden. Am besten wäre es jetzt wahrscheinlich gewesen, gar nichts mehr zu sagen, aber ich wollte ja den Mann bei Laune halten, er sollte ja mein Rad suchen. Und die Wahrheit war ja eigentlich harmlos genug.

Es war Bernd gewesen, der mir vorgeschlagen hatte, jetzt, wo ich doch so gut ausgerüstet sei, doch mal mit seinen Freunden von der Roten Arbeiter-Radsportgruppe eine kleine Ausfahrt zu machen. Da könne man das Angenehme mit dem Nützlichen verbinden, man könne sportlich Rad fahren und gleichzeitig die revolutionäre Gemeinschaft fördern. Und irgendwie schien das ein vernünftiger Vorschlag zu sein. Ich hatte schon länger den Eindruck, dass Colnago in der flachen münsterländischen Landschaft vielleicht etwas unterfordert war. Selbst ich Untrainierter musste nie aufs kleinere vordere Ritzel schalten. Mir schien, sie bräuchte etwas mehr Herausforderung. Bernd seinerseits hatte schon öfter von den Arbeiter-Radfahrer-Clubs der Zwanziger und Dreißigerjahre gesprochen, und dass es an der Zeit sei, diese antifaschistische und demokratische Tradition wieder mehr im Radsport zu verankern. Mir kam das sehr vernünftig vor. In dieser Zeit war alles politisch. Nicht nur das

Radfahren. Es wurde diskutiert, wie eine revolutionäre Beziehung zu führen sei, ob Rauchen die Revolution förderte oder ihr schadete und ob Stricken eine bourgeoise Zeitverschwendung sei. Überall versuchten in dieser Zeit rote Zellen umstürzlerische Ideen in auf den ersten Blick ganz unverfängliche Zusammenschlüsse zu tragen. Revolutionäre Fußballklubs wurden gegründet, rote Spielmannszüge, kommunistische Kochgruppen. Das wenigste von dem hatte lange Bestand, der anfängliche Eifer aber war enorm.

Deshalb war ich nicht sicher, ob ich zu den Roten Radlern passen würde. Das seien doch sicher alles saugute Fahrer, wandte ich deshalb schüchtern ein. Aber Bernd beruhigte mich. »Wir lassen es immer ganz locker angehen. Das ist ja das Revolutionäre. Deshalb sind wir ja auch nicht in so einem bürgerlichen Verein. Das Radfahren soll ja verbinden und nicht spalten.«

»Ich hab die zufällig auf'm Radweg kennengelernt«, versuchte ich gegenüber dem Polizisten vage zu bleiben, »die haben mich überholt, und ich hab mich dann aus Spaß drangehängt.«

»Zufällig. Hm«, nickte der Polizist nachdenklich. »Und was reden sie dann so?

»Nichts Besonderes. Ganz normales Radfahrergequatsche.«

Die rund zehn Jungs, die sich schon am Treffpunkt eingefunden hatten, waren ziemlich gut ausgerüstet, von der Rennbekleidung mit den Namenszügen italienischer Fahrradhersteller über die Rennräder mit überwiegend italienischen Namen bis zur weißen Rennkappe und Sonnenbrille. Ich hatte eher Latzhosen und Hammer-und-Sichel-Aufdrucke erwartet. Von revolutionärem Sendungsbewusstsein keine Spur. Alle wirkten ziemlich professionell und durchtrainiert. Die Unterhaltung klang allerdings eher wie aus dem Wartezimmer einer Rehaklinik.

»Boh, bin ich kaputt heute, ich hatte so viel Ärger auf der

Arbeit, ich glaube, ich ziehe heut kein Butterbrot vom Teller«, hatte einer anstelle einer Begrüßung gesagt, als ich mit Bernd erschien, und hatte sich theatralisch über den Lenker hängen lassen.

»Das ist gut«, stimmte ein Zweiter ein, »ich bin noch halb krank, also ich lass es heute aber ganz piano angehen.«

Bernd stellte mich den anderen kurz vor. Ich glaubte lüsterne Blicke auf mein Rad zu erhaschen. Einer schüttelte mir die Hand. »Schön, dass du dabei bist. Vielleicht kannst du ja die anderen Bolzer ein bisschen ausbremsen.« Ich war mir nicht sicher, ob ich das als Kompliment auffassen sollte. Den anderen rief mein neuer Freund zu: »Heute bloß nix Schweres, ich hab immer noch diese Knieprobleme.« Versuchsweise winkelte er ein Bein an und zog vor Schmerz die Luft durch die Zähne.

Einzig Bernd versuchte, der bevorstehenden Radtour einen gesellschaftskritischen Touch zu geben: »Also, Genossen, denkt dran, statt uns wie von der Bourgeoisie vorgesehen vor den Fernseher zu knallen, damit wir nicht auf dumme Gedanken kommen, stählen wir lieber unsere Körper, damit wir für die Revolution körperlich und seelisch vorbereitet sind.«

»Ist ja recht«, unterbrach ihn einer. »Kann aber sein, ich breche heute ab und fahr nur die halbe Strecke, ich fühl mich heut gar nicht fit.« Dazu machte er ein ziemlich leidendes Gesicht.

»Ich fahr dann mit zurück, ich muss auch nicht die große Runde fahren, ich hab heut Abend noch einen Termin«, sagte jemand hinter mir.

Revolutionäre hin oder her: Es war eigentlich wie immer, wenn Männer sich zum Sport treffen. Die Jungs übertrafen sich beim Tiefstapeln. Dabei spürte ich aber immer wieder prüfende Blicke auf mir ruhen: Was ist das für ein Kerl, der mit so einem Spitzenrad hier auftaucht und nicht mal eine Radlerhose trägt. Kaum waren wir mit der Begrüßung durch, sprangen die Ersten schon auf die Straße und zogen davon. Der Rest bemühte sich ebenfalls, schnell, hinterherzukommen. Auch ich musste mich sputen, ich wollte ja nicht gleich von Anfang an den Anschluss verlieren. Dafür, dass alle eigentlich aufs Krankenlager gehörten, ging es vom ersten Meter an ziemlich zu Sache.

»Also, wissen Sie was?«, sagte der Wachtmeister, nachdem ich schon für eine Weile nichts mehr gesagt hatte. »Ich hole mal ein neues Formular, und dann können wir alles in Ruhe besprechen.« Und war schon aus der Tür, bevor ich noch protestieren konnte. »Was ist denn mit meinem Diebstahl?«, rief ich ihm nach.

Hält der mich für blöd? Der will mich aushorchen wegen der revolutionären Radler. Eigentlich wäre das jetzt der richtige Zeitpunkt gewesen, einfach zu verschwinden. Aber der hatte ja meine Personalien aufgenommen. Und wie sollte ich dann Colnago wiederfinden? Immerhin wollte ich mir ja nicht vorwerfen lassen, nicht alles unternommen zu haben. Außerdem war ich mir ziemlich sicher, dass die Eingangstür sowieso von innen nur mit einem elektrischen Summer zu öffnen war, der sich irgendwo außerhalb meiner Reichweite unter einem Schreibtisch befand. Flucht war also keine Option. Dabei war das plötzlich entflammte Interesse des Wachtmeisters völlig überflüssig. Ich hätte auch bei gutem Willen nichts zu berichten gehabt. Jedenfalls nichts Revolutionäres. Im Gegenteil. Die Solidarität war bei unserer Radtour ziemlich schnell auf der Strecke geblieben.

Am Anfang riefen sich die Jungs noch halbwegs freundlich gemeinte Sticheleien zu.

»Bei dem Tempo, das du fährst, verbrauchst du wahrscheinlich weniger Energie als die Pilotflamme an meinem Gasofen«, sagte der mit dem Abendtermin und sprang an die Spitze der Gruppe.

»Sag mal, hast du dir 'nen Fahrradschlauch um den Leib gewickelt, oder wieso beult dein Trikot so aus?«, rief ihm der mit dem Knie zu, als er kurz darauf seinerseits an ihm vorbeizog.

»Alles nur Muskeln und Samenstränge«, war die knappe Antwort.

»Sieht eher so aus, als schlepptest du da 'nen ganzen Schnitzelfriedhof mit dir rum«, griff auch Bernd ein.

»Das ist nur der Neid der Besitzlosen«, versuchte sich der Abendtermin noch zu verteidigen.

»Deine Muskeln und Samenstränge haben dir aber letzte Woche nicht viel geholfen.« Das war jetzt wieder das Knieproblem.

»Die Strecke war einfach zu kurz für mich, um richtig warm zu werden. Ich habe so viele Muskelfasern, da braucht das Blut halte 'ne Weile, sie alle zu erreichen.«

»Ich bin überrascht, dass das Blut deine Muskelfasern überhaupt findet, bei all dem Fett, das da rumhängt.« Jetzt hatte sich auch der eingeschaltet, der vorhin kein Butterbrot mehr von der Platte ziehen konnte, und erhöhte noch mal das Tempo von der Spitze weg.

Ich hatte Mühe genug, dranzubleiben. Wie schnell fahren die denn erst, wenn es denen gutgeht, wunderte ich mich. Bald sagten mir ihre Blicke, dass ich so ein tolles Rad gar nicht verdient hätte.

Der Wachtmeister kam wieder zurück, diesmal mit einem bebrillten Anzugträger im Schlepptau. Verdammt, ich war so ein Idiot!

Ob er sich jetzt um mein gestohlenes Rad kümmern werde, spielte ich den Ahnungslosen, doch der Bebrillte setzte sich nur mit einem Notizbuch vor mich.

Wenn Bernd mich in der Polizeiwache gesehen hätte! Was hätte er gesagt? Ich stehe beim Klassenfeind und heule mich aus über den Verlust eines Statussymbols, mit dem die herrschende Klasse versucht, das Volk bei Laune zu halten und vom Kampf für die Revolution abzuhalten. Oder so was Ähnliches.

Bernd ließ sich nach einer Weile zurückfallen und erkundigte sich, wie es mir gehe.

»Gut«, log ich. Für mehr hatte ich keine Luft.

»Da ist es ganz gut, dass wir heute etwas langsamer machen.

Ich bin ja auch nicht mehr der Jüngste. Früher habe ich vorne ja immer ein 53/39er-Blatt gefahren, jetzt habe ich es schon auf 50/33 runtergestuft.«

»Sind das Altersangaben, ab denen man die benutzen darf?«, gelang es mir hervorzupressen, denn gerade ging es etwas bergab.

»Aber bevor ich mir vorne drei Ritzel anschrauben lasse«, ignorierte er mich, »gebe ich mir lieber die Kugel.«

Ich rollte etwas langsamer, damit er nicht sah, dass ich schon wieder im letzten Gang war und mir nichts sehnlicher wünschte als ein drittes Ritzel, das mich vor Krämpfen bewahren würde.

Zum Glück wurde er jetzt von den anderen nach vorne gerufen: »Ey, du Hinterradlutscher, bist du was Besseres?« Er solle sich bloß nichts einbilden. Auch Kader müssten Führungsarbeit leisten.

»Haben diese revolutionären Verkehrsteilnehmer auch Namen?«, fragte der Polizist im Anzug spitz. Mit ebensolchem Bleistift saß er vor mir. Wieso Fahrraddiebstahl mit der Schreibmaschine aufgenommen wurde, während Informationen, die Staatsicherheit betreffend, mit der Hand geschrieben wurden, erschloss sich mir nicht, hatte aber sicher wichtige verfahrenstechnische Gründe. Schneller war es allemal.

»Ich kenne die nur beim Spitznamen. Arri, Lülle, Waldi und so 'n Quatsch.«

Eifrig schrieb er die Namen meiner alten Kumpels von der Mittelstufe auf. Mit den Revolutionären Radlern hatten die nicht zu tun. »Oh, und das Knieproblem.«

»Was?«

»Naja, so hieß der Anführer …« Langsam machte das Spaß hier.

»Haben denn diese linken Elemente nicht versucht, Sie für die Ziele der Gruppe zu gewinnen?«

»Mich gewinnen?« Unwillkürlich musste ich lachen. »Abhängen wollten die mich! Gewinnen wollten sie selber.«

Plötzlich ging ein Ruck durch die Gruppe. Die Blicke wurden grimmiger, man fuhr nicht mehr einträchtig den Kreisel, stattdessen wurde auf einmal um Positionen gekämpft. Dabei ging es geradezu ruppig zu. Auch die ständigen Sticheleien waren nicht mehr zu hören.

Ich konnte zunächst nichts mit der Stimmungsänderung anfangen, als ich aber in einer Kurve seitlich und an den Buckeln meiner Vorderleute vorbeischauen konnte, sah ich, was los war. Wir hatten die Baumberge erreicht, das Dach des Münsterlandes. Nicht gerade die Alpen, aber den einen oder anderen anspruchsvollen Anstieg kann man dort auch finden. Vor uns wand sich die Straße steil bergauf, oben verschwand sie im Wald. »12 %«, verkündete ein Schild stolz. Das sah ganz schön lang aus. Die Ersten gingen aus dem Sattel, wollten schon vor der Steigung wegziehen, die anderen versuchten das zu verhindern. Da packte auch mich der Ehrgeiz. Das wollen wir doch mal sehen. Wozu habe ich denn so einen edlen Renner, dachte ich.

»Äh, Jungs, wollen wir nicht im Sinne der Revolution gemeinsam solidarisch da rauffahren ...«, versuchte Bernd noch die durchgehenden Pferde einzufangen, aber erfolglos. Als sogar ich an ihm vorbeizog, gab er auf und jagte uns ebenso verbissen hinterher.

»Wahrscheinlich ist es der Jagdinstinkt, der uns Männer da treibt«, erklärte ich ziemlich zusammenhanglos dem eifrig mitschreibenden Zivilbullen.

»Sie meinen, was einen Mann zum Kommunismus und zum Terrorismus treibt?«

»Ich bin da keinen Deut besser«, fügte ich hinzu und konnte sehen, wie der Bebrillte ein wichtiges Geständnis erhoffte. »Mit Colnago unterm Hintern kann ich selbst an ganz kurzen Steigungen hier in der Stadt keinen anderen Radfahrer ziehen lassen. – Meinen Sie, Sie finden sie für mich wieder?«

Der eben noch schreibbereite Bleistift fiel enttäuscht in den Falz des Notizbuchs. »Noch einmal zu den Roten Radlern. Was haben Sie da gemeint, als Sie Jagdinstinkt sagten?«

Die Gruppe hatte keine Ordnung mehr, die Führung wechselte ständig. Immer wieder Tempoverschärfungen, denen alle zu folgen versuchten. Ganz unsolidarisch war das alles und ziemlich kompetitiv. Ich kurbelte wie ein Besessener, mein Herz raste, die Lunge schmerzte, die Beine wollten nicht mehr treten, ich musste sie zu jeder Umdrehung zwingen. Irgendwann schaltete ich den Turbo ein: Ich stieß nicht nur mit aller Macht nach unten, sondern zog gleichzeitig die Pedalen mit dem anderen Bein bewusst nach oben (Körbchen sei Dank). Ich wusste, dass ich das nur wenige Minuten durchhalten konnte. Aber für diese kurze Zeit gab es einen unheimlichen Schub. Ich konnte die Kuppe schon erkennen, es waren nur noch ein paar Hundert Meter, also hetzte ich mit allem, was ich hatte, den anderen hinterher. Es gelang mir tatsächlich, bis oben einigermaßen den Anschluss zu halten. Ich war zwar Letzter, aber immerhin fast zeitgleich. Die Steigung hätte aber auch keinen Meter länger sein dürfen, ich wäre vom Rad gefallen. Vorne hatte der mit den Knieproblemen dem Halbkranken die Bergwertung um eine Radlänge abgenommen und stieß ein Wolfsgeheul aus. Darauf hatte er offensichtlich den ganzen Tag hingearbeitet. Der Zweite lächelte gequält und versuchte den Eindruck zu erwecken, er habe ja gar nicht voll getreten. Das sei ja hier kein Wettrennen.

»Aber Sie haben doch sicher bei allem verständlichen sportlichen Ehrgeiz auch politische Gespräche geführt«, fragte der bebrillte Zivile butterweich. Geschrieben hatte schon länger keiner mehr was. Ich bekam das Gefühl, dass mich die Polizisten mit derselben Geringschätzung ansahen wie die Revolutionären Radler. Offensichtlich war ich weder so ein schönes Fahrrad, noch ein ernsthaftes Protokoll wert. Leider führte diese geringe Wertschätzung nicht dazu, mich zu entlassen. Stattdessen warteten sie auf eine Antwort.

»Nee, für Gespräche war ja nie Zeit. Die sind ja immer gefahren wie die Verrückten.«

Eigentlich hatte ich gehofft, dass wir nach der Bergankunft vielleicht oben an der Kuppe ein kleines Pläuschchen einlegen würden, aber alle stürzten sich wie selbstverständlich gleich wieder auf der anderen Seite den Hügel herunter. Ich quälte mich weiter, dranzubleiben, aber meine Beine wurden immer schwerer. Ich glaubte die vom getrockneten Schweiß zurückgelassene Salzkruste auf meiner Haut krachen zu hören. Ich fühlte mich echt alle, aber vor mir schnurrte der belgische Kreisel mit erbarmungsloser Präzision.

Als wir etwas später um eine Kurve bogen, tat sich wieder eine Steigung vor uns auf, und plötzlich ritt mich der Teufel. Keine Ahnung, wo das plötzlich herkam, aber ich stieg aus dem Sattel und zog an meinen überrascht schauenden Mitradlern vorbei. Jetzt zeige ich denen mal, was in Colnago und mir drinsteckt, was für ein gutes Team wir beide sind, dachte ich.

Es schien, als hätte ich die anderen überrumpelt, jedenfalls tauchte niemand neben mir auf, um meinen Angriff zu kontern. Ich wagte nicht, mich umzuschauen. Ich wollte nicht sehen, wie nah die Meute schon war. Jetzt musste ich die Sache auch durchziehen.

In diesem Moment spürte ich eine unglaubliche Einheit mit meinem Rad. Wie es sich laut- und klaglos unter mir hingab, wie es leicht schlingernd meinen wilden Bewegungen folgte und sie in Geschwindigkeit umsetzte, das war begeisternd.

Hatte ich vorhin noch das Gefühl gehabt, ich könnte die Kurbel kein einziges Mal mehr herumdrehen, spürte ich plötzlich eine neue Energie. Fast schien es mir, als käme der Befehl weiterzumachen nicht von mir, sondern von meinem Rad, als triebe es mich an, nicht nachzulassen. Ich prügelte bergauf. Es war der absolute Irrsinn. Wahrscheinlich sterbe ich gleich, war ich mir sicher, aber ich gab weiter Gas. Und immer noch fand ich mich allein an der Spitze. Ich zwang mich von Neuem, mich nicht umzusehen, das wäre ein Zeichen der Schwäche gewesen. Dabei wollte ich oben doch so tun, als hätte ich gar nicht gemerkt, dass ich den anderen davongefahren war. Mit weit aufgerissenem Mund und einem Pulsschlag von wahrscheinlich 580 kam ich endlich oben an der Kuppe an. Mit einem Siegesschrei und allerletzter Kraft drückte ich Colnagos Vorderrad über die gedachte Ziellinie und ließ triumphierend ausrollen. Ich konnte mir einen aufmunternden Klaps auf den Lenker nicht verkneifen. Gut gemacht, Brauner!

Endlich wagte ich, mich umzuschauen – aber da war niemand! Keine hetzende Meute, die mir nachhechelte, kein auseinandergerissenes Feld, in dem jeder auf sich allein gestellt versuchte, den Schaden zu begrenzen. Gar nichts. Niemand. Keuchend griff ich in die Bremsen und fuhr auf den Seitenstreifen. Wo sind denn alle? Völlig ausgepumpt, beugte ich mich über den Lenker und mühte mich, wieder zu Kräften zu kommen. Schweiß lief mir in die Augen und verhinderte eine klare Sicht. Konnte das denn sein, dass ich die so abgehängt hatte? Mein Ehrgeiz hätte das ja gerne geglaubt, aber in mir nagten Zweifel wie Rost an der Kette. Nach fünf Minuten hatte sich mein Puls auf 250 Schläge beruhigt, und meine Geduld war am Ende. Es war immer noch niemand da. »Das gibt's doch nicht!«

Entnervt schwang ich mich wieder in den Sattel und rollte die Steigung herunter, die ich gerade eben noch heraufgeprügelt war. Immer noch kein Sichtkontakt. »Das gibt's doch nicht!«, fluchte ich noch einmal. Dann sah ich in der Kurve, in der ich meinen Angriff auf die Bergwertung begonnen hatte, ein kleines Holzschild, das auf eine Waldgaststätte hinwies. Das hatte ich eben in meinem Geschwindigkeitswahn gar nicht wahrgenommen. Als ich in den asphaltieren Feldweg einbog, hörte ich schon von Weitem das Klimpern von Biergläsern. Die anderen empfingen mich mit erstaunt-amüsierten Blicken. »Was hat dich denn gestochen?«

»Na, du musst ja noch überschüssige Energie haben.«

»Das sah ja aus, als wärst du auf der Flucht.«

»Hätten wir gewusst, dass du noch so viel Benzin im Tank hast, hätten wir dich mehr führen lassen.«

»Hat dir keiner gesagt, dass wir hier immer anhalten, was trinken und unsere revolutionäre Bratwurst mit Pommes essen?«

Etwas bedröppelt stand ich da und hielt mich an Colnago fest. Ich muss ziemlich jämmerlich ausgesehen haben.

»Ihr beiden seid mir vielleicht ein Trio«, rief Bernd und klopfte mir freundschaftlich auf die Schulter.

»So, und wann treffen sie sich wieder, Ihre Revolutionäre?«

»Keine Ahnung, ich bin nicht eingeladen.«

»Ja, und was sollen wir jetzt mit Ihnen machen?«, fragte der Kommissar rhetorisch.

»Wie, was machen Sie mit mir? Ich bin ja nur hier, um einen Fahrraddiebstahl zu melden.«

»Sie sind aber nicht besonders kooperativ. Das erhöht nicht gerade unsere Motivation, Ihr Rennrad zu finden, Ihr ... Colnago«, sagte er, den Namen gedehnt vom Formular ablesend.

»Andersherum wird ein Radlschuh draus«, antwortete ich unbedacht. »Wenn Sie mein Fahrrad wiederfinden, dann fahre ich wieder mit bei den Roten Radlern, und vielleicht erzähle ich Ihnen dann alles darüber.« Mann, Mann, Mann, ich konnte es selbst nicht glauben, dass ich mich da gerade bei den »Bullen« angedient hatte. Wenn Bernd je davon Wind kriegen würde, ich wäre ein toter Mann. Klar waren die Chancen minimal, dass die Polizei Colnago finden würde und ich gezwungen wäre, meinen Teil dieses Faust'schen Paktes einzulösen. Und was wäre da auch zu berichten? Die Roten Radler waren ja wohl die unkonspirativste und unrevolutionärste Rote Zelle, die man sich vorstellen konnte. Dennoch war mir alles andere als wohl zumute: Ich war eindeutig erpressbar geworden. So eine Macht kann ein schönes Fahrrad über einen haben.

Immerhin führte mein Angebot dazu, dass der Zivilpolizist von mir abließ. Ob er nun zu der Einsicht gelangt war, dass aus mir wenig herauszuholen war, oder ob er tatsächlich plante, mein Fahrrad zu finden, war für mich nicht zu erkennen. Mit einem knappen »Sie hören von uns!«, verließ er den Raum. Der Wachtmeister ließ mich noch die Diebstahlsanzeige unterschreiben, dann summte der Türöffner und entließ mich in den sonnigen Nachmittag.

Draußen vor der Polizeiwache wartete Silberpfeil geduldig auf mich. In meiner Verwirrung hatte ich mir nicht mal die Mühe gemacht, ihn abzuschließen. Offensichtlich hatte trotzdem niemand an ihm Gefallen gefunden. Auf seinem Rahmen lag immer noch der Staub, der im Keller allmählich auf ihn gerieselt war, während ich mich mit Colnago in der Weltgeschichte herumgetrieben hatte.

Eine Welle schlechten Gewissens überkam mich. Ich rollte nachdenklich zu meiner Stammkneipe und versuchte mich vorsätzlich zu betrinken. Es half nichts. Es führte nur dazu, dass die Erinnerungen an Colnago noch stärker wurden. Erst mit diesem Rad hatte ich die Freuden des Radfahrens bewusst erleben dürfen. Vorher war es lediglich Gewohnheit, etwas, das alle machten, beinahe Folklore. Mit Colnago hatte ich zum ersten Mal eine Ahnung davon bekommen, dass Radfahren so viel mehr war, als praktischerweise von einem Ort zum anderen zu kommen. Und auch viel mehr als eine politische Weltanschauung. Es konnte auch pure, unvernünftige Leidenschaft sein. Die Lust an der Bewegung und der Geschwindigkeit.

Ich seufzte tief. »Ich werde sie nie wiedersehen«, prophezeite ich dem Wirt, der mich freundlich, aber bestimmt als Letzten aus der Kneipe drängte. Die Kopfschmerzen am nächsten Tag waren überwältigend.

WHEELER, DAS STADTRAD

Das Fahrrad gibt der Geschäftswelt die individuelle Freiheit
der Bewegung. Dies ist der Vorteil des Fahrrades im Verkehr.
Es muss also unser Bestreben sein, diesen Vorteil auszunüt-
zen, und das kann unseres Erachtens nur geschehen,
wenn die Anlage von speziellen Wegen für Radfahrer
in Angriff genommen wird.

ZEITSCHRIFT »RADMARKT« VON 1897

Nach dem Diebstahl von Colnago wollte ich eigentlich nichts mehr mit Fahrrädern zu tun haben. Dieses emotionale Auf und Ab war mir einfach zu stressig. Ich machte deshalb endlich den Führerschein, denn Autofahren schien mir die passende Alternative zu sein. Ich hatte das jahrelang vor mir hergeschoben. Mit der »Fläppe« in der Tasche beging ich dann auch für eine Weile schäbige Fahrradflucht. Aber dann geriet ich eines Nachts in eine Polizeikontrolle.

»Wissen Sie, wie schnell Sie gefahren sind?«, fragte mich der Polizist. Ich brauchte unendlich lange, bis ich die Bedeutung der Worte erfasste. Ich saß am Steuer eines VW Käfer. Hinter mir glucksten zwei Kumpels, denen es nicht gelang, ihre unsinnigen Lachanfälle im Zaum zu halten. Neben mir hing Bonanza-Bernd schlafend im Beifahrersitz. Es war ein langer Abend gewesen, zwar ohne Alkohol, aber dafür mit umso mehr Marihuana. Warum ich am Steuer saß und nicht einer von den beiden Komikern hinter mir, wusste ich nicht mehr.

Jemand hatte, glaube ich, gerufen: »Wer nicht mehr singen kann, muss fahren!« Ich versuchte, auf den ins Seitenfenster hereinleuchtenden Polizisten einen möglichst kompetenten und erwachsenen Eindruck zu machen. Was war noch mal seine Frage gewesen? Zum Glück wiederholte er sie in diesem Moment.

»Sind Sie taub? Wie schnell sind Sie gefahren?«

Ich hatte keinen Schimmer. Aber es war wohl zu schnell gewesen. Schließlich sagte ich vage: »So sechzig vielleicht?«

Er schüttelte den Kopf. Shit! Und das Auto gehörte meiner Mitbewohnerin. Und die hatte mir nicht mal die Papiere mitgegeben, als ich mir am Nachmittag die Schlüssel geliehen hatte. Ich versuchte, mich zu konzentrieren, nicht in Panik zu verfallen und total nüchtern zu wirken.

»Etwa siiiiiebzich?«, fragte ich vorsichtig. Stoned und zu schnell gefahren, das war übel.

Aber auch das verneinte er.

»Achtzig?« Die beiden im Fond fanden das inzwischen wahnsinnig komisch. Prustend und glucksend hielten sie sich

die Hände vor den Mund, um nicht laut loslachen zu müssen. Bernd schnarchte neben mir ungerührt weiter, während ich versuchte, mich zu erinnern, ob ich eben tatsächlich mit Hochgeschwindigkeit durchs Viertel gerauscht bin. »Oder etwa Fünfundachtzig?«

»Nein«, sagte der Polizist. »Genau zwanzig.«

Hinter mir brachen alle Dämme. Lachkrämpfe schüttelten die beiden, und zwangen sie in Rückenlage. Ich lächelte den Ordnungshüter an und hob entschuldigend die Schultern.

»Trauerfall in der Familie«, sagte ich und deutete auf die beiden, »manche reagieren da ja total hysterisch.« Das erzeugte eine neue Kreischwelle im Fond.

Jetzt regte sich sogar Bernd, der bisher wie ohnmächtig im Beifahrersitz gehangen war. »Ey, sagt mal, ihr bekifften Idioten, wie soll man bei dem Geschrei hier in Ruhe seinen Rausch ausschlafen?«

»Sie kommen jetzt mal alle mit zur Blutprobe«, sagte der Polizist und winkte seinen bisher im Auto wartenden, schwer bewaffneten Kollegen herbei.

Das Strafverfahren im Frühjahr 1981 verlief relativ glimpflich. Aber jetzt *musste* ich wieder Fahrrad fahren, denn der Führerschein war für ein halbes Jahr weg. Nur hatte ich auch keinen Drahtesel mehr. Ich befand mich in dieser Zeit zwischen zwei Sätteln. Denn ich hatte nicht nur Colnago verloren, sondern inzwischen auch mein altes Hollandrad eingebüßt.

Die Trennung von Silberpfeil war allmählich vor sich gegangen und ohne erkennbaren Anlass. Jahrelang hatte er klaglos seinen Job erfüllt. Aber ich pflegte weder unsere Beziehung noch seine mechanischen Teile. Und eines Tages hatte er einfach einen Platten zu viel gehabt. Der Schlauch war geplatzt, weil er sich am spröden Reifen und an der Felge vorbei in die Freiheit gearbeitet und dort eine schwarze Blase gebildet hatte, die irgendwann so groß war, dass sie mit der Felgenbremse kollidierte. Ich nahm mir vor, ihn gleich am folgenden Wochenende auszutauschen, aber irgendetwas kam dann immer dazwischen. Glücklicher-weise hatte ein WG-Mitbewohner gerade ein Rad übrig, das ich vorläufig benutzen konnte. Nach einigen Wochen im Hof war bei Silberpfeil plötzlich auch der Sattel weg, das einzig eini-germaßen neue Bauteil. Jetzt war klar: Eine Reparatur würde außer Zeit auch beträchtliche Investitionen verschlingen. Umso schwieriger schien es, einen geeigneten Zeitpunkt zu finden, dieses Projekt in die Tat umzusetzen. Einmal regnete es, dann war der Fahrradladen überraschend mittags geschlossen oder mein Konto überzogen. So kam es langsam zu einer Entfrem-dung zwischen mir und dem alten Hollandrad. Ich mied den Hof, und als ich dann bei einem meiner seltenen Besuche fest-stellen musste, dass irgendjemand noch eine Acht ins Vorder-rad getreten hatte, war eine Wiederbelebung unserer abgekühl-ten Beziehung kein Thema mehr.

Wahrscheinlich war es die Mischung aus gebrochenem Herzen (wegen Colnago) und meinem schlechten Gewissen (wegen der schäbigen Behandlung von Silberpfeil), dass bei mir für lange Zeit kein Fahrrad mehr eine Chance haben sollte. Und ich war sicher, dass mir nie wieder ein Rad so viel bedeuten würde wie Colnago.

Die frühen Achtzigerjahren waren für mich eine wilde Zeit. Viele verschiedene Jobs, viele verschiedene WGs und vor allem: viele verschiedene Fahrräder. Keines davon gehörte eigentlich mir. Denn der Anspruch in meiner Wohngemeinschaft war damals, man teilte alles: Fahrräder, Frauen, und wenn schon keine Fül-ler – das letzte Exemplar stand ausgetrocknet und ohne Kappe in der zum Stiftfriedhof umfunktionierten selbst getöpferten Tasse neben dem Brottopf –, so gehörten zusätzlich Fernse-her, Föhne oder Pfannen zum inoffiziellen Gemeineigentum. Natürlich erfuhr meine Mutter weder von der Erweiterung ihres Sinnspruchs in Richtung Sodom und Gomorrha noch von dem Schicksal meines letzten Füllers.

Ich erinnere mich an nächtelange Diskussionen in den ver-qualmten WG-Küchen oder in noch viel verqualmteren Szene-

lokalen. Debatten, die mit fortschreitendem Abend immer verstiegener wurden und immer unpolitischer. Cannabisträume ersetzten mehr und mehr politische Visionen. Nur schemenhaft blieben die bekifften Heimfahrten auf irgendwelchen gerade noch fahrtüchtigen Mühlen im Gedächtnis. Ich erlebte eine Kette kurzer, manchmal leidenschaftlicher, meist aber oberflächlicher Fahrradaffären, die bei mir kaum Reifenspuren hinterließen. Meistens wusste ich nicht mal den Namen des jeweiligen gerade aktuellen Gefährts. Ich war damals so richtig unter die Räder gekommen.

Das führte auch zu der Nachlässigkeit im Umgang mit ihnen. Manches Rad ging im Haschischnebel einfach verloren. Genauso unverhofft fand sich bald ein neues, womöglich eines, das wochenlang unabgeschlossen im Hof im Fahrradständer gestanden hatte. So ein Rad kroch dann für eine Weile bei mir unter, bis ich es einer Frau auslieh, die sich nach nur einem Monat wieder von mir trennte und das Fahrrad einfach mitnahm. Politische oder persönliche Veränderungen machten viele Ortswechsel nötig, da blieb schon mal die eine oder andere Karre in irgendeinem WG-Keller zurück. Keines dieser Räder hinterließ einen tieferen Eindruck bei mir. Die meisten, das gebe ich offen zu, habe ich nicht gut behandelt, ich habe sie einfach nur benutzt.

Nur ein Fahrrad russischer Herkunft ist mir aus jenen Tagen in Erinnerung geblieben. Der kyrillische Name auf dem Rahmen machte es für eine Weile zu einem exotischen und gleichzeitig politisch korrekten Begleiter. Da hätte mehr draus entstehen können. Aber schon nach wenigen Wochen ließ es mich schmählich im Stich. Auf einer alltäglichen Besorgungsfahrt kam es zum Rahmenbruch. Mitten auf einer belebten Kreuzung fiel mir das ganze Rad praktisch unterm Hintern auseinander. So machte schlechte Verarbeitung der zarten Pflanze unserer Zuneigung brutal den Garaus. Bei aller Hochachtung, die ich der Russischen Revolution immer noch entgegenbrachte: Statt die Völker der Welt im Kampf gegen den Kapitalismus sollte die russische Arbeiterklasse zunächst vielleicht mal die Rohre ihrer eigenen Fahrräder vernünftig zusammenschweißen. Dieses Versagen trug nicht dazu bei, meinen langsam verebbenden revolutionären Eifer wieder aufzufrischen.

Das Rad, das mir nach all dem Bäumchen-wechsel-dich endlich wieder etwas bedeutete, war Wheeler, der erste Neukauf meines Lebens. Ich wollte eigentlich nur für eines der namenlosen Dinger einen Schlauch besorgen. Dabei zweifelte ich daran, dass diese zum Scheitern verurteilte Beziehung noch eine solche Investition wert war. Da wurde ich im samstäglich gefüllten Fahrradladen von dem eindrucksvollen Bauch eines Rennradlers zur Seite gestoßen und konnte nur mit einem schnellen Griff an den Rahmen eines Rades verhindern, dass es einen verhängnisvollen Dominoeffekt auslöste. Das Rad, dem ich da die Stange hielt, war, wie ein handschriftliches Schild verkündete, ein Sonderangebot. Es hatte große glänzende 28er-Räder, einen schaumgummigepolsterten Sattel und war mit einer angeblich sehr »beißfreudigen« Felgenbremse ausgestattet. Die Torpedo-Schaltung bot ein für meine Begriffe opulentes 5-Gang-Menü. Das Rad schien mir der Ausbund technischen Fortschritts zu sein. Außerdem waren die Reifen voll aufgepumpt, stellte ich mit einem unauffälligen Daumendruck aufs Reifenprofil fest. Natürlich kauft man auch kein Auto, nur weil es vollgetankt ist, aber plötzlich erschien mir ein neues Rad die Lösung aller Probleme zu sein. Endlich keine brüchigen Radmäntel mehr, die ständig Löcher in den Schläuchen zur Folge hatten, keine Achter in den Felgen, keine schlechten Bremsen und kein schweißtreibendes Bergaufquälen ohne Gangschaltung. Plötzlich war die Sehnsucht nach einem funktionierenden, verlässlichen und langlebigen Fahrrad so überwältigend groß, dass ich eine Probefahrt unternahm. Eine halbe Stunde später fuhr ich mit einem neuen Fahrrad nach Hause. Unerhörte 800 Mark hatte es gekostet, trotz des Sonderangebots. Das Auto, das ich mir zu der Zeit mit einem WG-Mitbewohner teilte, war nur knapp doppelt so teuer gewesen. Aber ich hatte ja immer noch das Geld von der

Diebstahlversicherung für Colnago aufbewahrt. Fast drei Jahre hatte es gedauert, bis ich mich entschließen konnte, es für ein anderes Rad auszugeben.

Irgendwie läutete der Kauf von Wheeler überhaupt einen neuen Lebensabschnitt ein, eine Phase der Solidität. Ich entschloss mich, endlich der Arbeiterklasse für eine Weile Adieu zu sagen und das Studium der Ingenieurwissenschaften aufzunehmen. Eigentlich war mir spätestens seit meiner lieblos absolvierten Ausbildung zum Schlosser klar, dass mir die Leidenschaft für einen technischen Beruf fehlte. Dass ich dennoch diese Schiene weiterverfolgte, hatte vielleicht auch mit meinem innigen Verhältnis zu Fahrrädern zu tun. Denn irgendwo in meinem Hinterkopf hegte ich die idealistische Vorstellung, dass mir das Studium helfen würde, diese wunderbaren und doch so launenhaften Räder besser zu verstehen. Vielleicht würde ich endlich dahinterkommen, warum Rücklichter praktisch nie funktionierten. Oder warum Fahrradreifen in Größenangaben von 6¼ × 2¾ oder so ähnlich verkauft wurden. Warum ein Reifen immer genau dann platt wurde, wenn man gerade die Kette neu geölt hatte. Warum es so unendlich schwer war, trotz fachkundiger Verwendung des Tafelsilbers, einen Reifen auf die Felge zu löffeln. Insgeheim hoffte ich auch, das Zeug zum Fahrradflüsterer zu haben.

Dann lernte ich, kurz nach dem Kauf von Wheeler, eine neue Frau kennen: Laura. Ich habe nie herausgefunden, ob da ein Zusammenhang bestand. Aber wie bei Wheeler hatte ich auch bei ihr sofort das Gefühl, wir passten super zusammen. Dabei war ihr Verhältnis zu Rädern von Anfang an recht distanziert.
Denn Laura, gebürtige Stuttgarterin, war keine große Fahrradfahrerin. Daraus hatte sie schon in den ersten Wochen unserer Beziehung keinen Hehl gemacht. Sie lachte nur, als ich sie einmal nach einem Theaterbesuch auf Wheelers Stange nach Hause fahren wollte. Und winkte sich dann ein Taxi ran.
Sie fand, in Münster werde das Fahrrad zu sehr verehrt, das

sei alles ziemlich übertrieben. Den »Tanz ums goldene Rädli« nannte sie das.

»Aber die alltägliche körperliche Bewegung an der frischen Luft ist doch genial«, versuchte ich sie einmal zu überzeugen.

»Ich sitze lieber im Café«, war ihre lapidare Antwort, während sie ihr wunderbares blondes Haar kämmte.

»Klar, ich auch, aber eben erst hinterher. Man hat was gesehen, was geschafft. Dann schmecken doch Kaffee und Kuchen erst so richtig. Radeln macht nämlich Appetit.«

»Du solltest dich als Pressesprecher des Bundesverbands der Fahrradhersteller bewerben«, fand sie.

»Nein, im Ernst. Ich verspreche dir: Nachher ist man total gut drauf.«

»Aber du bist doch sowieso gut drauf, wenn du mit mir zusammen bist, oder nicht?« Sie lächelte. »Besonders wegen unserer gemeinsamen körperlichen Bewegung, nicht wahr?«

Ich gab nach und küsste ihren Nacken. Ich war so ungebremst verliebt, dass ich sicher war, dass eine so nebensächliche weltanschauliche Frage wie Fahrradfahren kein Hindernis für eine funktionierende Beziehung sein konnte. Bald standen auch wichtigere Themen im Vordergrund: Denn nach nur wenigen Monaten unseres Zusammenseins wurde Laura schwanger. Wir heirateten schnell und bekamen einen Sohn: Johann. Für eine Weile war ich glücklich. Ich stürzte mich mit neuer Motivation ins Studium, immerhin wollte ich so schnell wie möglich zum Familieneinkommen beitragen. Gleichzeitig kümmerte ich mich viel um Johann, denn Laura hatte kurz nach der Geburt wieder zu arbeiten angefangen.

So trug Wheeler bald geduldig einen Kindersitz, mit dem ich Johann zum Beispiel zur Tagesmutter bringen konnte. Der kleine Mann quittierte unsere Ausfahrten stets mit quietschender Begeisterung. Aber Laura war eigentlich dagegen und sah das nicht so gerne – zu gefährlich für unseren Sohn.

»Ich könnte ihn natürlich auch in einen dieser neuen Anhänger setzen, das sieht sehr bequem aus«, versuchte ich Fahrradbrücken über unsere Meinungsverschiedenheiten zu bauen.

»Ich will, dass du ihn überhaupt nicht ungeschützt durch den Straßenverkehr manövrierst«, antwortete Laura kategorisch.

»Ungeschützt? Ich passe doch die ganze Zeit auf ihn auf!«

Es kostete Kraft, sich ständig gegen ihre offensichtliche Missbilligung durchzusetzen.

Ich versuchte auch immer wieder, am Wochenende gemeinsame Touren auf dem Fahrrad zu initiieren. Ich schenkte Laura sogar ein nicht ganz nagelneues, aber bestens funktionierendes Fahrrad. Ich hoffte, damit ihre Lust aufs Radfahren zu wecken. Doch nach viel zu wenigen, viel zu kurzen Ausflügen blieb die Neuanschaffung die meiste Zeit im Keller stehen. Auf dem Rad werde man immer nass, beklagte Laura sich, entweder von außen, vom münsterländischen Landregen, oder von innen, vom Schweiß. Lange Zeit redete ich mir ein, dass unser unterschiedliches Verhältnis zu Fahrrädern nicht unser gemeinsames Verhältnis beeinträchtigen durfte. Ich wollte nicht sehen, dass da schon ziemlich viel Sand in der Kette war.

Am Ende des Studiums bewarb ich mich dann erfolgreich für ein einjähriges Volontariat bei einem technischen Verlag in Würzburg. Zunächst bedeutete der partielle Umzug für mich eine ziemliche Umstellung. Nicht nur, weil dieser Ortswechsel 400 Kilometer zwischen mich und meine Familie legte, die es jedes Wochenende zu überwinden galt. Oder weil ich plötzlich die Woche über wieder in einer Wohngemeinschaft verbrachte, um die Kosten für die doppelte Haushaltsführung möglichst gering zu halten. Sondern auch, weil er für mich und mein Stadtrad sehr weitreichende Folgen hatte.

Denn ich war nach dem vielfach als fahrradfreundlichste Stadt Deutschlands ausgezeichneten Münster nun an die fahrradfeindlichste Stadt geraten. Gut, das wusste ich damals noch nicht. Denn diesen ehrenvollen Titel hat sich Würzburg erst 2005 in einer nicht repräsentativen Umfrage des ADFC erworben. (Und hat 2012 beim nächsten Fahrrad-Klima-Test als 37. von 42 Städten zwischen 100 000 und 200 000 Einwohnern nur unwesentlich besser abgeschnitten.) Aber schon in den ersten Monaten meines Volontariats, also zwanzig Jahre vorher, bekam ich den Kontrast zwischen Münster und Würzburg deutlich zu spüren.

Ich war ein echter Grenzgänger, besser: Grenzfahrer. Und das nicht nur, weil ich mich regelmäßig zwischen Münster und Würzburg hin und her bewegte. Im Hof des von Studenten-WGs durchsetzten alten Mietshauses, in dem ich die Woche über wohnte, waren neue Räder eher selten, da stach mein Wheeler so heraus, dass ich ihn jede Nacht mit drei Schlössern an einem Geländer sicherte. Das wiederum erzeugte noch mehr Aufmerksamkeit, manche werteten das auch als Misstrauensvotum gegenüber der Hofgemeinschaft, denn Fahrraddiebstahl war und ist in Würzburg bei Weitem nicht so eine Seuche wie in Münster. Wenn ich dann morgens in Schlips und Sakko aus dem Hof rollte, passierte es mir immer wieder, dass mir ein studentischer Frühaufsteher (oder eher ein Spätheimkehrer?) höhnisch wegen meines schicken Outfits nachpfiff.

Im Hof des Verlages, der etwa vier Kilometer von meiner Wohnung entfernt lag, tauchte ich dann in eine ganz andere Welt ein. Hier konnte ich mir jeden Morgen einen anderen Platz im Fahrradständer aussuchen. Viele unterbeschäftigte Halterungen buhlten um die Gunst der wenigen Räder. Kam ich dann ins Büro, behandelten mich die Sekretärinnen mit dem etwas verschreckt ungläubigen Respekt, den sie auch einem Polarforscher entgegengebracht hätten. Dies alles nur, weil ich bei Temperaturen um 5°C und Nieselregen aufs Rad gestiegen war und es unversehrt bis in die Redaktion geschafft hatte. Ich war für sie ein echter Exot. Die meisten Kollegen betrachteten mich allerdings eher mitleidig. Ein angehender Redakteur, der auf dem Fahrrad in den Verlag fuhr, konnte eigentlich nicht ganz dicht sein.

Zwischen dem Verlag und meiner Wohnung lag aber das, was mir und meinem an Münsteraner Verhältnisse gewöhnten Stadtrad am meisten Umstellung abverlangte: der Würzburger Straßenverkehr. Ich fühlte mich vom Paradies in die Hölle versetzt, als wäre ich nach Fahrrad-Sibirien verbannt worden. Die Radwege in Würzburg machten bei meinen ersten Erkundungsfahrten Mitte der Achtzigerjahre an manchen Stellen den Eindruck, als seien sie die Überbleibsel eines im Zweiten Weltkrieg zerstörten Wegenetzes. So abrupt, wie sie verschwanden und wieder auftauchten, so sinnlos kurze Stücke, die den Straßenrand zierten, um sich im nächsten Moment schon wieder im Nichts aufzulösen. Viele der real existierenden Teilstücke waren in erbarmungswürdigem Zustand. Die Übergänge zum Belag kreuzender Straßen waren ruppig, weil die Bordsteinkanten nicht genügend abgesenkt worden waren. Baumwurzeln hoben den Fahrbahnbelag an und brachen ihn auf, sodass man das Gefühl hatte, man befahre eine Teststrecke für die gerade in Mode kommenden Mountainbikes.

Diese so völlig anderen Umweltbedingungen bedurften einer großen Anpassung meinerseits. Dabei waren die allgegenwärtigen Straßenbahnschienen, die mich im ersten Jahr meines Würzburger Aufenthalts zwei Felgen gekostet hatten, weil ich wegen fehlender Fahrpraxis mit dem Vorderrad hineingeraten war, eher noch ein sympathisches Problem. Aber es war schon ein Kulturschock, als ich ahnungsloser Preuße durch die Fußgängerzone radelte und mir plötzlich jemand den Spazierstock in die Seite stieß und dabei rief: »Des is fei kei Radweech!« Erschüttert lag ich auf dem Pflaster und rätselte, was mich da aus heiterem Himmel getroffen hatte und was denn in aller Welt das Wort »fei« bedeutete.

Aber es waren eigentlich nicht die wenigen Extremisten, die mir das Radfahren in Würzburg zu verleiden suchten. Vielmehr entmutigt Würzburg seine Radler mit seiner hügeligen Topografie und mit seiner offiziellen Verkehrsführung. Für Erstere kann die Stadt nichts, für letztere schon.

Als ich das erste Mal den Rennweg befuhr, eine der viel befahrenen Einfallstraßen von der Uni Richtung Innenstadt, wollte ich meinen Augen nicht trauen. Unter voller Belastung der beißfreudigen Felgen- und der zuverlässigen Rücktrittbremse geigten mein Rad und ich, von der Universität kommend, den steilen Berg der Rottendorfer Straße hinunter, uns auf der engen, radweglosen Strecke irgendwie zwischen den vielen Autos durchschlängelnd. Wir gelangten unversehrt an eine Kreuzung und fanden uns danach plötzlich auf einem wunderschönen Radweg wieder, nein, einer Rad-Allee, auf der wir den Ringpark durchschnitten. Mit einer Hecke von der Straße abgetrennt, war hier so viel Platz für den verwirrten Radler, dass ich mich umschaute, ob ich nicht versehentlich auf die Flaniermeile eines Sanatoriums geraten war. Misstrauisch beäugte ich den großzügigen Fußweg neben mir, der wiederum von Wiesen, Beeten und Bäumen gesäumt wurde. Aber nach nur 200 Metern war es schon wieder vorbei mit der Radlerherrlichkeit. Jetzt galt es, gemeinsam mit dem gesamten übrigen Verkehr durch das Nadelöhr, genauer gesagt, das Oeggi-Tor, in die historische Innenstadt zu gelangen. Dort hatte man den bisher parallel zur Straße verlaufenden Radweg kurz vor dem Tor in einem eleganten Bogen senkrecht zur Fahrbahn geleitet, wo er sich zu Füßen eines kleinen Vorfahrt-achten-Schildes in Luft auflöste. Offensichtlich war es auch das, was die Würzburger Verkehrsplaner den Radfahrern an dieser Stelle anrieten: sich ebenso in Luft aufzulösen.

Ratlos stand ich damals am Straßenrand. Eine Weile beobachtete ich, was andere, offensichtlich schon erfahrenere Radfahrer an dieser Stelle machten. Mit mehr oder weniger gewagten Manövern versuchten die meisten, sich in den laufenden Verkehr einzufädeln, oder sie sprangen auf den Gehsteig, um nicht zwischen Linienbus und Torbogen zerquetscht zu werden. Dem krummen Ende des Radwegs ist jedenfalls niemand gefolgt. Und in Luft hat sich auch keiner aufgelöst.

Würzburg nennt wahrscheinlich auch den kürzesten Radweg der Welt sein Eigen. Der befindet sich am Ausgang der Semmelstraße in Richtung Innenstadt.

Als ich das »Radwegchen« zum ersten Mal sah, habe ich lauthals gelacht. Allerdings nicht lange. Denn genau an dieser Stelle habe ich mein erstes »Knöllchen« in Würzburg erhalten. In der irrigen Annahme, der Streifen solle die Zweiräder von der

Straße holen, um sie dann sicher über die Fußgängerampel zu geleiten, lernte ich bald, dass diese Straßenführung dafür da ist, Radler dazu zu bringen, ahnungslos über die Fußgängerampel zu fahren. Auf der anderen Seite wurde ich von der Polizei in Empfang genommen und abkassiert. Ordnungsgemäß hätte ich mein Fahrrad über die Fußgängerampel schieben müssen, wurden ich und die anderen Radler, die Schlange standen, um ihr Ticket zu bezahlen, belehrt. Ich war fassungslos. Ein paar Jahre später hat eine weitere dieser Polizeiaktionen eine solche

Leserbrieflawine in der Lokalpresse losgetreten, dass sich die Gesetzeshüter seitdem nicht mehr trauen, ihr Wegelagerertum an dieser Stelle auszuüben.

Die gemeinsame Idee hinter diesen vielgestaltigen Verkehrsplanungsblüten schien mir schon damals, dass der Radfahrer seine Existenz als Radfahrer aufgeben sollte, damit er nicht weiter den Verkehr stört. Ich nehme an, auch heute noch ist kaum jemand aus dem Stadtrat mit dem Stadtrad unterwegs.

So gab es immer wieder Momente für mich, da hätte ich mich lieber jetzt als gleich auf den Sattel geschwungen und wäre zurück nach Münster geradelt.

Dabei wusste ich damals schon: Münster war und ist auch nicht einfach das ungetrübte Radfahrerparadies. Auch dort gibt es viele unaufmerksame Autofahrer, auch dort machen Radrowdys den Fußgängern das Leben schwer. Und auch dort ist das Radfahren alles andere als ungefährlich. Zwar sterben in Münster bezogen auf die Einwohnerzahl weniger Menschen an Herzinfarkt als in irgendeiner anderen Stadt Deutschlands, es gibt dort aber gleichzeitig auch die meisten Verkehrstoten. Nachdem man also durch ausdauerndes Radfahren die Lebenserwartung mühsam um Jahre erhöht hat, biegt irgendso ein Depp mit seinem Auto im falschen Moment rechts ab, ohne sich umzugucken, und mit einem (Auf)Schlag reduziert sie sich auf null. Wo viel geradelt wird, da fallen Biker, egal wie fit die sind.

Aber trotzdem konnte ich mir ein Grinsen nicht verkneifen, wenn ich an den Wochenenden in Münster aufs Fahrrad stieg. Als neuerdings halbwegs Außenstehender sah ich den Verkehr mit anderen Augen, war ich beeindruckt, mit welch gelassenem Selbstbewusstsein viele Menschen auf ihren holländischen Hochrädern durch die Stadt rollten. Die scheue Vorsicht, die viele rechts abbiegende Autofahrer bei jeder Einmündung an den Tag legten, fand ich fast schon zum Lachen, verglichen mit der ahnungslosen Rücksichtslosigkeit, der ich Würzburg oft begegnete. Einmal fiel mir ein Autofahrer wegen seines WÜ-Kennzeichens auf. Langsam und ziemlich verunsichert schlich er durch Münsters Innenstadt. Während er an einem Rotlicht wartete, sammelten sich etwa 20 Fahrräder um ihn herum. Man konnte ihm ansehen, dass er sich umzingelt fühlte. Als es endlich Grün wurde und alle Räder wuselnd um ihn herum losfuhren, würgte er erschrocken sein Auto ab und verpasste so die ganze Grünphase.

In Münster wurde mir, wie jedem Autonovizen, schon in der Fahrschule ein hoher Radrespekt eingebläut.

»Einmal rechts abbiegen ohne Schulterblick, und du bist durch die Fahrprüfung gefallen«, hatte mir mein Fahrlehrer eingeschärft. »Und wenn der Prüfer sagt, du hast bestanden, und du steigst in deiner Erleichterung aus dem Auto aus und vergisst, vor dem Öffnen der Tür nach hinten zu gucken – zack, ist die ›Fläppe‹ wieder weg. Durchgefallen!«

In Würzburg dagegen versuchen die örtlichen Verkehrsplaner erst gar nicht, die Autofahrer zu mehr Fahrrad-Bewusstsein zu erziehen. Wann hätte man schon mal Polizisten an Straßeneinmündungen lauern sehen, um Autofahrer zu erwischen, die beim Rechtsabbiegen den Radlern die Vorfahrt nehmen? Da pflücken wir doch lieber die Radfahrer von den Fußgängerüberwegen!

Die Sonderstellung der Radfahrer in Münster führt natürlich auch zu einer gewissen Überheblichkeit und Sorglosigkeit im Sattel. So halten es die wenigsten für nötig, einen Helm zu tragen. Was für eine Zumutung! Kein Wunder, dass viele Unfälle hier tödlich enden.

Auch ich verschwendete keinen Gedanken an die Gefahren des Radfahrens, wenn ich genussvoll mit meinem neu geschärften Blick die Promenade entlangrollte, diesen geschlossenen Stadtring, den Radfahrer für sich alleine haben und ihn wie eine Ringautobahn benutzen können. Was die Ramblas für Barcelona sind, ist die Promenade für Münster, Aushängeschild und Flaniermeile zugleich. Allerdings flanieren hier die Räder, und zwar in Stoßzeiten bis zu 1500 pro Stunde, die Fußgänger sind geduldet. Rechts und links des Asphaltbandes unter den Alleebäumen dürfen sie gehen. Das Betreten oder gar Überqueren der Radstraße ist nicht ungefährlich. Mir gefiel, wie aufmerksam die Fußgänger waren. Da latschte niemand blind mit dicken Einkaufstüten über den Radweg, wie mir das in Würzburg oft passierte, da nahm niemand mit Zwillingskinderwagen die ganze Fahrbahn ein. Auch ärgerliches Klingeln oder gar wütende Zurufe bei einem minimalen Fehltritt ertrugen die Fußgänger mit scheinbar stoischer Geduld. Zum Teil wohl, weil sie sich daran gewöhnt hatten, zum Teil aber wohl auch, weil ihnen wahrscheinlich eines der Millionen in der Stadt wahllos abgestellten Räder gehörte, auf das sie demnächst wieder aufsteigen würden, um nun ihrerseits die Verkehrsregeln etwas großzügig auszulegen und Fußgänger aus dem Wege zu scheuchen.

Würzburg hat übrigens einen ganz ähnlich gelagerten grünen Gürtel um die Innenstadt herum, der ebenfalls aus einer alten Befestigungsanlage entstanden ist. Auf die Idee, daraus genauso einen Mittleren-Fahrrad-Ring zu machen, scheint noch niemand von den Entscheidern gekommen zu sein. Stattdessen bemüht man sich, den Radfahrern das Leben schwer zu machen.

All diese Behinderungen nahm ich in den ersten Monaten allerdings noch relativ gelassen hin, denn ich nahm ja an, dass ich nur für kurze Zeit in Würzburg bleiben würde. Manches fand ich sogar ganz amüsant, buchte es ab unter bayerischer Folklore (in völliger Verkennung der Tatsache, dass das ebenfalls fränkische Erlangen auch damals schon als Radlerstadt ganz oben rangierte, wenn es um Fahrradfreundlichkeit ging, und manchmal Münster sogar den Rang ablief). Aber dann änderten sich meine Lebensverhältnisse dramatisch.

Ich war knapp neun Monate in Würzburg, da ließ Laura endgültig die Luft aus unserer Ehe. Sie warf mir in einem Streit ihren Fahrradschlüssel vor die Füße und verließ mich wegen einer Harley-Davidson. Mit deren Fahrer zog sie schnell samt unse-

rem Sohn in eine andere Stadt. Immerhin gelang es uns, Kontakt zu halten, weiter miteinander zu reden und eine tragbare Lösung für Johann zu finden. Aber der Kindersitz auf meinem Stadtrad starrte mich danach oft anklagend an, denn er blieb seitdem viel zu oft leer.

Mit dieser Trennung aber wurde mein kleines WG-Zimmer in Würzburg plötzlich mein Zuhause. Jetzt gab es auf einmal keinen Grund mehr für mich, jedes Wochenende nach Münster zu fahren oder gar dauerhaft zurückzugehen. Ich fühlte mich wie vor den Kopf geschlagen. Kurz darauf machte mir der Verlag das Angebot, mich nach der Ausbildung fest in die Redaktion zu übernehmen. Ich nahm an. Die Entscheidung war mir trotz guter Karriereaussichten nicht leichtgefallen. Besonders natürlich, weil sie zwischen mich und meinen Sohn dauerhaft einige Hundert Kilometer legte, die es regelmäßig mit dem Auto zu überwinden galt.

Aber plötzlich waren die Würzburger Straßenverhältnisse nicht mehr einfach eine amüsante Randbemerkung wie Pariser Kreisverkehre, indische Bahnfahrten oder New Yorker Taxis – skurrile Geschichten aus einer fernen Welt, mit denen man in Münster beim Dinner oder auf einem Fest zur allgemeinen Belustigung beitragen konnte. Jetzt war das plötzlich mein frustrierender Alltag. Ich fühlte mich entwurzelt und deplatziert. Für eine Weile war ich ziemlich niedergeschlagen. Natürlich hatte ich inzwischen auch einige Freunde gefunden, die mich in den ersten schwierigen Monaten unterstützten. Einen ganz besonderen Verbündeten fand ich aber in meinem Stadtrad.

Wheeler und ich waren ein ziemlich gutes Team geworden. Gemeinsam spürten wir, wenn ein Autofahrer rechts abbiegen wollte. Wie ein Pferd scheute er, wenn irgendwo eine Fahrertür aufgehen wollte. Er beschleunigte, wenn er die Chance witterte, noch eine grüne Ampel zu erwischen. Und bremste selbstständig, wenn die Verkehrssituation brenzlig zu werden drohte. So schien es mir jedenfalls.

Und wenn der Verkehr in der Stadt auch oft nervtötend war,

so bot Würzburgs Umgebung doch einige reizvolle Herausforderungen für mich. Ich unternahm erste kleine Radtouren entlang des Mains, bald auch sprintete ich aus dem Flusstal die steilen Weinberge hinauf. So leisteten wir gemeinsam Trauerarbeit. Ich spürte, wie mir die Anstrengungen guttaten, wie der seelische Schmerz nachließ, wenn die Lunge pfiff, wie sich etwas Lebenslust zurückmeldete, wenn ich wieder abwärtsrauschte. Am meisten Spaß hatten wir aber im Winter. Nichts machte Wheeler lieber, schien mir, als durch den jungfräulichen Schnee eine Fahrradspur zu pflügen. Diese Möglichkeit ergab sich oft, weil Räumkommandos gewöhnlich alles andere wichtiger finden als Radwege. Im Gegenteil: Oft pusten die eifrigen Stadtangestellten sogar den Schnee von der Fahrbahn kurzerhand auf den Radweg und machen so das Vorwärtskommen noch schwerer. Wheeler aber war dann in seinem Element. Er rutschte und schlingerte, als hätte er in seinem Leben nie etwas anderes gemacht. Dank Rücktrittbremse konnte er hinten kontrolliert ausbrechen, sodass wir herrlich ins Schleudern kamen. Wozu hatte ich das als Kind schließlich geübt! Er glich einem jungen Hund, der den Schnee begeistert begrüßte, vorsätzlich auf Schneewehen zusteuerte oder auf versteckten Eisflächen herumrutschte. Hochbeinig wie Wheeler war, hielt er sich trotz allem den Matsch einigermaßen von der Kette.

Als der Sommer kam, nahm ich mangels anderer Reisebegleitung mein Stadtrad mit in den Urlaub in die Schweiz. Gemeinsam unternahmen wir einige gemäßigte, aber herrliche Tagestouren im Tessin. Gemeinsam stießen wir dabei an unsere Grenzen. Aber mit jedem Hügel, den ich mich trotz seiner lächerlich schwer übersetzten fünf Gänge heraufquälte, überwand ich ein Stück mehr die Verletzungen und die Wut darüber, verlassen worden zu sein. Mit jeder abenteuerlichen Abfahrt, die ich, in der Rücktrittbremse stehend und an die Vorderradbremse geklammert, hasardierte, ließ ich etwas Unglück hinter mir. Mit jeder Vollbremsung, zu der mich ein unachtsamer Autofahrer oder eine Haarnadelkurve zwang, blieb etwas schwarzer Trauerflor auf dem Asphalt zurück. Das war Fahrrad-

fahren zur Frustbewältigung. Irgendwo auf all diesen schwer erkämpften Kilometern kam mir auch die Erkenntnis, dass genau so, wie zu einem Velo immer zwei Räder gehören, auch zu einer Trennung immer zwei Partner gehören, kam mir also die Einsicht über meine eigenen Fehler und Unzulänglichkeiten. Mit Wheeler spürte ich zum ersten Mal die psychologische Komponente des Radelns: treten als Therapie. Das Rad war für mich zu einer Art Seelendoktor geworden.

Während dieses Urlaubs besserte sich meine Stimmung nachhaltig. In mir keimte langsam der Wunsch nach einer neuen, dauerhaften Liebesbeziehung auf und auch nach einer vielseitigeren Gangschaltung. Ich gestand mir lange nicht ein, dass es mich doch arg gefuchst hatte, dass ich an einigen der höheren Passstraßen wegen Wheelers begrenzter Kapazitäten gescheitert war und manchmal auf halbem Weg wieder umkehren musste. Dem Rad selber verschwieg ich diese Gedanken natürlich. Auch dass es mir als alleiniger Reisepartner auf die Dauer etwas zu schweigsam war, konnte ich ihm ja nicht direkt vorwerfen. Die Woche mit ihm in der Schweiz würde ich jedenfalls nie vergessen. Deshalb kam mir auch nie der Gedanke, mich seiner zu entledigen, nur weil er für lange Radtouren eher ungeeignet war. Stattdessen zog ich zum ersten Mal in meinem Leben die Möglichkeit in Betracht, eine gleichberechtigte Partnerschaft mit zwei Gefährten einzugehen und mit mehr als einem Fahrrad meinen Alltag zu teilen.

SPEICHEN PFLASTERN IHREN WEG

They have worries, they're counting the miles,
they're thinking about where to sleep tonight ...
the weather, how they'll get there – and all the time
they'll get there anyway, you see.

JACK KEROUAC, »ON THE ROAD«

»Ho aah yoo today?«, rief uns die ältliche, offensichtlich chinesische Dame zu, als wir den Fahrradladen in Vancouver, Kanada, betraten.

Ihre Begrüßung erinnerte mich stark an das »Hatte smeckt?«, das die Bedienung meines Stammchinesen in Deutschland immer flötete, bevor sie den Tisch abräumte. Beides mühselig auswendig gelernte Lautkombinationen, die man dem Gast oder Kunden hinwarf, in der Hoffnung, dass der etwas damit anfangen konnte. Und genauso wie bei ihrer in Deutschland lebenden Landsfrau schien das »Ho aah yoo today?« der einzige Satz zu sein, den die Lady im Bikeshop beherrschte, denn mit einem aufmunternden Nicken zog sie sich hastig in die rückwärtigen Räume zurück.

Sie ersparte uns so das eigentlich übliche »Great! How are you?«, mit dem wir inzwischen schon gewohnt enthusiastisch auf die Frage nach unserem Wohlergehen antworteten. Etwas ratlos und außerdem rad-los schauten wir uns in dem modern eingerichteten Verkaufsraum um.

Das Ganze war meine Idee gewesen. Ich hatte mir in den Kopf gesetzt, mit dem Fahrrad von Vancouver nach San Diego zu fahren. Vor einiger Zeit war ich über einen Artikel gestolpert und fand, dass die Tour cool klang: Vancouver – San Diego. Ich wusste, das waren rund 3000 Kilometer, und irgendwie ging es immer an der Westküste lang. Meistens auf dem Highway 101, der fast genauso mythisch klang wie die Route 66. Viel mehr ist bei mir von dem Bericht nicht hängen geblieben. Das reichte aber, dass ich die Idee von da an im Hinterkopf behielt. Etwas später tat sich für mich dann die Möglichkeit auf, eine Auszeit von drei Monaten zu nehmen.

Seit Mitte der Achtzigerjahre trete ich als Kabarettist auf. Zuerst nebenbei mit einem WG-Kumpel, dann professionell in einer Dreiercombo, die als TBC (Totales Bamberger Cabaret) bis heute Franken durchstreift. Nicht ohne Erfolg. Bald tauschte ich meine Festanstellung im Verlag gegen die des freischaffenden Kabarettisten und warf mich voll ins Künstlerle-

ben. Wir spielten auf jeder Palette, die man uns als Bühne hinstellte. Die Wege zur Arbeit wurden dabei natürlich deutlich länger und waren mit dem Fahrrad nur noch sehr selten zu bewältigen. Aber endlich konnte ich mir die Freiheit nehmen, für längere Zeit zu verreisen.

Etwas später trat Petra in mein Leben. Zwar war der Anfang unserer Beziehung etwas holperig, aber ich spürte bald, dass sie die Richtige für diese Reise sein würde. Wir hatten uns beim Bergsport kennengelernt. Die Idee zu einer gemeinsamen langen Radtour fand sie nicht unbedingt schlecht. Auch der Zeitraum passte, denn sie hatte gerade frisch ihr Diplom in der Tasche. Dennoch musste ich ein bisschen Überzeugungsarbeit leisten, um sie für meinen Plan zu gewinnen.

»Dreitausend Kilometer mit dem Rad ist ganz schön lang«, fand sie, »sind wir denn trainiert dafür?«

»Nicht wirklich, aber wir fahren fast jeden Tag in der Stadt herum. Das ist doch zumindest eine Grundlage.« Außerdem hätte ich schon Radtourenerfahrung, erklärte ich ihr. Die lag zwar schon fünfzehn Jahre zurück und beschränkte sich auf eine Pfadfinder-Expedition von Münster in den Teutoburger Wald, aber das verschwieg ich ihr vorsichtshalber.

»Kennst du dich denn in technischer Hinsicht mit Fahrrädern aus?«, ließ Petra nicht locker.

»Nicht wirklich, aber bei einem Hollandrad kann ich den Schlauch flicken, ohne das Hinterrad abzunehmen, was soll mir da noch passieren?«

»Sind wir denn beziehungsmäßig auf diese lange Tour vorbereitet?« Das war jetzt ganz dünnes Eis, auf das sie mich da schickte. Ich hatte ja selbst keine Ahnung, wie sich so eine lange Reise auf eine nicht erprobte Liebesbeziehung auswirken würde. Schon gar nicht auf eine, die noch etwas wackelig war, sich praktisch noch auf Stützrädern bewegte. Ich gab mich trotzdem sorglos.

»Nicht wirklich, aber wir sind schon drei Monate zusammen und hatten schon mehrere Krisen. Was kann da schon passieren?« Sie lächelte schwach, bevor sie wieder ernst wurde.

»Haben wir denn eine Ausrüstung, die sieben Wochen lang Wind und Wetter standhalten kann?«

»Noch nicht, aber wir kaufen uns alles zusammen in den USA, da ist es eh billiger und in einer Superqualität. Außerdem lassen wir uns vor Ort beraten, die Einheimischen müssen doch am ehesten wissen, was man für eine solche Tour so braucht.«

Und so standen wir dann ein bisschen bedröppelt in diesem Bikeshop irgendwo am Stadtrand von Vancouver. Angeblich soll Vancouver ja großartig sein. Wir haben davon leider nur sehr wenig mitbekommen. In den letzten fünf Tagen waren wir mit unserem Leihwagen hauptsächlich in Industriegebieten und Malls unterwegs gewesen, um Rad- und Outdoor-Ausrüstung zu shoppen. Wir wurden überall freundlich begrüßt, einen wirklichen Fachmann hatten wir aber nirgendwo gefunden, einen, der uns hätte sagen können, welches Rad für den geplanten Trip am besten geeignet wäre. Wie unlautere Gebrauchtwagenhändler schien jeder nur darum bemüht zu sein, uns irgendein Rad anzudrehen. Auch im Hinblick auf weitere Ausrüstungsgegenstände, wie Zelt und Radtaschen, waren die meisten ähnlich ahnungslos. Anfang der Neunzigerjahre gab es auch noch kein Internet, in dem man reihenweise Erfahrungsberichte und Tipps Gleichgesinnter hätte lesen können.

Petras anfänglich gute, ja fast euphorische Laune ging langsam flöten. »Wir sind hier an einem der schönsten Orte der Welt, und alles, was wir sehen, sind Geschäfte«, monierte sie.

Außerdem lief uns die Zeit davon, wir mussten allmählich losfahren. Also hatten wir uns am Vortag in einem Anfall von Aktionismus nicht nur für ein Zelt, sondern auch gleich für Isomatten, Schlafsäcke und Radtaschen entschieden, ohne uns ganz sicher zu sein, ob wir jeweils eine gute Wahl getroffen hatten. Wenigstens die Preise entsprachen unserem Etat.

Auch beim Fahrradkauf verließen wir uns am Ende auf unser Bauchgefühl. Vier Tage vorher waren wir hier schon einmal gewesen und hatten zwei Räder entdeckt, die uns auf Anhieb gefielen. Aber auf fast jede unserer Fragen hatte der junge chi-

nesische Verkäufer lediglich mit einem Schulterzucken geantwortet.

Was genau es war, das uns zu diesen beiden Rädern der Marke GT hinzog, war schwer zu sagen. Sie waren bei Weitem keine Schönheiten, aber seltsam attraktiv. Wenn ich ganz ehrlich bin, hatte mich die originelle Verschweißung des Sitzrohrs mit dem Rest des Rahmens überzeugt. Das war zwar etwa so, als würde man ein Auto kaufen wegen der originellen Radkappen, aber an irgendetwas mussten wir uns ja orientieren. Darüber hinaus hatten uns die frischen Farben gefallen. Mein Rad war grün, Petras rot. Und sie wirkten solide und zuverlässig. Und darauf kommt es ja wohl an, wenn man sieben Wochen die Westküste entlangradeln will.

Außerdem waren die beiden Rahmen *zufällig* genau in unserer Größe da. Das hatte jedenfalls der Verkäufer vor einigen Tagen enthusiastisch beteuert. Jetzt erschien er wieder, wahrscheinlich von seiner Großmutter aufgescheucht, mit einem breiten Lächeln auf dem Gesicht. »Hybrids«, nannte er die beiden Räder stolz, als er sie aus den Ständern im Schaufenster hob. Das klang ähnlich auswendig gelernt wie die Begrüßungsformel – »Ho aah yoo today?« – seiner Großmutter. Sie seien ein Zwischending zwischen Rennrad und Mountainbike. Diese Erklärung schubste mich endgültig über den Entscheidungshügel. Denn das war ja ungefähr das, was mir vorschwebte: eine Mischung aus Colnago und Silberpfeil. Dass unseren Verkäufer das Anheben der GTs einige Anstrengung kostete und mehr wie ein Hochwuchten aussah, hätte uns eigentlich zu denken geben sollen, aber wir wollten nicht mehr überlegen.

»Buy?«, fragte er uns, nachdem er wieder zu Atem gekommen war und schaute uns erwartungsvoll an. Wir nickten. Ich bemühte mich, dabei die Zuversicht auszustrahlen, die ich eigentlich nicht verspürte. Wie ein Bräutigam auf einer arrangierten Hochzeit fühlte ich plötzlich die ganze Tragweite dieser Entscheidung und bekam etwas kalte Füße. Wir versuchten noch, an der Aussteuer zu drehen, also den Preis etwas herunterzuhandeln. Plötzlich sehr redselig geworden, führte unser

Geschäftspartner jedoch eine Unzahl von Kindern ins Feld, die wegen uns hungern müssten, wenn er auch nur einen Dollar nachließe. Der Klassiker. Wir gaben nach. Wir wollten endlich in die Pedale treten. Immerhin konnten wir noch zwei Gepäckträger heraushandeln.

Als wir aber auch noch nach Schutzblechen fragten, brachten wir den armen Mann an den Rand der Verzweiflung. Offensichtlich waren wir die anspruchsvollsten Kunden, die er je gehabt hatte. Wozu wir die denn bräuchten? Unsere Beteuerungen, dass so etwas in Europa jedes Rad hätte, konnten ihn kaum beruhigen. Und in Seattle soll es doch auch viel regnen? Das gab er zu. Dennoch würde hier niemand so etwas nachfragen, antwortete er, fast den Tränen nahe. Die passenden Schutzbleche müsse er erst bestellen, und das könne Wochen dauern. So viel Zeit hatten wir natürlich nicht, also einigten wir uns darauf, dass er die einzigen Schutzbleche, die überhaupt vorrätig waren und die er nach einigem Suchen auch aus einem Regal zog, an unseren Rädern anbringen würde, obwohl sie eigentlich nicht richtig passten.

Als wir am nächsten Tag unsere neuen Reisegefährte abholten, waren wir einfach nur happy, endlich losfahren zu können. Dass sie ziemlich komisch aussahen mit ihren abstehenden schmalen Schutzblechen und ihren seltsam hohen Vorderrad-Gepäckträgern, wollte uns in dem Moment nicht auffallen. Wir wussten ja eh nicht so genau, wie ein Reiserad auszusehen hat. Und besser als ein Hollandrad waren die GTs auf jeden Fall – dachte ich jedenfalls.

»Tsching!«, machte es, und mein Hinterrad fing an zu schleifen. Es war der zweite Tag unserer Reise. Wir waren am Vortag mit der Fähre von Vancouver nach Nanaimo auf Vancouver Island übergesetzt. Großartiges Wetter und mäßig befahrene Straßen, die immer wieder tolle Ausblicke bis hinüber nach Vancouver freigaben, machten das Radeln zum Genuss. So rollten wir also ziemlich entspannt die Küste entlang. Die Reise ließ sich ja gut an, dachte ich, die Räder wirkten stabil, unsere Hintern taten nur

mäßig weh, und am Vortag hatten wir ohne größere Schwierigkeiten den Jungfernaufbau des Zeltes absolviert. Alles in Butter also, aber dann plötzlich machte es dieses »Tsching«.

Was konnte das sein? Wir hielten an, und ich inspizierte das Hinterrad. Auf den ersten Blick sah alles normal aus, der Reifen war o.k., der Luftdruck stimmte, aber irgendwie war die Felge schief.

»Warte mal«, sagte ich überflüssigerweise zu Petra, die genau das tat, nämlich neben mir am Straßenrand zu stehen und auf mein Urteil zu warten. »Das sieht aber komisch aus, da wird doch nicht ... Fuck, eine Speiche ist gebrochen!«

»Deswegen eiert das Rad so und schleift an der Bremse«, komplettierte Petra die besorgniserregende Diagnose.

»Was machen wir denn jetzt?« Ziemlich belämmert setzte ich mich ins Gras.

»Keine Ahnung. Ich dachte, du kannst beim Hollandrad einen Platten flicken?«

»Jaja, aber doch keine Speichen wechseln! Ich wusste ja nicht mal, dass die brechen können!«

Nach längerer Beratung hängte ich die Hinterradbremse aus, sodass das deformierte Rad sich wieder einigermaßen frei bewegen konnte, und wir eierten langsam zum nächsten Ort. Nach Duncan. Dort fanden wir glücklicherweise einen Bikeshop und einen freundlichen Mechaniker, der uns auch gleich eine neue Speiche einbaute. Das Ganze hat uns zwar den ganzen Nachmittag gekostet. Als wir aber abends den örtlichen Campingplatz ansteuerten, waren wir überzeugt, eine Kinderkrankheit des Rades überwunden und die einzige fehlerhafte Speiche ausgetauscht zu haben. Schon am nächsten Tag aber, wieder um die Mittagszeit, hörten wir erneut das vielsagende Geräusch, diesmal an Petras Rad. Wieder mussten wir einige Kilometer eiern, wieder hatten wir Glück mit einem Fahrradladen – Vancouver Island ist eine bei Bikern sehr beliebte Gegend.

Auf den Rat des Besitzers hin kauften wir dann aber einige Speichen auf Vorrat ein. Denn nachdem wir von Victoria an der Südspitze von Vancouver Island mit der Fähre in die USA übergesetzt hätten, könnten wir nicht mehr so viel Unterstützung erwarten, erklärte er uns. Der amerikanische Bundesstaat Washington sei dünn besiedelt, und im Regenwald – dem nördlichsten der Welt – könne man keine Radstation erwarten.

Während wir die Speichen verpackten, fragten wir uns: »Vielleicht ist es ja total normal, dass bei viel Gepäck die Speichen brechen?«

Vorsorglich versuchten wir, bei den Radtaschen das Gewicht ein bisschen vom Hinter- auf das Vorderrad zu verlagern. Prompt gab am nächsten Tag – kaum dass wir die Fähre verlassen und US-amerikanischen Boden betreten hatten – eine Speiche an meinem Vorderrad den Geist auf.

Unsere erste Selbstreparatur dauerte ewig, aber wir kriegten es hin. Petra erwies sich als äußerst geschickt darin, den Achter wieder aus dem Rad zu bekommen, der unvermeidlich auftritt, nachdem eine Speiche gebrochen ist. Sie hatte sich das in einer der Werkstätten abgeguckt, an denen wir haltmachen mussten. Dort lernten wir auch den schönen amerikanischen Ausdruck dafür: »to true the wheel«, das Rad »wahrhaft« machen. Nachdem ich – zuständig fürs Grobe – die Achse auseinandergenommen und eine neue Speiche eingesetzt hatte, saß sie wie eine Harfenistin vor dem auf den Kopf gestellten Rad. Prüfend brachte sie das Hinterrad in Schwung, stellte mit zusammengekniffenem Auge die Position des Achters fest, stoppte es wieder und zupfte an den Speichen, um am Klang ihre Spannung zu erkennen. Hie und da drehte sie mit dem Spezialschlüssel an den kleinen Speichenmuttern, als wollte sie ihr Instrument stimmen. Und irgendwie kriegte sie auf diese Weise das Rad wieder zu einem geraden Lauf. Das alles kostete beim ersten Mal natürlich sehr viel Zeit. Stundenlang saßen wir irgendwo in der Pampa am Straßenrand.

Leider hatten wir noch öfter Gelegenheit, unsere Fähigkeiten zu verfeinern und den Grünstreifen der berühmten 101 genauer in Augenschein zu nehmen, denn fast jeden Tag war es einmal so weit, fast täglich grüßte das Murmeltier. Dem Radverkäufer in Vancouver werden ganz schön die Ohren geklungen haben, so oft, wie wir auf ihn geschimpft haben. Ein paar Mal war ich auch so weit, mein Rad einfach in den Graben zu pfeffern und den Rest der Strecke zu trampen. Offensichtlich hatte ich mich in GT getäuscht.

»Das sind einfach nur ›fucking shitty bikes‹«, rief ich einmal, während ich am Straßenrand mit Fußtritten die Früchte und Knospen vorwitziger Sträucher auf eine Flugbahn schickte. Es war dann Petra, die mit ihrer ruhigen Entschlossenheit die Situation rettete. Während ich mich fluchend an der amerikanischen Botanik verging, lud sie wortlos das lahmende Fahrrad ab und stellte es auf den Kopf. Spätestens wenn sie versuchte, den Zahnradsatz am Hinterrad zu lösen, um an die gebrochene Speiche zu gelangen, hatte ich mich abgeregt und beteiligte mich grummelnd wieder an der Arbeit.

So stellte sich eine gewisse Arbeitsteilung bei einem Reparaturstopp ein: Ich wechselte die Speiche, während Petra ihren Lunch einnahm. Dann kümmerte sie sich um den Achter. Ich schaute ihr dabei bewundernd zu und aß jetzt meinerseits, immer darauf achtend, dass nicht allzu viel Kettenschmiere aufs Sandwich gelangte. In weniger als einer Stunde waren wir wieder auf der Straße und hatten die Wartezeit sinnvoll damit genutzt, unsere Mägen zu füllen. »Runch« nannten wir das, Reparatur-Lunch, und konnten bald schon darüber lachen. Irgendwann fehlte uns schon fast etwas, wenn ein Tag einmal ohne das gewohnte »Tsching« verging.

Zum Glück war uns in dieser Phase wenigstens das Wetter hold. Dem nördlichsten Regenwald der Welt war irgendwie der Regen abhandengekommen. So waren unsere anfänglich noch ziemlich ungelenken Reparaturbemühungen wenigstens Trockenübungen.

Nachdem der Regenwald sich allmählich gelichtet hatte, erblickten wir zum ersten Mal den Pazifischen Ozean, der uns ab jetzt auf unserem Weg nach Süden fast immer begleiten würde. Wir waren begeistert von den schroffen Felsabbrüchen, die in breiten, scheinbar unberührten Stränden ausliefen. Dass es hier oben im Norden des Bundesstaates Washington schon so spektakulär zuging, hatten wir nicht erwartet.

Waren die ersten Tage (nicht nur wegen der Speichen) noch ziemlich aufregend, steuerten wir bald in etwas ruhigeres Fahrwasser. Genauso routiniert wie wir die Reparaturen ausführen konnten, gelang es uns in immer neuen Rekordzeiten, am Morgen das Zelt zusammenzulegen und alles auf die Räder zu verladen. Die Bewegungsabläufe automatisierten sich. Am ersten Morgen auf dem Campingplatz waren wir noch sicher gewesen, dass sich die Ausrüstungsgegenstände über Nacht vermehrt haben mussten und nie und nimmer wieder alle in die Radtaschen passen würden.

Das Kochen auf offenem Feuer, das sich auf amerikanischen Zeltplätzen wegen der allgegenwärtigen Feuerstellen oft anbot und uns zuerst als Inbegriff von Abenteuer erschien, wurde ebenfalls bald zur Routine. Inklusive der ziemlich aufwendigen und wenig erfolgreichen Reinigung des vom Feuer geschwärzten Kochgeschirrs.

Morgens allerdings warfen wir der Einfachheit halber meistens unseren kleinen Kocher an. Auch in dieser Grauzone zwischen Technik und Gefühl entwickelte Petra erstaunliche Fähigkeiten. Ich hatte zum Beispiel immer die größten Schwierigkeiten, diesen sehr leichten, aber etwas kapriziösen Benzinkocher namens *Wisperlight* zu entzünden. Statt mir zuzuflüstern, fauchte er mich an, warf eine gelblich-rußige Flamme aus, um dann bockig zu verlöschen. Danach brauchte er erst einmal eine zehnminütige Pause, in der er sein Mütchen ausreichend abkühlen konnte, bevor man einen weiteren Versuch unternehmen durfte. Petra dagegen gelang es immer beim ersten Versuch, ihn zu zähmen und ihm widerstandslos seine blaue Flamme zu entlocken, obwohl ich zu meinen Zündversuchen keinen Unterschied entdecken konnte. Petra, die *Wisperlight*-Flüsterin.

Auch was die körperliche Belastung anging, waren wir alles andere als überfordert. Im Gegenteil: Es fiel uns überraschend leicht, jeden Morgen wieder auf das Rad zu steigen und weiterzufahren. Die 60 bis 100 Kilometer, die wir täglich trotz Ruhe-

pausen, Einkaufsstopps und verschiedener Runches zurücklegten, reichten aber allemal aus, um uns jede Nacht mindestens acht Stunden in komaähnlichen Schlaf fallen zu lassen, der weder von benachbarten Camperpartys, von sich streitenden Waschbären noch von hartem Schotter unter den lächerlich dünnen Isomatten ernsthaft gestört werden konnte.

Sogar was unsere viel gescholtenen Räder anging, setzte langsam eine gewisse Versöhnung ein. Durch die vielen Reparaturen machten wir uns mit jeder Einzelheit ihrer Anatomie und ihres Innenlebens bekannt. Wir lernten neben ihren Schwächen auch ihre Stärken kennen. Mir gefiel besonders der unerschütterliche Geradeauslauf, der mir trotz Gepäck, schlechter Straßen und Seitenwind selbst bei steilen Abfahrten das Gefühl gab, wie auf Schienen zu fahren. Diese Geradlinigkeit färbte ab. So ergaben sich immer wieder Momente, in denen wir mühelos dahinrollten. Nichts tat uns weh, nichts strengte zu sehr an, Körper und Rad bildeten eine Einheit, die uns langsam, aber stetig voranbrachte.

Man konnte dann zum Beispiel über die Schilder mit der Aufschrift *Adopt-a-Highway* nachdenken, die in regelmäßigen Abständen am Straßenrand aufgestellt waren. Auf denen verpflichteten sich lokale Firmen die nächsten ein oder zwei Meilen der Landstraße vom Müll frei zu halten. Irgendwann rief ich Petra vor mir zu, ob wir nicht auch einen Highway adoptieren wollten oder ob sie lieber eigene kleine Highways mit mir produzieren wolle.

»Haha«, rief sie ironisch nach hinten, aber lächeln musste sie doch. Sie genoss es wie ich, draußen zu sein und sich zu bewegen. Während die Beine strampelten, konnte man die Seele baumeln lassen. Die Gedanken wanderten hierhin und dorthin, ohne Konsequenz oder Beschluss, und dennoch klärte sich manches. Ich spürte eine Gelassenheit, die aus dem Gefühl der Stärke erwuchs. Nach dem Motto: Heute müssen wir 80 Kilometer fahren? – Klar, schaffen wir!

Und wenn wir 'nen Platten haben? – Ist der in 15 Minuten behoben!

Und was ist, wenn wir wieder in Deutschland sind? Werden Petra und ich dann auch so gut zusammenpassen wie hier auf der Straße? – Das wird sich genauso finden wie heute der nächste Campingplatz oder der nächste Supermarkt.

»Voooorooooaaaarrrrrr!!!«, riss mich dann aber mehr als einmal ein 20-rädriges Ungeheuer aus dieser Bewegungsmeditation.

»So ein total beschissener Vollidiot, *stupid son of a bitch*!«, schrie Petra und schickte dem gerade besonders nahe an ihr vorbeigerasten Holztransporter einen ausgestreckten Mittelfinger hinterher. So in Rage konnte man sie sonst nie erleben. Sie war auf dem Grasstreifen neben dem Asphalt zum Stehen gekommen. Ich bremste neben ihr, nahm sie in den Arm und versuchte ihr behutsam klarzumachen, dass man besonders in den USA etwas vorsichtig sein sollte mit dem, was man anderen Verkehrsteilnehmern hinterherruft. Wir hatten uns unsere Reise eigentlich durchweg romantisch vorgestellt, auf einsamen Landstraßen wollten wir die endlose Weite des Westens erfahren. Leider waren aber in der Realität die Straßen für unseren Geschmack oft ziemlich bevölkert, und es ging oft ziemlich eng zu. Und das führte besonders bei Petra zu eher unromantischen Fluchtiraden, die bei der Gelegenheit meine Schimpforgien auf den Radverkäufer mühelos in den Schatten stellten.

Jobs grow with trees, konnten wir hundertfach auf großen Anzeigetafeln entlang der Highways im Bundesstaat Washington lesen. Manifeste Rechtfertigungen für die kahl geschlagene Landschaft, die uns auf unserer Fahrt immer wieder begegneten. Hatte uns eben noch der unberührte jahrtausendealte Wald in den Bann gezogen, blickten wir nach der nächsten Kurve plötzlich auf nackte Hügelkuppen. Angesichts der großflächigen Verwüstung, die der Kahlschlag in diesem bisher unberührten Urwald anrichtete, wirkte das Aroma von Baumharz auf uns wie der Geruch von Blut. Entsprechend erschienen uns die riesigen Holztrucks wie Leichentransporte, die riesige Baumka-

daver fortschafften. Und wir mussten höllisch aufpassen, dass sie nicht auch für uns zu Todesboten wurden.

Ein fernes, unheilvolles Donnern kündigte sie meist an, wenn sie wie ein wütendes Ungeheuer von hinten heranrauschten. Wir versuchten uns dann immer so weit wie möglich an den Straßenrand zu schmiegen und umfassten die Lenker fester. Besonders wenn die Straße keine *shoulder*, also keinen Seitenstreifen hatte, zogen wir Unheil erwartend die Köpfe ein. Wenn so ein Truck dann an uns Radfahrern vorbeidonnerte, entstand ein Sog, der uns hinter dem Laster auf die Straße ziehen wollte. Jedesmal schnauften wir erleichtert aus, wenn auch dieser Truck an uns vorübergegangen war. Hier zeigten unsere so viel gescholtenen Fahrräder einige Nehmerqualitäten. Selbst mit der Mentalität eines Lastwagens ausgestattet, gaben sie sich ziemlich unbeeindruckt von den Versuchen der Trucks, uns auf die Straße zu saugen. Stoisch blieben sie in ihrer Spur. Zur Ehrenrettung der amerikanischen Könige der Landstraße muss man auch sagen, dass die meisten sich die Mühe machten, zumindest einen kleinen, wenn auch nur angedeuteten Bogen um uns herumzufahren.

Das konnte man von den »Ar-Wies« nicht sagen, den Wohnmobilen, die in den USA *Recreation Vehicles* heißen, oder eben kurz: RVs. Kann sein, dass diese zum Teil riesigen Erholungsvehikel für die Insassen einiges an *recreation* boten, uns Radlern forderten sie eher eine Menge *reaction* ab.

Der berühmte Highway 101 ist eine einfache, oft wunderschöne Landstraße, die dem Verlauf der Küste folgt. Eine weiter im Inland liegende Autobahn, die Interstate 5, soll sie vom Durchgangsverkehr entlasten. Bleiben neben den *locals* die Holztransporte, die auf ihrem Weg zur Autobahn den 101 bevölkern, und die Touristen. Viele von denen, die mit Wohnmobilen unterwegs sind, sind unerfahren und haben nicht wirklich ein Gefühl dafür, wie groß ihre fahrbaren Schlafstätten sind.

Wenn wir eins dieser Monsterteile herannahen hörten und uns umschauten, sahen wir auf dem Fahrersitz ältere Herren mit weit aufgerissenen Augen, die sich verkrampft ans Steuerrad klammerten. In solchen Momenten war uns klar: Die hatten mehr Angst als wir. Und nicht die geringste Ahnung, was sie tun sollten. Völlig überfordert hielten sie ihr riesiges Vehikel nur mit Mühe auf Kurs, unfähig, auch nur das kleinste Ausweichmanöver zu vollführen.

Mehr als einmal kamen sie uns beim Überholen so gefährlich nahe, dass sie uns zur Notbremsung in den Straßengraben zwangen. Bei einem Zusammentreffen konnte ich nur durch schnelles Wegducken verhindern, dass mich ein Außenspiegel am Helm erwischte und mich vom Rad holte. Das RV ist einfach weitergefahren, die hatten wahrscheinlich nicht mal etwas gemerkt.

Im Gegensatz dazu haben uns übrigens ein Jahr später die eigentlich doch so berüchtigten italienischen Autofahrer positiv überrascht. Auf den einsamen Landstraßen des Apennin und der Abruzzen hörten wir sie schon von Weitem heranröhren, ihre Fiats oder Alfas oder gar ihre Wohnmobile an den Rand des Wahnsinns tretend. Quietschende Reifen kündeten von einer sportlichen Kurvenlage. Das waren Geräusche, die uns eingedenk unserer Erfahrungen in den USA das Schlimmste ahnen und uns auf dem äußersten Rand des Asphalts balancieren ließen. Aber wie ein guter Espresso waren auch die *automobilista* zwar heiß und hochtourig, aber meist auch gut bekömmlich für den Radler, denn die *tifosi* hinterm Steuer haben Hochachtung vor Zweirädern. Giro d'Italia lässt grüßen. So hörten wir sie dann oft kurz hinter uns quietschend bremsen und lautstark runterschalten. Wir sahen sie ebenso sportlich im großen Bogen um uns herumkurven, um dann ohne weitere Verzögerung dem armen Motor wieder die Sporen zu geben. Viele riskierten dabei offensichtlich lieber einen Frontalzusammenstoß auf der Gegenspur, als einem Radler zu nahe zu kommen. Mehrmals haben wir uns um ihr Leben mehr Sorgen gemacht als um unser eigenes. Manche fanden bei all dem auch noch die Zeit, uns ein anerkennendes »Forza! Forza!« zuzurufen.

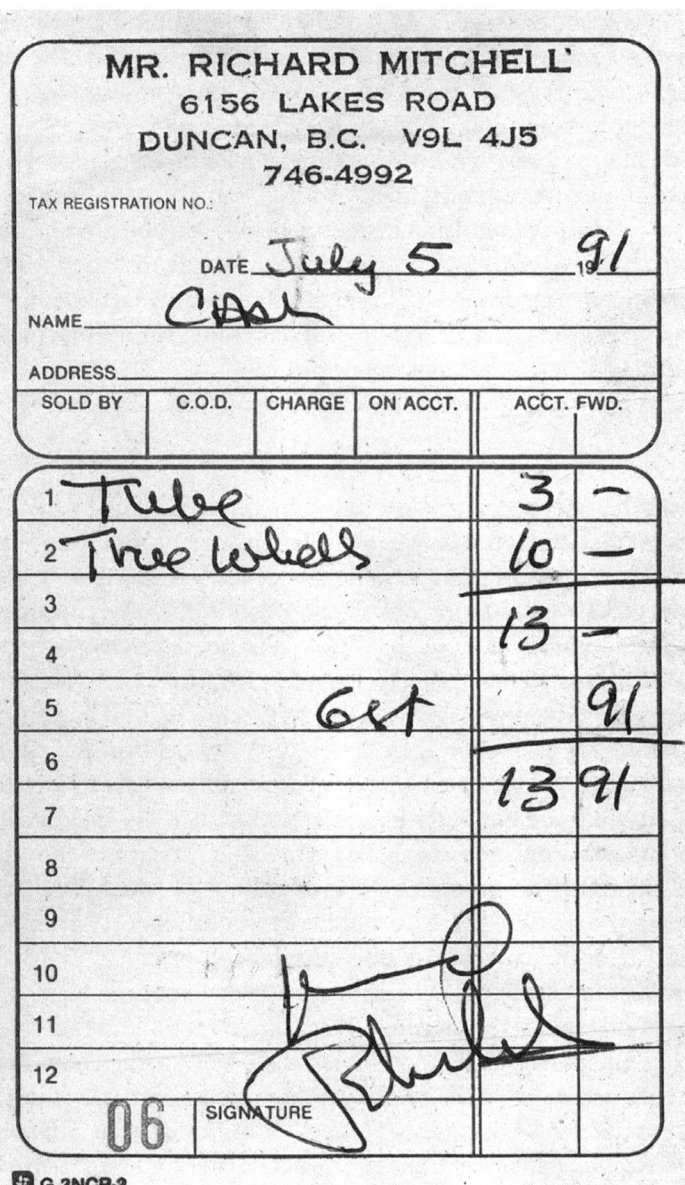

MR. RICHARD MITCHELL
6156 LAKES ROAD
DUNCAN, B.C.   V9L 4J5
746-4992

TAX REGISTRATION NO.:

DATE _July 5_____ 19_91_

NAME _Cash_____

ADDRESS _____

SOLD BY	C.O.D.	CHARGE	ON ACCT.	ACCT. FWD.
1 Tube				3 —
2 Tree Wheels				10 —
3				13 —
4				
5			6et	91
6				13 91
7				
8				
9				
10				
11				
12				

06   SIGNATURE

G 3NCR-2

Was war das für ein Unterschied zu den amerikanischen Wohnmobilisten! Die kegelten uns eher von der Straße, als dass sie den Mittelstreifen auch nur berührt hätten. Auch für manche Pkw-Fahrer waren Radfahrer auf dem Highway 101 ein so ungewohnter Anblick, dass sie völlig unberechenbar reagierten. Einige wenige wagten überhaupt nicht, uns zu überholen, und schlichen minutenlang hinter uns her. Erst wenn wir in irgendeiner Einfahrt anhielten, trauten sie sich – meist dankbar winkend –, an uns vorbeizuziehen. Das andere Extrem verkörperte ein Pick-up-Fahrer, der mit leeren McDonald's-Schachteln nach uns warf und »*Get off the fucking road!*« schrie.

Man sollte wenigstens meinen, dass die älteren Herrschaften mit ihren riesigen Kisten Zeit gehabt hätten und deshalb entsprechend langsam gefahren wären. Aber mitnichten. Die Leute waren im Stress. Wie auf einer Perlenkette sind die Campingplätze entlang der amerikanischen Westküste aufgereiht. Die meisten davon sind in staatlicher Hand. Diese *State Parks* sind meist sehr einfache, sehr saubere und sehr geräumige Campingplätze, manche spektakulär schön gelegen und vom Preis her erschwinglich. Dafür sucht man Annehmlichkeiten wie Einkaufsläden, Kinderspielplätze oder gar Waschmaschinen auf ihnen vergebens. Oft gab es nicht mal eine Rezeption. Wir meldeten uns selbst an, warfen die Gebühr in einen einbetonierten Briefkasten. Einmal am Tag kontrollierte ein Ranger, ob alles mit rechten Dingen zuging. Auf den meisten *State Parks* entlang der Küste kann man deshalb auch keine Stellplätze reservieren. Wer zuerst kommt, mahlt zuerst. Also versuchten alle RV-Fahrer bei einem Ortswechsel, möglichst früh am Tag wegzukommen und möglichst schnell zum nächsten Campingplatz zu gelangen, um einen neuen und guten Stellplatz zu ergattern. Da musste man sich sputen. So bevölkerte besonders am Vormittag eine Vielzahl besorgter Wohnmobile die Küstenstraße in beiden Richtungen auf der Suche nach dem nächsten Stellplatz. Die hatten keinen Sinn für schwer beladene Räder, die sie behinderten.

Wir Radler hätten natürlich gar keine Chance gehabt, uns so früh einen Platz zu sichern, weil wir ja oft bis kurz vor Sonnenuntergang auf der Straße waren. Deshalb haben die amerikanischen Behörden in einem Moment der Einsicht sogenannte *Hiker-Biker-Sites* eingeführt, das heißt, statt einzelner Stellplätze ist für Radler und auch Wanderer ein größeres Stück Rasen reserviert, auf dem alle »Autolosen« bis tief in die Nacht noch Platz finden. Man teilt sich ein paar Bank-Tisch-Kombinationen und eine Feuerstelle. Für amerikanische Campingplätze ist das ein unerhörtes Konzept. Normalerweise hat jede Parzelle einen eigenen Stellplatz für das Auto, eine Bank, eine Feuerstelle und viel Raum um sich herum. Amerikaner mögen es nicht so eng wie auf italienischen Campingplätzen, auf denen wahrscheinlich das Wort Tuchfühlung entstanden ist.

Wir Radfahrer dagegen waren selten allein auf den *Hiker-Biker-Sites*. Fast jeden Abend bevölkerten mehrere Parteien die Bänke und sammelten sich zum Kochen ums offene Feuer, während unsere Räder sich beim Grasen auf der Wiese oder angekettet an Bäume beschnuppern konnten. Da ergaben sich natürlich Anknüpfungspunkte.

»Willst du das alles essen?«, fragte ich einen allein reisenden Biker, der sich neben uns eine riesige Portion Nudeln kochte.

»Naja«, antwortete er, »ich muss ja was im Magen haben zwischen Lunch und Abendessen.« Tatsächlich hat er dann später noch ein halbes Toastbrot vertilgt.

Klar waren die Holztrucks und RVs ein ständiges Thema am Lagerfeuer. Man überbot sich mit haarstäubenden Geschichten. Ein bärtiger Radler aus Seattle behauptete, er sei von einer am RV seitlich herausragenden Leiter sauber vom Sattel gefegt worden. Ein anderer erzählte, einmal habe ihn ein vom überholenden Truck herunterrollender Baumstamm nur knapp verfehlt. Je später der Abend, desto wilder die Geschichten. Immer wieder ging es um die Unfälle, die man erlebt hatte. Steile Abfahrten mit 80 Sachen, unerwartet scharfe Kurven, Unmengen abgeschürfter Haut. Manches klang doch arg nach Radlerpistolen. Aber unterhaltsam war es allemal.

Zumal wir auch immer ein paar nützliche Informationen aus diesen Unterhaltungen ziehen konnten. An einem Abend lösten wir eine lange Diskussion aus, weil wir mit einem zerrissenen Reiseführer an den Tisch kamen. Auf Nachfrage erklärten wir den erbarmungswürdigen Zustand des Buches mit einigen Bundestaaten, die wir auf unserem Trip nicht zu besuchen gedachten und deshalb aus Gewichtsgründen herausgelöst hatten. Bald schon teilten erfahrenere Radler ihre viel ausgefeilteren Methoden, Gewicht zu sparen, mit uns.

Einer hatte den Griff seiner Zahnbürste aufgebohrt, ein anderer ihn kurzerhand abgesägt. Wieder ein anderer war stolz auf die Idee, den weißen Rand von seinen Landkarten abgeschnitten zu haben. Er schwor, den Gewichtsunterschied spüren zu können. Das behauptete auch derjenige, der die Waschzettel aus seinen sowieso schon wenigen T-Shirts herausgeschnitten hatte. Schlau ausgedachte Dinge wurden stolz herumgezeigt, wie zum Beispiel faltbare Waschschüsseln, Bein- und Armlinge oder eine Spork, also die Mischung aus *spoon* und *fork*, ein Löffel, der vorne ein paar Gabelzacken aufwies, davon eine sogar mit Sägekante als Messerersatz.

Bald schon war das Gespräch zum Thema optimales Packen weitergezogen. Denn Packen ist eine Wissenschaft für sich, da waren sich alle einig. Die Frage: Was nehme ich mit auf eine Radreise, was ist überflüssig und bleibt daheim, und was packt man wohin, die kann einen den Verstand kosten. Viele ambitionierte Radreisen scheiterten schon an dieser ersten Hürde. Hoffnungsvolle Talente gaben angesichts dieser schwierigen Entscheidungen kleinlaut ihr Vorhaben frühzeitig wieder auf.

Petra vertrat beim Packen noch einige irrationale Glaubenssätze wie: Wer die Regenjacke nicht in die Tasche packt, sondern, wie ich, bei unsicherer Wetterlage griffbereit oben auf dem Schlafsack mit sich führt, provoziert die Regengötter. Was bei ihr dazu führte, dass sie bei einem plötzlichen Regenguss das halbe Fahrrad abladen musste, um an ihr Regenzeug zu gelangen. Zum Suchen legte sie den Helm ab und zog die Radlhandschuhe aus, so war sie durchnässt, bevor sie ihr Gore-Tex überhaupt herausgezogen hatte. Auch das Gleichgewicht zwischen den Taschen war von größter Bedeutung für sie. Ganz wichtig für mich war hingegen: Wo tut man das Essen hin? Es musste stets griffbereit sein, um auf plötzlich auftretende Hungerattacken, gepaart mit schlechter Laune, sofort adäquat reagieren zu können.

Denn Ungeduld und schlechte Laune sind die Geschwister des Hungerastes. Jedenfalls bei mir. Deshalb kam es am Anfang unserer Reise immer mal wieder zu völlig blöden, völlig unnötigen und kleinlichen Auseinandersetzungen. Die hörten sich ungefähr so an:

»Sag mal, du hast ja wohl nicht alle Zähne auf dem Ritzel. Wenn wir vorhin rechts abgebogen wären, wie ich gesagt habe, müssten wir jetzt nicht durch dieses beknackte Industrieviertel fahren.«

»Und wenn wir, wie ich gesagt habe, auf die Linksabbiegerspur gefahren wären, dann müssten wir jetzt nicht hier an diesen beknackten Fußgängerampeln die Straße zweimal überqueren.«

»Das ist ja wohl das Allerletzte, wo du doch sonst immer so ausführlich um unsere Sicherheit besorgt bist ...«

Hören wir da lieber auf. Wie gesagt: völlig daneben. Uns waren diese kleinlichen Streits im Nachhinein auch immer ziemlich peinlich. Wir konnten sie uns zunächst auch gar nicht erklären, weil wir uns ja eigentlich sehr gut verstanden. Erst nach einiger Zeit gelang es uns, diese plötzlich auftretenden Missstimmungen auf den Mangel an Essen bei einem oder sogar bei uns beiden zurückzuführen.

Nachdem wir uns darauf geeinigt hatten, dass die meisten Streitereien auf Kalorienmangel zurückzuführen waren, hatten wir darauf geachtet, immer eine Notration Essen zur Hand zu haben, die wir dem anderen gerade nicht so gut gelaunten Mitfahrer in den Mund schieben konnten, bevor ein ausgewachsener Konflikt entstehen konnte. Zunächst bestand diese Extraration meistens aus Keksen oder süßem Gebäck. Das wirkte oft schon im nächsten Moment Wunder, war allerdings insgesamt nicht der Weisheit letzter Schluss. Denn bald merkten wir: So schnell, wie die schlechte Laune verging, so schnell kam sie auch wieder zurück. Nach der rapiden Stimmungsaufhellung mittels Kekse-Infusion ging der Zuckerspiegel umso rascher und umso tiefer auch wieder in den Keller, oft gepaart mit einem dramatischen Leistungsabfall. Nicht schön, das Ganze.

Ein Werbetexter für Kinofilme würde das vielleicht so formulieren: »Nach den großen Erfolgen ›Unter Wölfen‹ und ›Unter Menschenfressern‹ kommt jetzt der dritte und letzte Teil der Horror-Trilogie in unsere Kinos: ›Unterzucker – wenn der Hungerast wieder zuschlägt‹. Erleben Sie eine Achterbahnfahrt der Gefühle. Extreme Depressionen und fiebrige Euphorie. Ihnen werden die Beine zittern, und Sie werden eine überdrehte Wachheit spüren.«

Denn so ist es wirklich: Die Beine sind wie aus Butter, man fühlt sich schwindelig, man denkt, man kann keinen Meter mehr fahren. Diesen extremen Unterzucker immer wieder mit viel Zucker zu bekämpfen, ist so sinnvoll wie der Versuch, ein Lagerfeuer nur mit Papier am Leben zu erhalten. Der Zuckerspiegel rast rauf und runter wie ein Mountainbiker auf Speed. Erst mit der Zeit haben wir gelernt, dass Nüsse oder Brot da viel bessere Dienste leisten.

Nein, man kann die Bedeutung des Essens bei einer Radtour gar nicht überschätzen. Und da will ich auch gleich einer oft geäußerten Hoffnung den Boden entziehen: Man wird nicht dünner auf einer Radreise. Die Chancen, bei einer Radtour abzunehmen, sind ungefähr so hoch, wie die Welt zu umradeln ohne einen Platten. Der Hunger oder, sagen wir besser, der Appetit ist auf dem Rad ein ständiger Begleiter und steht in keinem Verhältnis zu den verbrannten Kalorien.

Man sagt ja, dass Tour de France-Fahrer während der drei Rennwochen viel an Substanz verlieren, weil sie über Nacht die 10 000 Kilokalorien nicht wieder reinessen können, die sie an einem Tag verbrauchen.

Ich bin sicher, dass wir diese Traummarke des Öfteren mühelos überschritten haben. Nein, ich glaube nicht, dass wir schon mal 10 000 Kilokalorien an einem Tag verradelt haben, aber reingemampft, das schon. Das ist halt alles eine Frage der Prioritäten. Und der Erfahrung. Wenn man das schaffen will, kann man morgens eben nicht gleich losstürzen, sondern isst nach dem reichhaltigen Müsli noch ein Croissant und sicherheitshalber eine Banane, um die Speicher auch ordentlich aufzufüllen. Doch schon nach einer Stunde beginnen die Gespräche über den nächsten Zwischenstopp. Was haben wir denn Essbares in den Radtaschen? Für einen Müsliriegel oder ein paar Nüsse ist auf jeden Fall schon der richtige Zeitpunkt. Reichhaltiger werden die Zwischenmahlzeiten natürlich, wenn man beispielsweise einen Freund wie John dabeihat, der bei jeder sich bietenden Gelegenheit wunderbare kleine Buffets aufbaut, die wir in Windeseile leer essen.

Kaum zwei Stunden später wird es Zeit fürs Mittagessen. Je nach Land, in dem man sich gerade bewegt, kann das schon mal recht üppig ausfallen. Spätestens ab 15 Uhr beginnt man aber, bei Nüssen, einem Butterbrot oder einer weiteren Banane auf einer Brückenbrüstung sitzend oder im Gras neben den Rädern loungend, über das Abendessen nachzudenken. Sollen wir selber kochen oder essen gehen? Und wenn essen gehen, welche Cuisine? Das sind delikate Fragen, die einen schon beim Debattieren hungrig machen können. »Ist da noch was von den Nüssen da?«

Die Entscheidung, selbst zu kochen, führt dann oft zu einem Einkauf mit hungrigem Magen, der mehr einer Plünderung gleicht, und einer Extrembelastung für die Speichen, die die Unmengen an Essbarem samt der sonstigen Ausrüstung bis zum Zeltplatz stemmen müssen. Das meiste von dem Eingekauften ist dann spätestens nach dem Frühstück tatsächlich verschwunden. Beim Radeln hat man halt die Kapazitäten für diese Mengen an Futter. *Carboboosting* nannten das unsere amerikanischen Radlerkollegen, sich mit Kohlehydraten abfüllen.

Bei dieser Völlerei spielt der Kopf eine große Rolle. Eine Radreise beschenkt einen mit dem überlegenen Gefühl, sich jede

Mahlzeit redlich verdient zu haben. Man glaubt, ein Recht zu haben auf ausgiebige Fressgelage.

»Noch ein Sandwich vielleicht?« – »Aber klar, war ja schon ganz schön anstrengend bisher!«

»Magst du auch ein paar extra Pommes dazu?«– »Aber immer, wir haben ja noch einiges vor uns.«

»Noch einen Bananen-Split zum Abschluss?« – »Aber hallo! Dann komme ich gleich viel leichter den Berg rauf!«

Noch schwieriger wird es, das Gewicht zu halten, wenn man sich in einem Land mit guter Küche bewegt. Das mussten wir in den folgenden Jahren bei unseren weiteren Radreisen immer wieder feststellen. In Italien zum Beispiel, wo man Pasta zu jeder Tageszeit isst. Oder in Spanien mit seinen vielen Tapas-Bars, in denen man auch mittags schon richtig zugreifen kann. Auch in Frankreich sieht der Radreisende keinen Grund, sich angesichts 5-Gänge-Menüs zurückzuhalten. Dafür haben wir schließlich 80 km zurückgelegt, denkt man sich und bittet den muffigen Ober um einen Nachschlag. Wenn dann schon die Vor- und Hauptspeise den Kalorienverbrauch der ganzen Tagesetappe übersteigen, ist das noch lange kein Grund innezuhalten. Da wird fröhlich noch schnell eine Crème brulée im Kalorienwert von mindestens 50 Kilometern bestellt, und ein Bier bitte! Wozu quält man sich denn den ganzen Tag?

In solchen Ländern braucht man schon ein hohes Maß an Selbstdisziplin, um nicht zuzunehmen auf einer Radtour. An Abnehmen ist nicht zu denken.

Selten aber haben wir so reichhaltig gegessen wie an einem Abend in Wales.

Dabei war ein tolles Essen zunächst gar nicht zu erwarten gewesen. Wir hatten unser Zelt bei beginnendem Regen aufgestellt. Immer stärker werdend, zwang er uns bald in ein in der Nähe des Campingplatzes befindliches Restaurant, wollten wir nicht bei Schnürlregen in der Apside unseres Zeltes unseren *Wisperlight* unter eine Fertigsuppe stellen. Das Inn war ziemlich *posh*, wie man in England sagt, ziemlich gediegen. Nur wenige Tische fanden sich in dem zum Edelrestaurant umgebauten Cottage. Die Karte bot nur spärliche Auswahl, dafür hatten die wenigen Gerichte lange, ziemlich französisch klingende Namen. Wir entschieden uns für das mehrgängige Menü. Nicht billig natürlich, aber – ist es noch nötig, darauf hinzuweisen? – wir hatten Hunger. Radfahrerhunger.

Während wir warteten, versuchten wir, die aufkommende Panik zu unterdrücken, dass der Laden vielleicht zu fein für uns wäre, dass sie also ewig bräuchten, mit dem Essen rüberzukommen und uns dann nur diese mikroskopischen Portionen kredenzen würden, die wir aus Gourmet-Restaurants kannten. Unsere Sorgen stellten sich dann aber als völlig unbegründet heraus. Schon die Vorspeise, die wir übrigens als Erste auf den Tisch bekamen, war riesig. In der Suppe schwammen zwei Fleischknödel, die sich gegenseitig fast aus dem Teller dräng-

ten. Das war einer mehr als in den Terrinen auf den Tischen rings um uns her, wie wir zu unserer Überraschung feststellen konnten. Wir wunderten uns, ignorierten die fragenden Blicke der bescheidenen Briten an den Nachbartischen – die hätten sich wahrscheinlich eher die Zunge abgeschnitten, als zu fragen, wieso wir mehr bekommen hatten als sie – und schlangen alles säuberlich herunter. Auch beim Hauptgang hatten wir eine Scheibe Fleisch mehr auf dem Teller als alle anderen, und ein Berg Kartoffeln wurde uns zugeteilt, den selbst ich Mühe hatte zu bewältigen. Die Irritation an den Nachbartischen wurde deutlich spürbar. Mit großem Eifer machten wir uns an die Säuberung der Platten. Nicht, dass wir es nicht verdient hätten, fanden wir, nach diesem anstrengenden Tag in hügeligem Gelände und bei unwirtlichem Wetter. Aber wundern taten wir uns schon ein bisschen. Als wir auch noch bei der Nachspeise auf fast schon obszöne Weise bevorteilt wurden – wir wurden nicht wie alle anderen gefragt, welches der drei zur Auswahl stehenden Desserts wir wünschten, stattdessen bekamen wir jeder alle drei zweimal zusammen auf einem großen Teller zugeschoben –, kannte unsere Neugier keine Grenzen. »Warum war uns das Schicksal so hold?« Doch bevor wir die schon seit Längerem geheimnisvoll grinsende Bedienung fragen konnten, kam der Koch und Besitzer des Restaurants höchstpersönlich aus der Küche, begrüßte jeden Gast und plauderte an jedem Tisch ein wenig. An unseren Tisch kam er als Letztes. Ob wir ausreichend zu essen bekommen hätten, fragte er uns grinsend und musterte den Nachtischteller, auf dem wir zwar einigen Schaden hatten anrichten können, auf dem aber immer noch ein paar verzweifelte Eiskugeln der Wärme des offenen Feuers in unserer Nähe standzuhalten suchten.

Jaja, bestätigten wir eifrig, das waren ja wirklich große Portionen, die wir da bekommen hatten.

Jetzt lachte er lauthals los und erzählte, selbst ein passionierter Tourenradler zu sein. Wir waren ihm schon aufgefallen, als wir bei unserer Anfahrt auf den Campingplatz kurz am Restau-

rant angehalten und die Speisekarte studiert hatten. Er hatte uns aus seiner Küche heraus beobachtet und wiedererkannt, als wir später zum Essen zurückgekommen waren. Er hatte auf seinem Rad die Westküste bereist wie wir, war schon fast überall in Europa gewesen und wusste deshalb, wie hungrig man sein kann, wenn man den ganzen Tag geradelt ist. Deshalb habe er dafür gesorgt, dass wir immer etwas mehr auf dem Teller hatten als die anderen. Bald schon waren wir in ein höchst angeregtes Gespräch über das Radreisen vertieft. Als alle anderen Gäste und auch die Bedienungen gegangen waren, holte unser Gastgeber einen Teewagen mit hochprozentigen Bränden und Whiskeys heran und drängte uns, verschiedene davon zu probieren. Es wurde eine großartige Nacht. Der Morgen danach war allerdings furchtbar.

An den Campingplatz-Lagerfeuern in den USA konnte man natürlich keine raffinierten 3-Gänge-Menüs zaubern. Aber hungrig sind wir nie die Schlafsäcke gekrochen.

Eines Abends saßen wir mit einem Solo-Fahrer zusammen, der von Feuerland gestartet war und bis Alaska wollte. Er erzählte uns von einem Überfall in Kolumbien, bei dem Eisenstangen auf sein Zelt niedergeprasselt seien, von Schlangen in der Radtasche, von haarsträubenden Flussüberquerungen, bei denen er das Rad hoch über dem Kopf hinübergetragen habe und von drei Tagen ohne Essen. Wir lauschten gebannt, während wir ins langsam erlöschende Lagerfeuer starrten. Plötzlich kamen wir uns mit unseren lächerlichen 3000 Kilometern und unseren Duschen am Abend vor wie Pauschaltouristen. Unser einsamer Abenteurer wirkte allerdings etwas ausgelaugt, der ständige Gegenwind habe ihm in den letzten Tagen sehr zu schaffen gemacht, berichtete er, bevor er sich schleppenden Schrittes zu seinem Einmannzelt trollte. Im Geiste bedankte ich mich beim Autor des ersten Artikels, den ich gelesen hatte. Er legte seinen Lesern dringend nahe, die Fahrt von Nord nach Süd zu machen, da man sonst im Verlauf der gesamten Strecke mit einem unangenehmen Nordostwind zu kämpfen habe. Umso mehr krochen wir etwas später mit dem Gefühl ins Zelt, echte Weicheier zu sein.

Wir waren allerdings nicht die Einzigen, die ihr Fahrrad nach dem Wind drehten. Eigentlich fuhren fast alle, die wir trafen, von Norden nach Süden. Denn auf die »Bibel« war Verlass. So nannte man an den Lagerfeuern zwischen Kanada und Mexiko das Buch »Bicycling the Pacific Coast«. von Vicky Spring und Tom Kirkendall. Jeder Biker auf der 101 hatte es. Und jeder folgte ihm und seinen Etappenvorschlägen wie ein gläubiger Christ den Zehn Geboten. So kam es immer wieder vor, dass wir am Abend dieselben Radler auf dem von uns angesteuerten Campingplatz wiedertrafen, von denen wir uns noch am Morgen 70 Kilometer weiter im Norden herzlich verabschiedet hatten.

»Hey, da sind wieder die beiden mit ihren lustigen Rädern!«

Ein immer wiederkehrendes Thema an den Lagerfeuern war die Situation der Alltagsradler in den USA. In den meisten Städten sei es nach wie vor ein abenteuerliches Unterfangen, mit dem Fahrrad zur Arbeit zu fahren, war die einhellige Meinung. Aber hier in Oregon gebe es doch viele Radwege, wandte ich einmal ein, als wir schon lange den Bundesstaat Washington verlassen hatten. Zwar hatten wir am Tag vorher erfahren, dass ein ausgeschilderter Radweg nicht unbedingt immer eine Wohltat ist, aber ich fand, die Geste zählte. In Ermangelung anderer Alternativen hatten uns die Radwegplaner für etwa zehn Kilometer auf den Seitenstreifen einer Autobahn geleitet, bevor wir völlig entnervt wieder auf eine Nebenstraße ausweichen durften. Wir konnten erst gar nicht glauben, dass wir richtig waren, aber auf dem Seitenstreifen aufgemalte weiße Fahrräder waren unmissverständlich.

Ein tätowierter Struwwelkopf klärte uns an diesem Abend sarkastisch auf: »Die weißen stilisierten Räder auf dem Asphalt weisen nicht auf einen Radweg hin, sondern erinnern daran, dass dort ein Radfahrer überfahren wurde.«

»Aber was ist mit den Tunneln? Das ist doch genial«, warf ich ein. Entlang der Küste Oregons, die zwar nicht so berühmt, aber mindestens genauso schön ist wie die Kaliforniens und mit Sicherheit einsamer, führte uns der Weg nach Süden immer wieder durch längere Tunnel. Das ist normalerweise nichts, was das Herz eines Radlers höher schlagen lässt. Schlechte Beleuchtung, infernalischer Lärm und drangvolle Enge machen die Durchfahrten oft zu einem mehr als gefährlichen Abenteuer. Nicht so in Oregon. An jedem Tunneleingang befand sich ein für Radfahrer gut erreichbarer Druckknopf, mit dem man eine minutenlange Lightshow von mehreren großen gelben Blinklichtern auslöste, die jedem Autofahrer unübersehbar Radfahrer in der Röhre ankündigten und sie zum Langsamfahren zwangen. Ich fand das vorbildlich. Ich wüsste mehrere Engstellen in Würzburg, bei denen ein solches System sehr hilfreich sein könnte.

Gut, Oregon sei eine Ausnahme, hörte ich. Aber in den Städten werde man fast überall als Outlaw angesehen. Den meisten Amerikanern gehe es immer noch über den Verstand, dass viele Alltagsradler ihr Auto vorsätzlich stehen ließen. Für den Durchschnittsbürger sei völlig klar: Wer sich mit dem Fahrrad in den städtischen Verkehr stürzt, ist entweder ein armes Schwein, das sich kein Auto leisten kann, oder er ist verrückt. »Oder ein verrücktes armes Schwein«, rief einer aus der Runde ums Lagerfeuer. Lachend prosteten wir uns mit den Bierdosen zu und tranken auf uns verrückte arme Schweine.

»Are you lost?« Immer wieder wurde uns diese Frage gestellt, sobald wir irgendwo anhielten, um auf die Karte zu schauen. Selbst auf offener Landstraße bremsten manchmal freundliche Autofahrer neben uns und boten uns an, uns den richtigen Weg zu weisen. Nirgendwo auf all unseren Reisen ist man je so offen und hilfsbereit auf uns zugegangen wie auf unserem Trip in den USA. Auch in Italien oder in Spanien sind wir in späteren Jahren immer wieder mit hilfsbereiten Menschen zusammengetroffen, allerdings kamen sie dort nur selten von sich aus auf uns zu. Dafür quatschten sie uns aber umso enthusiastischer voll, nachdem wir sie mit einem mühsam aus unseren mageren Sprachkenntnissen zusammengebastelten Bausatz angesprochen hatten. Es war uns oft unmöglich, aus diesem freundlichen Wortschwall irgendwelche Informationen zu extrahieren, sodass wir uns des Öfteren mit brummendem Schädel überschwänglich bedankten und zuversichtlich lächelnd weiterfuhren, ohne auch nur die geringste Ahnung zu haben, wie es denn nun weitergehen sollte. In Frankreich mussten wir in vielen Dörfern erst einmal länger suchen, um überhaupt jemanden zu finden, der Auskunft geben konnte. Der gab sich dann oft zunächst ein bisschen pikiert, dass man seine Sprache nicht akzentfrei beherrschte, ließ sich dann aber doch meist zu einer Erläuterung herab. Aber nicht immer fanden wir Hilfe. In Galicien, das zwar zu Spanien gehört, aber aufgrund seiner keltischen Geschichte manchmal wie ein anderes Land erscheint, trafen wir immer wieder auf Passanten, die sich einfach wegdrehten und so taten, als hätten sie nichts gehört. In Korsika begegnete man uns sogar zuweilen mit offener Feindseligkeit. In keinem Land haben wir je ein Nein gehört, wenn wir jemanden um Hilfe baten. In Korsika mehrmals.

Amerikaner dagegen sind enthusiastische Helfer. Leider wird diese großherzige Hilfsbereitschaft nicht immer von der nötigen Sachkunde begleitet. Ich musste immer wieder an den alten Trick der Fernsehsendung »Versteckte Kamera« denken, wenn wieder einer unserer menschlichen Wegweiser die Straßenkarte etwas ratlos hin und her drehte. In einer Folge dieser Erfolgsserie hatten als Touristen verkleidete Fernsehleute Passanten in einer Großstadt nach dem Weg gefragt, mit der Bitte, ihnen diesen auf dem »Stadtplan« zu zeigen. Der war allerdings in Wirklichkeit eins der Schnittmuster, die früher oft Frauenzeitschriften beilagen. Im Fernsehen war es lustig anzusehen, wie die Menschen verzweifelt versuchten, sich anhand dieser vielen bunten, sich kreuzenden Linien zu orientieren. Genauso ratlos schauten viele hilfsbereite Amerikaner auf unsere tatsächliche Karte.

Aber auch die Auskünfte derer, die sich gut auf unserem Kartenmaterial zurechtfanden, waren nur mit größter Vorsicht zu genießen. Denn die meisten Infos, mit denen sie uns versorgten, kamen aus der Sicht von Autofahrern, und für die sind zum Beispiel zehn Kilometer bergauf »a piece of cake«, also ein Klacks. Diese Kurzstrecke schmilzt bei einem Autofahrer zu einer fünfminütigen Spritztour zusammen.

Ein »flagman«, also ein Bauarbeiter, der mit Fahne und Stopp-Schild an Straßenbaustellen den einspurigen Verkehr regelte – was für ein Anachronismus in Zeiten funkgesteuerter Ampeln –, versprach uns eines Spätnachmittags: »Der nächste Campingplatz ist nicht weit, ihr seid fast da, höchstens noch zwanzig Minuten.«

Skeptisch fragte ich: »Sind Sie sicher?«

»Es geht auch schneller, aber ihr solltet besser die Geschwindigkeitsbegrenzung beachten« war die Antwort. Wir taten ihm den Gefallen und schafften es dann in knapp 90 Minuten.

Auch in anderen Ländern sollte man bei Entfernungsangaben vorsichtig sein. In Schottland erklärte uns ein Campingplatzbesitzer, dass man das »*about a mile*« (»ungefähr eine Meile«), das wir des Öfteren von Passanten als Entfernungsangabe zu hören bekamen, mit: »mindestens 3 Meilen« übersetzen müsste. »*Not far*« bedeute so viel wie »einige Meilen«, also mindestens fünf, und »*a wee way*« (»noch ein bisschen«) läge noch einiges darüber ...

Aber auch offiziellen Angaben ist nicht unbedingt zu trauen. Einmal notierten wir bei unserer Anfahrt auf eine Stadt in Italien die Entfernungsangaben auf den Verkehrsschildern in dieser Reihenfolge: 12 Kilometer, 15 Kilometer, 6 Kilometer, 8 Kilometer, 5 Kilometer, 3 Kilometer. Diese letzten drei Kilometer waren schließlich in Wirklichkeit mehr als zehn Kilometer.

Irgendwo in Oregon lernten wir Rick kennen. Wir kamen ins Gespräch, weil wir eines Morgens die letzten Radler auf der *Hiker-Biker-Site* waren, die noch nicht losgestürzt waren. Die wenigen Urlaubstage, die amerikanischen Arbeitnehmern zur Verfügung stehen, setzten viele unserer Bikerkollegen etwas unter Druck und zwangen sie zur Eile. Besonders bei Solofahrern war das gut zu beobachten. Sie standen beim ersten Morgengrauen auf und waren schon losgefahren, bevor wir überhaupt mit noch schweren Gliedern aus den Schlafsäcken gekrochen waren. Abends sah man dann immer wieder einzelne Radler spät auf dem Campingplatz eintrudeln und ihr Zelt mit der Stirnlampe aufbauen, während wir schon schläfrig unser Abendessen verdauten. Manche machten sich wohl erst gar nicht die Mühe, einen Zeltplatz zu finden, sondern warfen ihren Schlafsack gleich irgendwo neben der Straße aus. Diese Art des Reisens wirkte irgendwie etwas freudlos. Aber sie hielten ihre Marschtabellen ein.

Mit einem Arm lässig auf den Lenker seines Rades gelehnt, las Rick auf der Nachbarbank noch Zeitung, ich trank meinen zweiten Kaffee, Petra war ins Waschhaus gegangen, um ein paar Kleidungsstücke zu reinigen. Die sollten dann später – auf den Satteltaschen festgezurrt – im warmen Fahrtwind trocken-geföhnt werden. Nach der geschäftigen Aufbruchsstimmung der letzten Stunde herrschte plötzlich eine herrliche Ruhe. Es war, als atme der ganze Campingplatz für ein, zwei Stunden durch, bevor die ersten RVs auftauchen würden, um die heute früh frei gewordenen Parzellen wieder einzunehmen. Viel zu schön war die Stimmung an diesem sonnigen und ausnahms-weise nebelfreien Morgen, um gleich loszuhasten. Rick schien das ähnlich zu sehen. Er bot mir den Sportteil seiner zwei Tage alten Zeitung an. Ich machte ihm einen Instantkaffee. Wir kamen ins Gespräch. Nach einer halben Stunde beschlossen wir, gemeinsam loszufahren. Es wurde eine Woche daraus. Er war ein schlauer, belesener afroamerikanischer Krankenpfleger mit einem großen »sense of humour«. Er hatte ein schönes Trek-Touringbike, das er nicht eben sparsam belud, inklusive seines kleinen Woks, der hoch oben auf seinen Satteltaschen thronte. In kürzester Zeit komponierte er damit jeden Abend auf offe-nem Feuer asiatische Gerichte, die er mit uns teilte. Geduldig half er uns, als es mal wieder Zeit für einen Runch war. Dafür haben wir einmal zwei Stunden auf sein halb zerlegtes Rad auf-gepasst, während er, nur mit seinem Hinterrad bewaffnet, in den nächsten Ort getrampt ist, um bei seinem Rad eine Speiche auswechseln zu lassen. Blöderweise passten unsere Ersatzspei-chen nicht. Beim Warten war mir, als sähe mich mein Rad tri-umphierend an. Als wollte es sagen: »Siehste, so ein Speichen-Missgeschick kommt in den besten Familien vor.«

Bald musste Rick seine Reise allerdings beenden, auch sein Urlaub war nur knapp bemessen. Aber statt sich abzuhetzen, hatte er sich die Strecke in Etappen eingeteilt, die er im Laufe von Jahren bereisen wollte. Ein Freund holte ihn mit dem Auto ab, der Abschied war herzlich. Wir sollten auf keinen Fall ver-säumen, ihn in San Francisco zu besuchen.

Obwohl Rick ein großartiger Reisepartner war, war ich nicht total unglücklich darüber, dass sich unsere Wege zumindest für eine Weile trennten. Denn Petra hatte sich in seiner Anwe-senheit verändert. Nicht, dass sie sich ernsthaft für ihn interessiert hätte, dennoch schienen die beiden eine echte *connection* zu haben, die mich oft außen vor ließ. Ich fühlte mich manchmal wie das dritte Rad am Tandem. Rick war trotz seiner beachtlichen Körperfülle ein guter und ausdauernder Radfahrer. Sein Trekkingrad war meinem schweren GT geschwindigkeitsmäßig überlegen, und mit seinen breiten Schultern bot er einen hervorragenden Windschatten. So hatte es Petra sich zur Gewohnheit gemacht, sich an sein Hinterrad zu heften und seinem recht hohen Reisetempo zu folgen. Mir schien es ein bisschen unter meiner Würde, mich da ebenfalls dranzuhängen. Dass mir dieses Tempo außerdem zumindest am Morgen eigentlich zu schnell war und ich immer wieder demonstrativ abreißen ließ, schien ihnen meist zu entgehen. Lachend standen die beiden dann irgendwo an einem Parkplatz und warteten darauf, dass ich endlich eintrudelte. Wenn ich dann aber bewusst selbst ein hohes Tempo anschlug, fand ich mich schnell erneut alleine wieder und musste die beiden jetzt meinerseits an einer Straßenkreuzung erwarten, wo sie, nebeneinander fahrend und in eine angeregte Unterhaltung vertieft, deutlich später eintrafen, ohne überhaupt zu merken, dass ich nicht dabei gewesen war.

Am Abend nach seiner Abreise stellte ich Petra zur Rede. Sie hatte gerade verkündet, sie vermisse seinen Wok, während ich in unserem vergleichsweise lächerlich kleinen Kochgeschirr Spaghetti kochte und beim Umrühren die Hälfte der Nudeln ins zischend protestierende Lagerfeuer beförderte. Ob sie lieber mit ihm weitergefahren wäre als mit mir, fragte ich, während ich versuchte, mit einem Löffel ein paar von den Teigwaren vor dem Feuertod zu retten und wieder ins Wasser zu befördern. Wie ich denn darauf käme, gab sie zurück.

»Na, ich hab mich manchmal so außen vor gefühlt«, sagte ich, wobei ich ein bisschen heftiger als nötig in den zahlenmäßig dezimierten Nudeln herumrührte.

»Na, dann weißt du ja, wie es mir gegangen ist, als du immer mit der Gaby rumgeschäkert hast.«

Ach daher kam der Gegenwind: eine Retourkutsche. Ein

gemeiner Rücktritt. Dabei war alles ganz harmlos gewesen. Die traditionelle Erste-Mai-Radtour mit Freunden. Gaby war ein neues Gesicht gewesen, ein recht hübsches, zugegebenermaßen.

»Das war auf *einer* Radtour, und ich hab nicht geschäkert, sondern ihr bei ihrem Platten geholfen und ...«

»... und du hast dich danach noch mehrmals mit ihr getroffen.« Unterbrach mich Petra. Tack-tack-tack. In schnellem Stakkato fiel ihr Schweizer Taschenmesser über eine Gurke her, die sie auf einem kleinen Plastikteller zerlegte.

»Sie hat mich nur zu *einem* Essen eingeladen als Dankeschön für meine Hilfe. Außerdem waren du und ich da doch noch gar nicht richtig zusammen.«

»Und sind wir jetzt richtig zusammen?«

»Ja, natürlich.«

»Und woher soll ich das wissen?« »Tack-tack-tack.« Jetzt waren zwei Möhren dran, die ebenso erbarmungslos unter ihrer Guillotine atomisiert wurden.

»Na, du bist lustig! Wir radeln jetzt schon fast drei Wochen an der Westküste entlang, wir sind hier *in the middle of nowhere*, wir haben zig Speichen gewechselt, wir sind ein Superteam, und du fragst mich, ob wir richtig zusammen sind?«

»So wie du es beschreibst, könntest du auch mit deinem Kumpel Bernd fahren, da wäre kein Unterschied.« Lärmend fielen die Möhrenstückchen in die Plastikschüssel.

»Der hatte keine Zeit«, konnte ich noch gerade verschlucken, bevor sich der Gedanke in einen hörbaren Satz materialisieren konnte. Das war kein Augenblick für Scherze. Stattdessen stand ich von meiner Seite der Bank auf, überließ die Nudeln ihrem Schicksal, ging zu ihr hinüber und küsste sie.

Es heißt ja, Radler seien gute Liebhaber. Denn angeblich wird bei einem Ausdauersport wie Radfahren viel Testosteron gebildet. Aber es gibt auch Faktoren, die dem Lustgewinn eines Radlers eher zuwiderlaufen. Die meisten Männer kennen die Auswirkungen, die viele Stunden im harten Sattel mit sich bringen können. Wenn man das jedoch das erste Mal selbst erlebt, ist es ziemlich gruselig: Ich stand während einer Pause beim Pinkeln hinter einem Baum und spürte – nichts. Also, meine Fingerspitzen meldeten, dass sie meinen Johannes festhielten, aber er selber? Der funkte nicht. Das fand ich sehr irritierend. Wenn man zum Beispiel seinen eigenen Arm anfasst, bekommt das Hirn ja zwei Meldungen: von den Fingerspitzen, aber auch von der Haut des Arms. Diesmal kam vom berührten Körperteil nicht das geringste Lebenszeichen. Ich unterdrückte eine Panikattacke und beruhigte mich: ist sicher nur eingeschlafen. Das haben wir gleich. Ich machte eine paar Schüttelbewegungen und hüpfte auf der Stelle. Immer noch nichts. Du sitzt ja den ganzen Tag drauf. Kein Wunder, dass da ein paar Nerven die Grätsche machen, dachte ich und machte so etwas wie eine Grätsche. Etwas Ähnliches hatte ich mal in einer Yogaklasse gesehen. Tatsächlich schien sich nach einigen weiteren innovativen Bewegungseinheiten alles langsam wieder zu normalisieren. Erleichtert schlug ich mich zurück zur Straße durch.

»Alles o.k.?« fragte Petra, als ich aus den Büschen kam.

»Klar, wieso?«, tat ich sorglos.

»Na, du siehst aus, als hättest du einen Bären gesehen.«

Meistens hat sich diese Taubheit bis zum Abend verflüchtigt. Aber auch sonst ist eine Radtour nicht die romantischste Reiseform, die man sich vorstellen kann. Jedenfalls nicht, wenn man zeltet. Die dünnen, imprägnierten Planen gewähren nur wenig *privacy*. Besonders weil auf einer hoch frequentierten *Hiker-Biker-Site* die Zelte oft recht dicht nebeneinanderstehen. Das ist nicht gerade ein Umfeld für eine entspannte Liebesnacht. Natürlich versucht man, da nicht allzu viel Lärm zu machen. Aber dann fällt beispielsweise die Tasche mit dem Kochgeschirr um ... und der ganze Zeltplatz weiß Bescheid.

Auch an jenem bewussten Abend nach Ricks Abreise sind wir nicht allzu weit gekommen. Hätte uns jemand von außen belauscht, hätte er etwa folgenden Dialog durch die Zeltwand verfolgen können:

»Autsch, da bohrt sich was in meinen Rücken! Was macht denn dein Multifunktionswerkzeug auf meiner Isomatte?«

»Multifunktionswerkzeug! Das ist mal ein neuer Name für mein ...«

»Blödmann!«

»Mist, mein Fuß steckt in einer Radtasche!«

»Aua, ich liege genau zwischen den Isomatten!«

»Warte, ich leg den Führer drunter.«

»Wenn das die Autoren wüssten ...«

Klappernd fielen dann plötzlich die beiden zu nah am Zelt geparkten Räder um und drückten die Zeltwand ein. Erst bekamen wir einen Schreck und dachten an kolumbianische Wegelagerer, dann mussten wir so lachen, dass uns die Lust fürs Erste verging. Aber das Eis war gebrochen. Am nächsten Nachmittag fanden sich unsere Räder für eine Weile im hohen Gras abseits der Straße wieder. Seitlich auf den Satteltaschen liegend, damit sie unsere Position nicht verrieten, warteten sie geduldig, bis wir sie – mit uns und der Welt versöhnt – wieder auf den Asphalt schoben.

Endlich, nach über 1000 Kilometern und vielleicht 15 Speichenwechseln, stießen wir zufällig in Eureka, im Norden von Kalifornien, auf einen Vertragshändler unserer Fahrradmarke. Petras scharfen Augen war das große, auf die Schaufensterscheibe seines Ladens geklebte »GT« nicht entgangen, als wir durch die alte Holzfällerstadt rollten. Der Inhaber, Paul, erwies sich als echter Glücksfall. Er war ehrlich erschüttert über den Zustand unserer Räder und bot sich sofort an, uns bei den Verhandlungen mit dem Hersteller um eine Garantieleistung zu unterstützen. Nach zwei Stunden hatte er einen exzellenten Deal ausgehandelt, dem zufolge er unsere Hinterräder völlig neu mit ultrastarken Speichen aufbauen würde, per Hand und vierfach gekreuzt, was, wie er uns erklärte, das Beste bei so hohen Belastungen sei. Weil die Reparatur aber mindestens einen Tag dauern würde, lud er uns kurzerhand zu sich nach Hause ein. Gelebte Radlersolidarität. So kamen wir in den Genuss eines weiteren Abends voller spannender Geschichten von der Fahrradfront, zum Beispiel von seiner Reise von der Ost- an die Westküste der USA – 5000 Kilometer, die den Ritterschlag für jeden amerikanischen Tourenradler bedeuten – und von seiner Zeit als Radreiseführer. Wir haben uns kaputtgelacht über seine Geschichte von dem arroganten Kunden, der sich weigerte, seinen platten Reifen zu flicken. Er wollte es auch nicht lernen. Dafür bezahle er ja ihn, war die Antwort. Paul, der sich nicht als Kuli behandeln lassen wollte, stach ihm kurzerhand auch den zweiten Reifen kaputt und ließ ihn stehen. Harte Sitten.

In dieser Nacht schlief ich nicht gut, obwohl wir zur Abwechslung mal in einem weichen Bett lagen statt auf den wesentlich härteren Isomatten. Mir fehlte etwas. Es war die erste Nacht seit Vancouver, in der sich die GTs nicht in unserer unmittelbaren Nähe befanden. Was war, wenn nachts jemand den Bikeshop aufbrach und sie stahl? Wie gerädert wachte ich morgens auf. Richtig ruhig war ich erst wieder, als ich das GT am Nachmittag im Bikeshop wiedersah. Paul entließ uns mit zwei Fahrrädern, die wie ausgewechselt waren. Äußerlich hatten sie sich kaum verändert. Vierfach gekreuzte Speichen sind keine Schönheitsoperation, das fällt nur dem Fachmann auf. Aber mir schien, als seien nicht nur ihre Hinterräder gestärkt, sondern als strahlten sie insgesamt eine Zuversicht aus, die ich vorher nicht wahrgenommen hatte und die auch auf uns abfärbte. Mit neuem Vertrauen beluden wir die Gepäckträger und verabschiedeten uns dankbar von Paul. Auf unserer Weiterreise bis nach San Diego haben wir nie wieder ein »Tsching!« gehört.

Die Golden Gate Bridge war ohne Frage der absolute Höhepunkt der Reise. Hier hat man vorbildlich Radfahrer- und Fußgängerverkehr entzerrt. Auf der einen Seite standen zahllose Touristen und machten mit ihren Kameras zahllose Aufnahmen von der atemberaubenden Skyline von San Francisco, auf der anderen Straßenseite waren die Radler unter sich. Dazwischen lag die achtspurige Autobahn. Unablässig rollte dichter

Verkehr unter ohrenbetäubendem Lärm an uns vorbei und ließ die Brücke vibrieren. Die Dehnungsfugen zwischen Brücke und Festland erzeugten ein sich ständig wiederholendes Klonck-klonck, wenn die Reifen eines Autos darüber hinwegsprangen. Die steife Brise vom Meer riss zusätzlich an den meterdicken Kabeln, die sich zu den kathedralengleichen Türmen aufschwangen und die Fahrbahn 90 Meter über der Wasseroberfläche hielten. Es schien, als hätte die Golden Gate Bridge ein Eigenleben. Wir spürten eine unbändige Energie unter unseren Rädern, ein Vibrieren, eine bebende Unruhe, die uns elektrisierte. Ich wollte eigentlich gar nicht mehr weg von der Brücke.

Eine halbe Stunde später wusste ich auch, warum. Das durfte doch nicht wahr sein! Wir bogen mitten in San Francisco um eine Ecke auf die Divisadero Street und standen gefühlt vor einer Wand. Über vier, fünf Straßenblocks hinweg türmte sich die Straße mit einer unglaublichen Steigung auf, bohrte sich in den Himmel, so steil, dass der Gehweg mit Stufen versehen war. Wir waren trainiert durch das ständige Auf und Ab der Küstenstraße in Oregon und Nordkalifornien. Aber das hier flößte mir gewaltigen Respekt ein. Noch einmal schaute ich auf den handgeschriebenen Zettel mit Ricks Adresse. Divisadero Street. Wir waren also richtig. Nur die Hausnummer war noch mindestens zehn Blocks entfernt.

»Da kann man nichts machen, wir müssen da hoch«, erklärte ich Petra.

Rick hatte uns bei unserem Abschied eine ziemlich komplizierte Wegbeschreibung mitgegeben, die verdammt nach Umweg ausgesehen hatte. Deshalb war ich meinem Instinkt gefolgt und hatte vorgeschlagen, dass wir einfach eine Abkürzung nehmen sollten. Jetzt packte mich der Ehrgeiz. Ich prügelte mit allem, was sich in fünf Wochen Radeln an Muskeln aufgebaut hatte, hügelan. Das Tretlager knarzte empört unter der Extrembelastung, das würde wohl das nächste Teil sein, das ausgewechselt werden musste. Ich nahm einem verschreckten Jeep die Vorfahrt, denn an Anhalten war nicht zu denken, und kam völlig außer Puste auf der Kuppe an, stolz wie Oskar, nicht geschoben zu haben. Verschwitzt und keuchend über dem Lenker hängend, musste ich erkennen, dass sich die Straße auf der anderen Seite ebenso unvermittelt und steil wieder nach unten stürzte. Ricks Apartment musste irgendwo unter uns im Tal liegen. Das verschwieg ich Petra aber zunächst, als ich ihr mit schlechtem Gewissen half, ihr Rad den letzten Block hochzuschieben. Erst als sie oben war, weihte ich sie ein, aber ihr schien das nicht so viel auszumachen. Sie stand da und schaute wie verzaubert auf die unter uns liegende Stadt. Tatsächlich hatten wir einen großartigen Blick auf die Gefängnisinsel Alcatraz und auf Downtown San Francisco. Erst nach einigen Minuten bremsten wir uns wieder, auf der Suche nach der richtigen Adresse, die steile Straße hinunter.

Später sagte Rick, er habe mit seiner komplizierten Beschreibung versucht, uns um den Hügel herumzuleiten, um uns so das anstrengende Auf und Ab zu ersparen. Dabei drückte er mir eine Straßenkarte von San Francisco in die Hand, die speziell für Radfahrer gemacht war. Je nach Steilheit waren die Anstiege auf die unzähligen Hügel im Stadtgebiet in verschiedenen Rottönen eingezeichnet, sodass man dem Schlimmsten ausweichen und auf relativ ebenen Straßen durch die Stadt mäandern konnte. Der direkte Weg war dagegen oft zu schweißtreibend. Die folgenden Tage bewegten wir uns nur mit dieser Karte durch die Stadt.

Am übernächsten Abend, als ich in Ricks Wohnzimmer unter seiner Anleitung die Tretlager unserer beiden Räder auswechselte, sah er mich plötzlich ernst an. *»Can I be frank with you?«*

Natürlich konnte er ganz offen sein, versicherte ich ihm, während ich mit der gebotenen Mischung aus Kraft und Gefühl die Lagermutter anzog. Petra hatte es sich auf dem Sofa bequem gemacht. Ihrem gleichmäßigen Atmen entnahm ich, dass sie schon nicht mehr bei uns war. Ihr Körper schien die immer wieder verschobenen Rasttage hier in SF alle auf einmal nachholen zu wollen.

»Ich finde eure Räder ziemlich ... *interesting.*«

So viel amerikanischen Euphemismus hatte ich inzwischen auch schon gelernt, dass ich wusste, dass *interesting* nicht einfach »interessant« hieß, sondern einen stark negativen Beigeschmack hatte.

»Ich weiß«, gab ich zu. Die neuen Hinterräder waren ja allererste Sahne, aber der Rest sei *crap*, also ziemlicher Mist, stimmte ich mein Klagelied an. Schon nach zehn Tagen hatten wir an Petras Rad neue Pedalen anbringen müssen, weil die alten bei jedem Tritt immer lauter zu klicken angefangen hatten. Immer wieder mussten wir auch unserer Schaltung mit dem Schraubenzieher zu Leibe rücken, weil der Umwerfer die Kette nachlässig zwischen zwei Ritzel legte oder seine Grenzen nicht mehr kannte und die Kette abwarf, statt sie auf dem kleinsten Ritzel überzustreifen. Zu schlechter Letzt: ein Rad, an dem man schon nach ein paar Wochen die Tretlager wechseln müsse, könne nicht viel taugen, schloss ich meine umfangreiche Mängelliste. Prüfend drehte ich die neu gelagerte Tretkurbel. Mist! Sie bewegte sich nicht frei. Ich hatte die Kontermutter zu fest angezogen.

»Und wo habt ihr diese lächerlichen Schutzbleche her?«

»Jaja, reib's uns nur rein«, lachte ich gequält, während ich seufzend die Mutter wieder aufdrehte. »Ich glaube in San Diego übergeben wir die Dinger einfach der Heilsarmee, statt sie für teures Geld wieder nach Deutschland mitzunehmen.«

»Jetzt mach sie mal nicht schlechter, als sie sind«, erklärte sich Rick zum Anwalt der Räder. Immerhin sei es doch ziemlich bemerkenswert, dass wir es mit ihnen bis nach San Francisco geschafft hätten, fand er.

Da hatte er recht. Am Anfang hatte mir mein grünes GT einfach nur gefallen, als ich es im Schaufenster gesehen hatte. Klar, das mit den dauernden Reparaturen stellte meine Geduld auf eine harte Probe. Dennoch verstärkte sich mit jedem zurückgelegten Kilometer unsere Verbindung. Nach 2000 Kilometern spürte ich eine wachsende und gewachsene Vertrautheit.

»Wenn dich jemand so lange begleitet, baut sich eine starke

Beziehung auf«, fasste Rick meine Gedanken ziemlich treffend zusammen.

Mein Blick fiel auf Petra, die auf dem Sofa leise schnarchte, und ich musste ihm zustimmen.

No alkohol on the beach mahnte ein offiziell aussehender Schriftzug auf der Mauer, die in San Diego den Strand vom Geh- und Radweg trennte. Wir verdeckten den Schriftzug mit unseren voll beladenen Rädern, holten unsere Piccolo-Sektflaschen heraus, packten sie in Papiertüten, wie es alle Amerikaner machen, die in der Öffentlichkeit Alkohol trinken, und setzten uns auf die Mauer. Endlich war es warm, und die Sonne schien. Unsere Räder standen zufrieden neben uns. Um uns herum buntes Strandtreiben: Jogger, Skateboardfahrer und Radler in mehr oder weniger knapper Bekleidung teilten sich mit Hundebesitzern den betonierten Pfad, der sich über Kilometer entlang des Stadtstrandes erstreckte.

»You must be strong«, rief uns eine Dame mit breitem Strohhut, Insektenaugen-Sonnenbrille und Stöckelschuhen im Vorbeigehen zu und wies anerkennend auf unsere voluminöse Ausrüstung. Wir nickten ihr lächelnd zu. Wir waren solche Aufmunterungen inzwischen gewohnt. Fast überall auf unserer Reise hatten wir mit unseren schwer beladenen Drahteseln bei Passanten freundliche Neugier erregt. Bei einer Rast im Schatten einer Tankstelle fragte uns der Tankwart einmal scherzhaft nach dem Verbrauch unserer Gefährte. Petra antwortete: »Fünf Bananen auf hundert Kilometer!« Lachend bot er uns an, wenigstens den Luftdruck unserer Reifen zu checken.

Auch hier auf der Strandpromenade in San Diego mussten wir nicht lange warten, bis wir erneut angesprochen wurden. Ein rotgesichtiger Jogger, der offensichtlich einen Grund suchte, anhalten zu können, wollte wissen, warum wir so seltsam aussehende Fahrräder hätten. Ich antwortete inzwischen ziemlich routiniert:

»Damit wir mit Leuten ins Gespräch kommen.« Tatsächlich hatten wir bei fast jedem Stopp eine Unterhaltung mit Einheimischen über das Woher und Wohin. Fast immer ernteten wir fassungsloses Erstaunen über die Strecke, die wir schon zurückgelegt und die wir noch vor uns hatten.

»Jeez, you must be kidding!« – »Ihr macht Witze«, rief auch der Jogger fassungslos, als er hörte, dass wir seit Vancouver im Sattel säßen. Kopfschüttelnd steckte er sich seine Kopfhörer wieder in die Ohren und setzte entschlossen seinen Strandlauf fort. Wenn die beiden 2000 Meilen radeln können, werde ich doch noch zwei Meilen laufend schaffen, schien seine Reaktion zu sagen.

Wir schauten ihm nach und nippten verschämt an unserem Sekt. Eine gut gekleidete ältere Dame schlenderte an uns vorbei. Sie zog einen Dollar aus der Tasche und wollte ihn Petra in die Hand drücken. Sie hielt uns für homeless, sie konnte nicht glauben, dass wir aus Spaß mit Rädern durchs Land reisten. Auch ihr Mitleid war uns nicht unbekannt. Entlang der Westküste passierten wir immer wieder sogenannte vista points, ausgeschilderte Aussichtspunkte, die meist einen großartigen Blick auf die Küstenlandschaft boten. Die waren natürlich bei Touristen beliebt und deshalb oft vollgeparkt mit Autos, besonders in Kalifornien. Viele Besucher machten sich nicht einmal die Mühe, ganz auszusteigen, um die Sicht zu genießen. Vati stellte sich auf den Holm der Fahrertür und machte, auf das Autodach gelehnt, einen 270-Grad-Schwenk mit der Videokamera, während Mutti durch das Beifahrerfenster die seit dem Vormarsch der bewegten Bilder nicht mehr so wichtige Fotokamera bedienen durfte und sinnlos aufs Meer hinaus blitzte. Und schon waren sie wieder auf der Straße. Zu Hause würde man dann ja genug Zeit haben, sich die Aufnahmen in Ruhe anzuschauen. Den schönen Blick dieser Aussichtspunkte mussten wir uns oft schwer erarbeiten. Vista points liegen nun mal exponiert. Also kamen wir oft durchgeschwitzt und manchmal auch abgekämpft dort an. Wenn Petra und ich uns dann mit Wasserflasche und Picknickdose auf die Mauer hockten, trafen uns oft mitleidige Blicke. Was für ein kolossales Missverständnis!

Denn das Mitleid war ganz auf unserer Seite. So steil konnte die Steigung gar nicht sein, dass wir sie lieber in einer Blechkiste erklommen hätten. Zu köstlich war das Gefühl, es aus eigener Kraft geschafft zu haben. Bei den kurvigen Straßen wäre mir außerdem im Auto nur schlecht geworden.

Es war früher Nachmittag in San Diego, wir beantworteten weiter geduldig die Fragen neugieriger Passanten. Und ganz langsam dämmerte uns: Es gab nichts mehr zu radeln. Wir waren am Ziel. Das war schon ein komisches Gefühl. Wir mussten plötzlich nicht mehr die in der »Bibel« vorgeschlagene Marschtabelle für den nächsten Tag diskutieren. Wir mussten uns keine Sorgen mehr machen, ob die Straßen, die uns erwarteten, Seitenstreifen hatten oder nicht. Wir mussten nicht mehr überlegen, ob wir genug Essen für unseren Lunch dabeihatten. Wir mussten plötzlich keinen Gedanken mehr an den nächsten Tag verschwenden – nicht an die nächste Woche, den nächsten Monat. Denn irgendwie war alles klar.

Nur eine Frage war noch offen: Wollten wir wirklich zusammenbleiben? Seit San Francisco hatten wir nicht mehr darüber geredet. Ohne ein Wort darüber gewechselt zu haben, schien die Frage trotz unserer festlichen Stimmung zwischen uns zu stehen. Es war nicht immer einfach gewesen, nicht alles war reibungslos verlaufen. Wir beide wussten, es war Zeit, uns zu entscheiden. Lange schauten wir uns schweigend an.

Dann sagte Petra ernst: »Ich glaube, wir sollten sie behalten. Irgendwie sind mir die Räder ans Herz gewachsen. Und es täte mir weh, sie jetzt wieder zu verkaufen.«

Sie sprach leise, als wollte sie nicht, dass unsere ruhig neben uns an der Mauer lehnenden Räder mitbekämen, dass wir über sie redeten.

»Ich finde, wir sollten sie mit heimnehmen. Sie haben ihren Job gut gemacht. Trotz allem.«

»That settles that«, wie der Amerikaner sagt.

TANDEM

Die Freiheit des Menschen liegt nicht darin,
dass er tun kann, was er will,
sondern, dass er nicht tun muss,
was er nicht will.

JEAN-JACQUES ROUSSEAU

»Ist doch ganz cool, oder?«, rief ich über meine Schulter nach hinten. Petra und ich saßen zum ersten Mal auf einem Tandem. Eine Stunde schon fuhren wir über Land, und es fing an, mir zu gefallen.

»Einmalig«, stimmte sie sarkastisch zu, »großartige Aussicht, wenn man Rücken in engen Radlertrikots mag.«

»Jetzt lass dich doch mal ein bisschen auf das Fahrgefühl ein.«

»Aber ich kann nichts sehen«, maulte Petra.

»Dafür bist du schön im Windschatten, während mir hier vorne eine ziemlich steife Brise um die Nase weht«, näselte ich in bestem Steuermann-Norddeutsch.

»Jaja, spiel hier nicht den Hein Blöd! Was mir hier hinten um die Nase weht, ist dein Schweißgeruch. Kein Wunder bei dem wilden Gekurbele von dir. Können wir mal eine Tretpause machen, einfach nur so dahinrollen?«

Wie bei fast allen Tandems waren die beiden Tretkurbeln mit einer Kette zwangsverbunden. Bewegte einer von uns die Pedale, muss der andere sich mitbewegen. Das soll zu einem gleichmäßigen Rhythmus führen. Bei uns führte das zu Diskussionen.

»Untersuchungen haben ergeben: Es kostet bei solchen Unterbrechungen mehr Kraft, nachher wieder Fahrt aufzunehmen, als man durch solche Tretpausen einspart.« Ich hatte zwar keine Ahnung, ob es solche Untersuchungen tatsächlich gab, aber mir schien die Theorie sehr plausibel.

»Dafür kann man für einen Moment lang das Rollen einfach nur genießen.«

»Ich genieße beim Treten.« Auch ohne ihr Gesicht sehen zu können, wusste ich, dass sie genervt die Augen verdrehte. Ich gab extra Gas. Immerhin waren wir ja unterwegs, um das Tandem zu testen. Da wollte ich doch auch mal schauen, was in ihm steckte.

Eigentlich hatte die Tandemgeschichte bei Lothar, dem Fahrradhändler meines Vertrauens, angefangen. Ich hatte ihm mein GT zur Inspektion gebracht.

»Kannst du dir mal mein Rad anschauen?« Nach einer dreiwöchigen Reise durch England und Wales war es ganz schön
mitgenommen. »Es hat wieder angefangen ...«

Er wuchtete mein GT in sein Mechanikergestell. Ich hatte
Angst, dass es umfiel bei dem Gewicht. »Was hat angefangen?«, fragte er.

»Na, dass sich die Hinterachse löst, wenn man kräftig rein-
tritt.«

»Dann tritt halt einfach ein bisschen vorsichtiger«, meinte
Lothar lakonisch.

»Vorsichtiger? Kannst du in England vergessen, bei den Steigungen.«

»Steigungen? In England?« Lothar hatte nur halb hingehört.
»Sag mal«, rief er plötzlich empört, »du hast ja immer noch die
alte Suntour-Schaltung! Die ist ja total ausgeleiert. Wo seid ihr
denn mit der schon überall rumgeschürt?«

»Lass mal sehen«, zählte ich ihm dann auf, »von London sind
wir nach Süden an die Küste, Plymouth, Bournemouth und so
weiter, dann rüber nach Exmoor und nach Dartmoor im Südwesten.«

»Hmmm«, brummte Lothar, bewegte den Lenker in seine beiden Extremstellungen und registrierte mit besorgtem Gesichtsausdruck die knarzenden Geräusche, die der dabei machte.

»Dann sind wir über die grandiose Severn Bridge«, setzte ich
meinen Reisebericht fort, »rüber nach Wales – wirklich toll da.
Schon mal von den Black Mountains gehört? Total düster und
einsam. Jedenfalls keine Menschenseele weit und breit. Dafür
Millionen Schafe. Und am Schluss dann ganz im Norden in den
Snowdonia-Nationalpark mit dem höchsten Berg von Wales.
War 'ne echt geile Tour«, schloss ich. »Alles in allem etwa 1200
Kilometer.«

»Hm, da sollte sich das Tretlager aber noch nicht so anhören.«
Doktor Lothar nahm sein Stethoskop wieder aus den Ohren, mit
dem er soeben das Tretlager auf verdächtige Geräusche abge-
hört hatte. »Komm mal mit vor die Tür«, sagte er schließlich. Wir
standen in der Sonne. Er redete mit gedämpfter Stimme, als stün-

den wir vor einem Krankenzimmer und als wollte er verhindern, dass der Patient mithört. »Es sieht nicht gut aus.«

»Ja, ich weiß, es hat etwas gelitten. Aber du kannst es doch reparieren?«

Lothar schüttelte bedächtig den Kopf. »Das macht eigentlich keinen Sinn mehr.«

»So schlimm?«

»Also, wenn ich mal eine kurze Diagnose abgeben darf: Dein Rad hat Ritzel-Rheuma, Kassetten-Verkalkung und steht kurz vor dem Schaltanfall.«

»Sehr witzig!«

»Nein, ernsthaft. Wenn du mich fragst, ist das ein wirtschaftlicher Totalschaden.«

Sein vernichtendes Urteil war natürlich ein ziemlicher Schlag für mich.

»Aber denk doch nur mal an das vierfach gespeichte Hinterrad ...«

»Jaja, aber das alleine macht's auch nicht wett. Ich mach dir jetzt mal 'nen Vorschlag: Ich richte es dir so weit her, dass es ein vernünftiges Stadtrad abgibt, aber für die Reisen solltet ihr euch nach etwas Neuem umschauen. Du und Petra, ihr habt was Besseres verdient.«

Und dann hatte Doktor Lothar uns das Tandem verschrieben, mit dem wir unseren Probeausritt unternahmen. Und eins musste man sagen: Schnell war es. Mit doppelten Kräften, aber nur einfachem Windwiderstand und reduziertem Gesamtgewicht konnte man ganz schön Betrieb machen auf der Landstraße. Das gefiel mir, und ich hängte mich richtig rein. Plötzlich vernahm ich wieder die Stimme hinter mir.

»Wenn du schon nicht aufhören willst zu treten, schalt wenigstens hoch.«

»Wieso, wir treten doch gerade einen guten Rhythmus?«

»Ist mir zu hektisch. Schalt hoch.«

»Ist ja schon gut«, sagte ich und wechselte den Gang. Ich wollte es mir ja nicht gleich am Anfang mit meiner Mann-

schaft verderben. Aber meine Laune hatte einen Dämpfer bekommen.

Warum wollt ihr eigentlich zwei Räder?, hatte Lothar gefragt. Warum nicht ein Rad kaufen? Ein befreundetes Paar hatte ins selbe Horn gestoßen, als sie von unseren Überlegungen erfuhren: Bernd, mein alter Jugendfreund, zu dem ich eine Zeit lang weniger Kontakt hatte, der dann aber auch nach Franken gezogen war, und Rita, seine Freundin. Sie waren passionierte Tandemfahrer.

»Ihr werdet sehen, ihr werdet es lieben!«, prophezeiten sie. »Das Tandem hat die ganze Dynamik unserer Beziehung verändert.«

Ich fand die Dynamik unserer Beziehung eigentlich ganz o.k., aber die Vorstellung, mit so einer Zwei-Mann-Rakete unterwegs zu sein, war durchaus attraktiv. Auch Petra war interessiert. Vielleicht sei das ja eine gute Gelegenheit, uns als Paar weiterzuentwickeln und ein neues Kapitel in unserem Fahrradleben aufzuschlagen. Mit den Herausforderungen wachsen und so weiter. Aber ganz sicher war sie sich nicht.

Wir hätten es eigentlich besser wissen können. Jede gemeinsame Fahrt in unserem Auto artete regelmäßig in Diskussionen aus.

»Fahr nicht so schnell!«, sagte sie zum Beispiel, wenn sie verkrampft auf dem Beifahrersitz saß.

»Ich fahre doch nicht schnell.«

»Du rast.«

»Ich fahre nur hundert, und mehr kriegt die Kiste eh nicht hin.«

»Mir ist das zu schnell auf dieser engen Straße.«

»Bitte, dann fahr du doch.«

»Sag mal, willst du den nicht mal überholen?« Jetzt saß ich auf dem Beifahrersitz. Nur wenig entspannter als sie vorher.

»Wieso, ist doch stressfreier so.«

»Aber so kommen wir nie an. Und das stresst mich.«

Jetzt war es an ihr, auf einen Parkplatz zu fahren: »So, jetzt hast du's, jetzt sind wir noch langsamer!« Nein, gemeinsam Auto fahren war ganz sicher nicht unser Ding.

»Tandem fahren ist sicher besser«, hatte Lothar erklärt, als ich meine Zweifel bezüglich eines gemeinsamen Fahrzeugs äußerte, »da bewegt man sich, das schafft doch einen so hohen Grad an Zufriedenheit, da geht einem jede Streitlust abhanden. Stattdessen groovt man sich aufeinander ein.« Petra hatte er noch zwinkernd zugeflüstert: »So ein Zweirad für zwei ist auch super fürs schwache Geschlecht.«

Petra schaute verständnislos. »Naja, man muss dann nicht immer so hart treten, verstehst du?« Lothar hatte keine Ahnung, wie sehr er damit bei Petra den falschen Gang eingelegt hatte. Petra hasste es, als Mitglied des schwachen Geschlechts angesehen zu werden. Und mit Männern die Kräfte zu messen machte ihr Spaß. Sie wollte sich lieber nur an der ganz von ihr allein erbrachten Leistung messen lassen.

»Probiert es doch wenigstens einmal«, meinte Lothar. »Nur dann könnt ihr euch ein Urteil erlauben.«

Natürlich hatte auch ich meine Zweifel. Ich konnte mir zum Beispiel nicht vorstellen, dass man die steilen Berge, die wir in England mit letzter Kraft raufgeprügelt waren, mit dem Tandem hätte schaffen können. Das war ja schon mit einem Fahrrad schwierig genug gewesen.

Denn wer glaubt, der Südwesten von England sei flach und *a piece of cake*, der hat die Kette auf dem falschen Ritzel. Diesem Irrtum fielen offensichtlich auch die englischen Straßenbauer zum Opfer. Die hatten bei ihren Planungen die Topografie der zwar wunderschönen, aber eben auch recht hügeligen Landschaft – insbesondere der Grafschaften Dorset und Devon – einfach ignoriert und die Straßen mehr oder weniger pfeilgerade über Berg und Tal asphaltiert. Serpentinen – Fehlanzeige. So konnte es passieren, dass wir an einem Tag schon mal drei Steigungen von 20 Prozent zu überwinden hatten.

Ein Tandem jedoch könnte uns in so einem steilen Gelände oder bei langen Anstiegen zum Nachteil gereichen, fürchtete ich. Und auf den engen Straßen zu kreuzen, um die Steigung etwas erträglicher zu gestalten, war mit dem Tandem sicher unmöglich. Oder? Also testete ich bei unserer Probefahrt gleich mal ein paar enge Schlenker.

»Sag mal, bist du besoffen?«, kam es von hinten.

»Ich teste nur was aus.«

»Hör auf damit, mir wird schlecht.«

»Wieso bist du eigentlich so schlecht gelaunt?«

Als Kapitän fing ich an, dem Tandemfahren etwas abzugewinnen. Aber Petra hinter mir trübte mit ihren negativen Äußerungen den Fahrspaß. Ich versuchte, das zunächst zu ignorieren.

Bald schon mussten wir aber eine dieser giftigen Steigungen hoch, die die unterfränkische Landschaft dem Radler überall in den Weg stellt, sobald man das Maintal verlassen hat. Zwar war sie nicht von britischer Steilheit, aber eine Herausforderung allemal.

»Volle Kraft voraus!«, rief ich also, und mit vereinten Kräften ging der Anstieg auch ganz gut von der Hand, besser: von den Beinen. Petra schien ihren Widerstand aufgegeben zu haben und beteiligte sich engagiert an der Arbeit. Vielleicht konnte man mit so einem Doppelteil doch ganz gut klettern, begann ich mein Vorurteil zu revidieren. Die redlich verdiente Abfahrt war allerdings irgendwie langsamer, als ich dachte. Ich hatte erwartet, dass der verringerte Windwiderstand zu einer ganz neuen Geschwindigkeitserfahrung führen würde. Stattdessen ging es nur mäßig schnell bergab. Ich konnte mir keinen Reim darauf machen. Dann aber beschlich mich ein Verdacht.

»Sag mal, bremst du dahinten?«

Zwar sind die beiden Hauptbremshebel vorne am Lenker angebracht, also Kapitänssache, aber am hinteren, also ihrem Lenker, befand sich eine zusätzliche Trommelbremse, die im Notfall helfen sollte, das voll beladene Reiserad schneller zum Stehen zu bringen. Aber wir hatten keinen Notfall. Und das Rad war nicht beladen. Es gab auch sonst keinen Grund zu bremsen, fand ich.

»Wir sind zu schnell«, sagte sie trotzdem trotzig.

»Das ist doch nicht zu schnell. Wir fahren gerade mal 35«, verkündete ich enttäuscht mit einem Blick auf den Tacho.

»Mit dir am Steuer ist das schnell genug.«

»Was soll das denn heißen?«, fragte ich und schaute mich um. »Mit mir am Steuer?«

»Guck nach vorne!«

»Nur, wenn du die Bremse löst.«

»Ich kann auf meinem Teil des Fahrrads machen, was ich will.«

»Sag mal, spinnst du? Auf deinem Teil? Wir sitzen ja wohl in einem Boot!«

»Das ist ja das Schlimme! Gerade eben wärst du beinahe in ein Schlagloch gerauscht.«

»Weil du mich ablenkst. Du solltest mich stattdessen unterstützen. Ich bin nun mal der Kapitän und das Schiff, ähm, das Rad wird von hier vorne gelenkt.«

»Aber was ich hier hinten mache, geht dich gar nichts an. Hier ist die Grenze«, sagte sie, und ich konnte mit einem erneuten Blick nach hinten sehen, wie sie die Handkante auf ihren Lenker stellte, um mir zu zeigen, wo der Spaß aufhörte.

»Schau nach vorne«, wiederholte sie.

»Nur, wenn du deine Bremse löst«, sagte ich, auch nicht zum ersten Mal.

Als ich versuchte, mit einer Hand nach hinten ihre Finger vom Bremshebel zu lösen, schlug sie mir auf die Finger. »Untersteh dich!«

Die Folge war: Wir kamen ins Schlingern.

»Halt sofort an!«, rief sie und schlug mir tatsächlich in den Nacken. Und zwar dort hin, wo der Fahrradhelm aufhörte.

Komisch, dass noch niemand einen extra Tandemhelm entwickelt hat, der wie ein Feuerwehrhelm nicht nur den Kopf, sondern auch Schultern und Nacken des Kapitäns vor den Schlägen seiner Hintersassen schützt. Angesichts der rückwärtigen Atta-

cken kam unser Rad noch mehr ins Schlingern, wir lehnten uns in eine ziemlich instabile Seitenlage, und ich hatte Mühe, uns auf der Straße zu halten. Zum Glück befanden wir uns auf einer Nebenstrecke, kein Gegenverkehr war in Sicht.

»Halt aaaan!« Jetzt trommelte sie auf meiner Wirbelsäule herum. Vielleicht wäre auch ein gepanzertes Rückenteil eine gute Ergänzung für eine Tandemausrüstung. Der gewünschten Geradeausfahrt war ihr aufsässiges Verhalten jedenfalls nicht förderlich. Mit Mühe brachte ich unser Gefährt zum Stehen.

Dafür fuhr sie mich jetzt richtig an. Ob ich völlig verrückt geworden sei. Fluchend sprang sie aus dem Sattel. Das sei ja lebensgefährlich mit mir. Sie verlangte, sofort zurückgebracht zu werden.

»Was meinst du mit zurückbringen? Du musst genauso heimstrampeln wie ich.«

Sie stutzte einen Moment. »Dann drehen wir jetzt jedenfalls um. Ich verbringe keine Minute länger auf diesem Ding als nötig.«

»Zurück? Denselben Berg wieder hoch?«

»Ist mir egal, den kürzesten Weg jedenfalls.«

»Aber wenn wir jetzt schon umdrehen, wird Lothar sagen, wir hätten es gar nicht richtig probiert.«

Wieder dachte sie für einen Moment nach. »O.k., einen Versuch noch«, gab Petra endlich nach, »aber ich sitze vorne.«

»Was? Das geht nicht! Immerhin hat Lothar mir die Verantwortung übergeben!«

»Entweder steuere ich, oder ich trampe heim.«

Wir einigten uns auf eine Route, die uns in einem großen Bogen wieder zu unserem Ausgangspunkt zurückbringen sollte. Wir bewegten uns dabei hauptsächlich über kleine, asphaltierte Wirtschaftswege. Petra lenkte, und schlagartig schien sich ihre Laune zu bessern. Obwohl sie in manchen engen Kurven genau das bemerkte, was mir vorher auch schon aufgefallen war: »Richtig wendig ist das Teil aber nicht. Die Kurven muss man ja anfahren wie ein Busfahrer.«

Bei Stadtfahrten konnte diese mangelnde Beweglichkeit allerdings ein echter Nachteil sein, dachte ich. In London zum Beispiel: Die vielen Autos und Busse bewegten sich dort meist nur im Schritttempo, standen sogar oft, da war Slalomfahren angesagt. Das ging mit unseren GTs ganz gut, und es machte sogar Spaß, sich lässig durch dieses stinkende Chaos zu manövrieren. Das wäre sicher mit einem Zweisitzer wesentlich schwieriger gewesen. Im Geiste sah ich uns so ein Tandem ständig um irgendwelche Ecken herum tragen.

»Kurve!«, rief Petra plötzlich, und fuhr ziemlich sportlich in einen links abzweigenden Wirtschaftsweg. Die Stimmung auf der Brücke vor mir schien sich deutlich gebessert zu haben. Wir fuhren sogar viel schneller, als sie mir das je erlaubt hätte. Nur trug das nicht zur Hebung meiner Laune bei.

»Rechts!«, rief ich, »nach Hause geht's aber nach rechts!« Ohne Erfolg zerrte ich am nutzlos starren Kopiloten-Lenker.

»Hey, wackel dahinten nicht so wild rum! Leg dich lieber mit in die Kurve, sonst kommen wir ins Schlingern.« Ihr schien das Tandemfahren plötzlich nicht mehr ganz so abartig vorzukommen wie noch vor einer halben Stunde. Dem niederen Galeerensklaven auf dem Rücksitz allerdings ging ihr autokratischer Führungsstil langsam auf die Nerven.

»Du bist falsch abgebogen«, stellte ich ihre Autorität auf dem Gebiet der Navigation infrage.

»Nein, bin ich nicht. Ich finde, der Weg hier ist viel schöner als der Radweg an der Straße entlang.«

»Also ich finde, du hättest mich da wenigstens fragen können!«

»Hast du mich vorhin gefragt, ob ich im Affentempo den Berg runterrasen wollte?«

»Nein, aber ...«

»Außerdem musste ich als Kapitänin eine Entscheidung in Sekundenschnelle treffen, da hatte ich keine Zeit, erst die ganze Mannschaft zusammenzutrommeln.«

Meinte sie das jetzt ernst, oder hörte ich da Ironie heraus?

»Tandem fahren ist gar nicht so schlecht!«, rief sie nach einer

Weile, in der wir in einem für meinen Geschmack zu hohen Gang über die Wirtschaftswege bretterten.

Und gleich wieder: »Kurve!« Diesmal warf ich mich pflichtschuldig auf die Seite. Aber ich musste dabei an Montagsdemonstrationen in Leipzig denken und an die mutigen Menschen dort, die mit zivilem Ungehorsam ein despotisches System verjagt hatten ...

Irgendwann kam uns eine Gruppe Wanderer entgegen. Schon von Weitem konnte ich sehen, wie sie zu feixen anfingen. Bemerkungen fielen im Sinne von: »Schau mal, die Frau vorn und der Mann hinten. Haha.«

Als wir näher kamen, rief einer der fröhlichen Spaziergänger Petra zu: »Hör mal, dein Typ dahinten macht sich 'nen lauen Lenz. Der tritt gar nicht.«

»Dafür bin ich gut im Bett«, rief ich zurück. Und gleich darauf: »Aua!«, weil mich Petras Ellenbogen an der Brust erwischte. Jetzt hatten die Wanderer erst recht ihren Spaß. Offensichtlich wäre auch ein Brustpanzer keine schlechte Idee fürs Tandem.

Aber irgendwie hatten die Scherzbolde ihr einen Floh ins Ohr gesetzt. Kurze Zeit später kam von der Brücke die Frage an den Maschinenraum: »Sag mal, trittst du überhaupt?«

»Ja natürlich. Volle Pulle.«

»Merk ich aber nix davon. Woher soll ich wissen, dass du dich dahinten nicht einfach ausruhst?«

»Was soll denn dieses Misstrauen? Ich gebe hier alles!«

»Dafür geht's aber ziemlich langsam voran.«

»Hör mal, das sind hier zehn Prozent Steigung!« Beleidigt machte ich ab da nur noch Dienst nach Vorschrift. Nach der nächsten total verbremsten Abfahrt hatte ich aber genug. Ich wollte keine Frondienste mehr leisten, um dann bergab um die Früchte meiner Arbeit gebracht zu werden. Es kam zur Meuterei auf dem Tandem. Ich wollte wieder vorne sitzen.

»Auf gar keinen Fall«, sagte sie. Keinen Meter würde sie sich mit einem selbstmörderischen Bruchpiloten wie mir an den Schalthebeln bewegen.

»Wir können ja alle fünf Kilometer wechseln«, schlug ich vor.

»Das ist doch total impraktikabel«, gab sie nicht ganz zu Unrecht zu bedenken.

Ich lenkte ein: »Gut, ich kann hinten sitzen, das macht mir nichts aus, ich kann ja verzichten. Aber: Ich weigere mich, bei der nächsten Steigung auch nur ein Körnchen zu verschwenden, wenn du mir nicht vorher versprichst, auf der Abfahrt die Hände von den Bremsen zu lassen.«

Nach zähen Verhandlungen, die wir auf offenem Feld führten, mit einem Bussard als neutralem Beobachter, stimmte sie meinem Vorschlag zu. Die Dynamik unserer Beziehung hatte sich inzwischen sehr verändert, fand ich.

Ich hielt auch meinen Teil der Abmachung ein und prügelte uns pflichtgemäß den nächsten Berg hoch. Kurz vor der Kuppe kam dann der Befehl von der Brücke: »Hör auf zu treten!«

»Wieso das denn? Jetzt bin ich doch gerade so gut drin!« Ich gab noch mehr Gas. »Die Steigung haben wir doch gleich hinter uns. Da geht's dann richtig mit Karacho in die Abfahrt.«

Immerhin, sie hielt ihre Finger vom Bremshebel entfernt. Aber irgendwas stimmte schon wieder nicht. »Warum geht das so schwer? Haben wir so einen starken Gegenwind?«

»Hör auf zu treten!«

»Ich kann auf meinem Teil des Fahrrads machen, was ich will«, äffte ich ihre Argumentation von vorhin nach.

Aber sie war immer noch die Kapitänin und saß an den Schalthebeln der Macht. So spielte sie ihren Trumpf aus: Sie schaltete einige Gänge herunter.

Ich kurbelte wie wild, um noch irgendetwas ausrichten zu können. Tatsächlich spürte ich so etwas wie Widerstand, ich schien ein wenig Kraft auf den Asphalt zu bringen. Dennoch bewegten wir uns sehr langsam auf der sich inzwischen sanft bergab neigenden Straße.

Ich sah nach vorne über ihre Schulter, ob sie schon wieder die Finger an der Bremse hatte. Aber dort war alles in Ordnung.

Dennoch wurde es immer schwerer, zu treten, obwohl unser Tempo nach wie vor sehr mäßig war. Mir schien, als hätte

jemand eine unsichtbare Bremse ... Mir kam ein neuer Verdacht: Was wäre, wenn jemand, statt nach vorne zu treten, versuchte, die Kurbeln rückwärts zu drehen?

»Sag mal, du trittst doch nicht etwa gegen mich?«

Sie schwieg verbissen.

»Du trittst gegen mich!«, stellte ich fest.

»Wir sind schnell genug, da brauchst du nicht auch noch zusätzlich zu kurbeln«, verteidigte sie sich.

»Ich fass es nicht, du trittst gegen deinen eigenen Mitfahrer.«

Zwangsverbunden, ich fand das ein passendes Wort für das, was hier vorging. So fühlte ich mich auch auf diesem Gefährt: Zwangsverbunden mit einer Gefährtin, die so gar nichts mit meinen Vorlieben anfangen konnte. Dass wir zwei unterschiedliche Temperamente hatten, auch beim Radfahren, war ja nichts Neues. Sie kurbelte fast immer ein Ritzel größer als ich, sowohl am Berg als auch auf ebener Strecke. Das war eine reine Stilfrage. Jan Ullrich gegen Lance Armstrong. Auf zwei unabhängigen Fahrrädern sind solche Stilunterschiede bisher nicht groß ins Gewicht gefallen, und irgendwie hat sich das auf einer längeren Strecke immer einigermaßen ausgeglichen. Aber auf dem Tandem war das zum Verzweifeln. Zwangsgekoppelt halt. Aber nicht mehr lange.

»Bremsen«, rief ich irgendwann, »sofort bremsen!«

Erschrocken ging sie in die Eisen. Wir ließen sogar etwas Gummi auf dem Asphalt. »Mein Gott, hast du mich erschreckt, was ist denn los?« Sie schaute entgeistert, als ich vom Rad stieg. »Wo willst du hin hier mitten im Industriegebiet?«

»Schau hin: Dort ist ein Baumarkt. Ich kaufe jetzt eine Kettensäge, und dann ist das Kapitel Tandem ein für allemal beendet!«

»Sag mal, bist du verrückt?« Sie stellte sich mir in den Weg. Nur mit Mühe konnte sie mich zurückhalten. Erneut gab es Verhandlungen. Sie bot mir sogar den Kapitänsposten an, für den kurzen Rest unseres Ausflugs. Aber ich weigerte mich.

»Ich brauche keine Almosen. Außerdem habe ich nicht das Gefühl, als Souverän am Lenker agieren zu können.«

Für eine Weile schauten wir uns an. Dann beschlossen wir, das Tandem den Rest des Weges bis zum Fahrradladen zu schieben. Wortlos trotteten wir nebeneinanderher. Von Dynamik konnte keine Rede mehr sein.

Aber auch dieser konfliktreiche Ausflug war nicht umsonst. Nach diesem Tag war klar, dass wir zwei separate Fahrräder brauchten, wenn wir weiter zusammenbleiben wollten. Bisher hatte sich das einfach so ergeben, jetzt trafen wir noch einmal ganz bewusst die Entscheidung: Wir wollten zwei Räder. Man kann halt nicht zusammenschweißen, was nicht so eng zusammengehört.

Übrigens haben sich Bernd und Rita kurze Zeit nach unserer Probefahrt getrennt. Sie stritten sich jahrelang mit Rechtsanwälten über das Sorgerecht für ihr Tandem.

DIE RABEN

Infolge der dadurch erzeugten saugenden Bremswirkung werden die innerhalb des Nabenkörpers auftretenden hohen Beanspruchungen gewissermaßen verschluckt, sodass selbst bei übernatürlichen Gewaltproben, wie sie in der Fahrpraxis auch bei den längsten und steilsten Wegstrecken niemals vorkommen, eine unbedingte Betriebssicherheit gewährleistet ist.

WERBUNG FÜR DIE RÜCKTRITTBREMSE
DER NECKARSULMER FAHRZEUGWERKE, 1926

Die Sonne stand schon hoch am Himmel, und langsam wurde es warm im Zelt. Mühsam schlug ich die Augen auf. Halb blindes Wühlen nach der Uhr: Oje, schon nach halb zehn! Leises Stöhnen aus dem Schlafsack neben mir. Petra zog sich entschlossen die Decke über den Kopf. Ich versuchte mich zu sammeln: Wo waren wir? Ach ja, in der Nähe des kleinen Bergdorfes Hecho, mitten in den spanischen Pyrenäen. Langsam kam die Erinnerung wieder. Eigentlich hatten wir um diese Zeit schon im Sattel sitzen und eine lange Bergetappe fahren wollen. Aber dann waren wir gestern noch ins Dorf gegangen, weil man dort eine Fiesta feierte, eine sehr lebhafte dazu. Als wir uns gegen drei Uhr entschlossen, nun endlich schlafen zu gehen, war das Fest noch in vollem Gange. An diesem Morgen saß in der Bar des Campingplatzes unüberhörbar immer noch ein versprengtes Häuflein Einheimischer, die offensichtlich überhaupt nicht ins Bett gefunden hatten.

Durch einen geöffneten Spalt des Innenzeltreißverschlusses fingerte ich nach einer im Gras liegenden Wasserflasche. Ich sank wieder auf mein kleines aufblasbares Kopfkissen und nahm einen tiefen Schluck. Während im Hintergrund die Unermüdlichen heiser ihre Trinklieder sangen und Petra leise, aber arrhythmisch dazu schnarchte, spürte ich, wie sich in meinem Hirn ein ziemlich fieser Kopfschmerz zum Angriff sammelte. Sah nicht so aus, als ob wir die heutige Etappe in absehbarer Zeit und mit voller Kraft angehen würden.

Dabei war ich diese Reise sehr ambitioniert angegangen. Ich war sicher, wir würden, bildlich gesprochen, ein paar Bäume ausreißen, denn unsere Räder waren nagelneu. Wir nannten sie »die Raben«. Schwarz, unscheinbar und absolut großartig. Schon nach wenigen Tagen auf unserer Jungferntour durch Spanien waren wir vollständig begeistert.

Sie liefen lautlos, Schalten und Bremsen waren ein Traum, nichts wackelte, nichts schleifte, nichts brach. Bei dem Gewicht, das sie tragen mussten, konnten sie natürlich keine Leichtgewichte sein, aber sie waren bei Weitem nicht so schwer wie die GTs.

Der Kauf dieser rollenden Wunderwerke war ein großes Ereignis. Noch während ich hier in Hecho im Zelt lag, musste ich beim Gedanken daran lächeln, wie nervös ich vor unserem Termin bei Lothar gewesen war.

Denn diesmal sollten es von uns eigens zusammengestellte Wunschkinder werden. Mit schweißnassen Händen hatte ich die Tür zu Lothars Fahrradgeschäft gefasst.

Bei einem Autokauf wäre ich nicht annähernd so nervös gewesen. Trotz meiner technischen Ausbildung interessierte ich mich nur wenig für das Innenleben eines Autos. Das sollte fahren, und zwar zügig und zuverlässig. Mit einem Fahrrad war das etwas anderes, viel persönlicher.

»Ein bisschen fühle ich mich ja wie ein Verräter«, drückte Petra aus, was ich dachte, »immerhin haben die GTs uns ja treu begleitet, und trotz aller Macken sind sie einem ja irgendwie ans Herz gewachsen.«

Aber ich versicherte ihr und mir nicht zum ersten Mal, dass, nachdem wir uns von unserem alten Zelt getrennt und uns wasserdichte Radtaschen zugelegt hatten, es nun auch an der Zeit war, endlich ein besseres Reiserad anzuschaffen.

»Zwei Räder!«, korrigierte mich Petra, als ich ihr die Tür zum Radladen aufhielt. Inzwischen konnten wir über das Tandem-Intermezzo sogar lachen.

Lothar empfing uns mit Tee und Keksen. »O.k., Leute, ich hab mir jetzt zwei Stunden Zeit genommen, der Laden ist zu, also jetzt sagt noch mal ganz genau, was euch eigentlich vorschwebt.«

Ich dachte noch: Zwei Stunden? Was will der denn da alles besprechen? Aber Petra verschwendete keine Zeit.

»Also, wir brauchen auf jeden Fall ein Reiserad mit stabilen Speichen ...«, ging sie gleich in medias res. »Das war bei den alten Rädern absolut der Knackpunkt«, sagte sie ernst, sich des Wortspiels wohl nicht bewusst.

»O.k., ich weiß, ihr habt, was das angeht, schlechte Erfahrungen gemacht, aber fangen wir doch erst mal mit dem Rahmen an«, versuchte Lothar einen gewisse Ordnung in das Verkaufsgespräch zu bringen. »Ich habe euch ja schon gesagt, ich habe gute Verbindungen zu einer Münchener Werkstatt, dem Rabe, die bauen die Rahmen selber, aus Stahl, gemuffte Verbindungen, sehr gute Verarbeitung. Nicht zu schwer, aber stabil, ideal für ein Reiserad. Den kann ich euch sehr empfehlen.«

»Stabil klingt gut«, fand ich, »beim Bergabfahren besonders wichtig. Ich hasse es, wenn's sich bei höheren Geschwindigkeiten aufschwingt, weil so viel Gepäck drauf ist.« Dabei imitierte ich mit den Händen einen Lenker, der wie ein Lämmerschwanz hin und her wackelte.

»Aber tragen sollte man das Rad auch noch können«, meinte Petra, »weißt du noch, wie wir in England plötzlich vor dem Bahndamm standen und mussten alles rüberschleppen? Ich hätte mir fast 'nen Bruch gehoben.«

»Ja, zu stabil sollte es auch nicht sein«, stimmte ich ihr zu, »sonst wirft es dich fast ab, wenn du zum Beispiel unbeladen über Kopfsteinpflaster fährst.«

»Also, das hat weniger mit dem Rahmen zu tun«, meinte Lothar. »Dafür braucht es 'ne weiche, leicht nach vorne geschwungene Vordergabel, aus einer hochwertigen Metalllegierung, die auch schwere Schläge abfedern kann. Ist allerdings nicht ganz billig.«

»Aber die darf nicht zu lommelig sein, dass sich da was aufschwingt ...«

»... wenn man mit Gepäck bergab fährt«, vollendete Lothar meinen Satz. »Ich weiß. Ich bin eh kein Freund von Federgabeln. Ein Element mehr, das kaputtgehen kann.« Er holte ein Maßband aus der Schublade und winkte mich zu sich herüber.

»Das Wichtigste aber sind die Speichen. Die dürfen bei Belastung nicht brechen!«, wiederholte Petra ihr Lieblingsthema.

»Ja, das erwähntet ihr schon.«

»Und auch die Felgen sollen Schläge aushalten können und keine Achter kriegen.« Offensichtlich hatten unsere Runches doch an ein Trauma grenzende Spuren in Petras Gedächtnis zurückgelassen.

»Nee, is klar«, sagte Lothar, als er wie ein Herrenausstatter

meine Maße nahm: Beinlänge, Oberkörper, Arme. »Ich hab da für euch ein paar Komponenten im Auge, die sind allerdings nicht billig ...«

Dann wurde Petra ebenso sorgfältig vermessen. »Ähm, den Brustumfang brauch ich nicht«, murmelte er etwas verlegen, als Petra dabei in vorauseilendem Gehorsam die Arme zur Decke streckte.

»Das Tretlager muss auf jeden Fall was aushalten«, fielen mir jetzt wieder die steilen Hügel von San Francisco ein, » und die Bremsen sollten leicht dosierbar sein.«

»Aber auch wirklich bremsen.« Petra hatte die Arme immer noch oben, obwohl Lothar vor ihr kniete, um ihre Beinlänge zu messen.

»Hab ich dir von den steilen Abfahrten in England erzählt?«, fragte ich ihn, »bei denen man das Fahrrad fast nicht mehr zum Stehen kriegte, weil das volle Gewicht der vier Radtaschen von hinten schob?«

»Ich glaube, ich habe schon davon gehört«, bestätigte Lothar leicht resigniert und stand auf.

»Und gute Schutzbleche brauchen wir auch«, ergänzte Petra, die offensichtlich an die tagelangen Regenfahrten in Italien dachte, bei denen die unpassenden Schutzbleche uns das Wasser im Gesicht verteilt hatten. Wir sind weit gekommen seit unserem letzten Fahrradkauf. Jetzt wussten wir genau, wie unser Traumrad aussehen soll.

»Wichtig ist aber auch: Auf keinen Fall sollte es zu schick oder gar teuer aussehen, dann wird es ja gleich geklaut.«

»Meinst du, wir sehen sie je wieder?«, hatte Petra gefragt, als wir am Frankfurter Airport für unseren Flug nach Barcelona eingecheckt hatten. Es hatte uns in der Seele wehgetan, unsere so sorgfältig zusammengestellten Räder ganz unzeremoniell auf einem breiten Karren für Sperrgepäck hinter einer Schwingtür aus schwarzem Plastik verschwinden zu sehen. Wie Angehörige eines Schwerkranken, der in einem Krankenhausbett Richtung OP geschoben wird, bangten wir um das Wohlergehen der uns gerade Entrissenen. Jetzt bereuten wir es, das Flugzeug dem Radlbus vorgezogen zu haben, nur weil der nur bis Südfrankreich fuhr und nicht bis Barcelona. Die nagelneuen Räder in den Händen grober Gepäckpacker zu wissen, war für uns nur schwer erträglich.

»Das sind Profis«, beruhigte ich Petra ohne echte Überzeugung, »die wissen, was sie tun.« Den Tränen nahe, ergriff sie meine Hand. »Sie wirkten so verletzlich. So ganz ungeschützt.«

Schon öfter hatte uns das Gefühl beschlichen, jede Fluggesellschaft erfinde ihre Regeln für die Fahrradmitnahme ständig neu. Die einzig verlässliche Konstante war: Luft aus den Reifen lassen. Das hätten wir allerdings sowieso gemacht, denn der Unterdruck im Laderaum würde die fast noch jungfäulichen Schwalben ansonsten zum Platzen bringen. Darüber hinaus reichte die Vorschriftenpalette aber vom einfachen Pedalen-nach-innen-Schrauben bis hin zum völligen Auseinandernehmen und in (selbstverständlich sündhaft teure) Pappkartons Verpacken. Manchmal schien es uns, als würden die Regeln am Schalter spontan erfunden. Ebenso wie die zusätzlichen Gebühren, die für die Fahrradmitnahme aus dem Hut gezaubert wurden. Aber wir hatten schon bei den GTs gelernt: Je besser die Räder verpackt waren, desto ruppiger wurden sie paradoxerweise angefasst und durch die Gegend geworfen. Nicht, dass die Packer sich besonders für Räder interessierten, aber die Koffer der Mitreisenden waren zumindest so schützenswert, dass sie die sperrigen Ungetüme etwas vorsichtiger obenauf legten. Jedenfalls kamen die Raben, abgesehen von einem verdrehten Rücklicht, ganz unbeschadet in Barcelona an.

Und dort, schon am Anfang der Reise, hatten sie ihre Qualitäten unter Beweis gestellt. Die ersten Tage mit ihnen durch Barcelona zu rollen, war ein »placer«, ein Vergnügen, wie der Spanier sagt. Auch ohne Satteltaschen verhielten sie sich äußerst geschmeidig, selbst wenn wir über Kopfsteinpflaster holperten oder in eins der vielen Schlaglöcher der Stadt rumpelten.

Wir hatten großen Spaß an ihrer Schnelligkeit und Wendig-

keit im Stadtverkehr, die auch eine gute Kilometerleistung auf der Strecke versprachen. Ich war mir sicher, dass wir mit diesen schönen Gefährten ganz ungeahnte Glanzleistungen vollbringen und in den uns zur Verfügung stehenden vier Wochen bis in den äußersten Westen, bis nach Santiago de Compostela, vordringen würden.

Tagsüber radelten wir neugierig durch die Straßen der katalanischen Hauptstadt. Dabei waren wir selbst schon eine Attraktion. Der Anblick von zwei Radfahrern war im Stadtbild von Barcelona ziemlich ungewöhnlich, und dazu hätten unsere fahrbaren Untersätze nicht einmal so schön sein müssen. Außer auf dem Hügel Montjuic, wo sich einige wenige Katalanen in der Nähe des Olympiastadions auf schicken Mountainbikes etwas Bewegung verschafften, vermisste man Fahrräder fast vollständig. Das machte es nicht immer leicht, sich im dichten Verkehrsgewühl durchzuschlagen. Unsere geradelten Sightseeingtouren lohnten sich trotzdem, besonders weil die von dem berühmten genial-verrückten Architekten Antoni Gaudí und einigen seiner Zeitgenossen entworfenen Häuser weit über den Stadtteil Eixample verstreut lagen. Immer wieder trafen wir dabei auf ziemlich geplättet aussehende Fußtouristen, die verzweifelt ihre Stadtpläne wendeten oder sich umstandslos auf Bordsteinkanten niedergelassen hatten, weil sie sich beim Versuch, alle Gaudí-Häuser zu sehen, die Füße wund gelaufen hatten. Allein ihre neidischen Blicke entschädigten schon für die ausgestandene Angst am Flughafen und die ein oder andere gefährliche Verkehrssituation.

»Jetzt müssen wir uns für ein Tretlager entscheiden.« Wie Juwelen hatte Lothar sieben verschiedene Kugellager auf einem kleinen Samtdeckchen ausgebreitet.

»Ich habe hier mal ein paar ausgesucht, die man einzeln in die Lagerschalen am Rahmen einsetzt. Man unterscheidet zwischen Wälzlager, Rillenkugellager und ...«

»Und das hier?«, unterbrach ich ihn. Wenn man ihn ließ, konnte sich Lothar in technischen Details verlieren, und wir wären um Mitternacht noch nicht aus dem Lager, äh ... Laden. Ich zeigte auf die Wellen, die ebenfalls auf dem Tuch lagen.

»Das sind Patronenlager, da ist alles schon zusammengebaut, da musst du nichts mehr justieren.«

»Das ist super. Ich brauch da immer ewig dafür.«

»Wenn's allerdings kaputtgeht«, nahm er mir etwas den Rückenwind, »musst du das ganze Teil wegschmeißen und nicht nur ein Lager.«

»Dann bau mir halt eins ein, das nicht kaputtgeht!«, forderte ich.

»Also, es gibt schon welche im Hochpreissegment, die haben eine sehr lange Lebensdauer.« Lothar zögerte ein wenig. »Die sind allerdings nicht ganz billig ...«

»Wie teuer ist das beste?«

»Ähm, da muss ich nachschauen ...«

»Egal, das nehmen wir!«, entschied ich, »ich will nie wieder dieses Trumm von Spezialschlüssel mit mir rumschleppen, mit dem man die Kontermutter lösen kann, bloß weil das billige Tretlager jederzeit seinen Geist aufgeben kann!«

Dass wir ab jetzt auf bestimmte Werkzeuge im Gepäck verzichten konnten, hieß aber nicht, dass wir in Spanien schneller vorangekommen wären als auf anderen Reisen. Im Gegenteil. Stattdessen stießen wir auf andere Erschwernisse, die längere Aufenthalte nötig werden ließen. Das fing schon in Barcelona an. Die Stadt gefiel uns so gut, dass wir einen Tag länger blieben als geplant. Noch einmal wollten wir einen Abend in knallvollen Tapas-Bars und Cafés verbringen, das wilde Großstadtleben genießen, bevor wir uns in die Provinz aufmachten. Wer weiß, dachten wir, wann wir wieder auf ein nennenswertes Nachtleben treffen würden. Wir hatten ja keine Ahnung!

Gleich am ersten Tag auf unserer Reise Richtung Norden merkten wir, dass die Uhren in Spanien anders gehen. Wegen eines Waldbrands mussten wir von unserer geplanten Route abweichen, einen ziemlichen Umweg fahren und bei einbrechender Dunkelheit mit einem kleinen Hotel am Wegesrand vorliebnehmen. Dort wagten wir uns wegen unseres großen Hungers »schon« um kurz nach 21 Uhr in den Speisesaal – wir wussten spätestens seit Barcelona: In Spanien isst man spät. Dennoch waren wir die Ersten und hatten das unangenehme Gefühl, das Personal noch zu stören. Oder hatten wir doch den richtigen Zeitpunkt verpasst, und hier auf dem Dorf war die Küche schon kalt? In England hatten wir auf unserer letztjährigen Tour des Öfteren arge Mühe gehabt, um halb neun überhaupt noch einen warmen Herd zu finden. So geschehen in dem kleinen Städtchen Sidmouth an der englischen Südküste. Nirgendwo wollte man uns noch ein »*supper*« zubereiten. Erst ein etwas außerhalb gelegener Tandoori-take-away, also ein Inder, der eigentlich nur nach Hause lieferte, hatte Erbarmen und erlöste uns von unserer Qual. Während wir auf Getränkekisten sitzend unser Abendessen einnahmen, bekamen wir gleichzeitig einen Einblick in die Geheimnisse fernöstlicher Kochkunst. Unvergesslich bleibt uns das zum Nachtisch bestellte Bananen-Split, das aus ein paar Ananasstücken und etwas Erdbeereis bestand.

Hier in diesem Dorf in Nordspanien dauerte es noch fast bis halb zehn, bis sich der Kellner bequemte, uns auch nur die Speisekarte auf den Tisch zu legen.

Aber dann füllte sich der Saal zunehmend mit Gästen aus dem Dorf, und um elf Uhr herrschte fröhlicher Trubel im Restaurant. Ein Zeitpunkt, zu dem in England schon die berühmt-berüchtigte Glocke zur *Last order* geschlagen worden wäre.

Diese frühe Sperrstunde wäre in Spanien undenkbar. Die Briten waren daran gewöhnt. Sie trafen sich gerne früher in ihren geliebten Pubs, tranken schneller, um beim Glockenschlag zur Theke zu hasten und gleich zwei oder drei *pints of lager* zu bestellen. Umherreisende Radler wie uns traf diese Sperrzeitenregelung meist nicht so hart. Spätestens ab 22 Uhr saßen wir mit weit von uns gestreckten Gliedern in einer dieser unvermeidlichen Plüschecken des Pubs und gaben uns der wunderbaren Körperschwere hin, die sich nach einem langen Radeltag so mühelos einstellt. Die *Last order*-Glocke erreichte uns meist nur noch im Halbschlaf.

In unserem spanischen Restaurant fielen Petra auch schon fast die Augen zu, als wir unseren Flan als Nachtisch verdrückten. Da trat die Chefin des Hauses etwas zögernd an unseren Tisch. Wann wir denn aufzustehen gedächten, fragte sie vorsichtig. Vielleicht hatte sie schon schlechte Erfahrungen mit Radfahrern gemacht, die zu unvorstellbar frühen Zeiten aufgestanden waren und ihr Frühstück allzu zeitig verlangt hatten. »Acht, halb neun«, antworteten wir vage. Das war uns eigentlich zu spät, denn um diese Zeit wollten wir schon auf der Straße sein, aber irgendetwas sagte uns, dass wir der Wirtin damit den Abend versauen würden.

Offensichtlich lagen wir mit unseren Zeitvorstellungen einigermaßen richtig, denn ihr Gesicht entspannte sich, und mit einem erleichterten »Dann also halb neun!« wünschte sie uns eine gute Nacht.

Als wir am nächsten Morgen um Viertel vor neun herunterkamen, erreichten wir den Speisesaal zusammen mit der ebenfalls gerade erst eintreffenden Küchenhilfe, die gähnend den Strom einschaltete und den Herd anwarf, um unser Frühstück zuzubereiten.

Lothar war noch lange nicht fertig mit seiner Komponentenschau. Im Gegenteil: Er hatte sich gerade erst warmgelaufen. Mit der Geste eines Kellners, der den nächsten Gang bringt, holte er ein großes Brett aus dem Nebenraum, zog das darübergedeckte Tuch mit einem »Tataaa!« herunter und präsentierte stolz acht verschiedene Fahrradnaben, die er dort aufgeschraubt hatte.

»Traut euch«, rief er munter, »ihr könnt sie ruhig anfassen« und schob uns sein selbst gemachtes Testcenter über die Ladentheke zu. »Merkt ihr den Unterschied?« Folgsam drehten wir alle Naben, mal schnell, mal langsam, und versuchten in den Fingerspitzen oder gar mit dem Fingernagel auf der Achse zu fühlen, welche die wenigste Reibung hatte, welche also die längste Laufzeit versprach. Wir waren überrascht, wie spürbar groß die Unterschiede zwischen den äußerlich fast gleich aussenden Naben waren, und weniger überrascht, dass wir bei der Entscheidung, die wir dann endlich trafen, wieder bei den teuersten gelandet waren.

In Spanien aber beglückwünschten wir uns bald zu unserer Wahl. Denn auf unserer Fahrt Richtung Pyrenäen bewegten wir uns zunächst fast ununterbrochen auf nagelneuen Straßenbelägen. Den zwar spät aufstehenden, aber als besonders fleißig geltenden Katalanen schien der Straßenbau am Herzen zu liegen.

Offenbar flossen in den Neunzigerjahren die auf vielen Bautafeln pflichtschuldig gelobten EU-Gelder so reichhaltig, dass man genug Mittel hatte, diese makellosen Asphaltdecken auch auf Nebenstrecken auszuwalzen, die auf unseren Karten noch als Pisten ausgewiesen waren. Ob dieser straßenbauliche Eifer die erhofften Strukturverbesserungen gebracht hat, ist schwer zu sagen. Sicher ist jedenfalls, dass er es uns ermöglichte, unbehelligt vom Autoverkehr auf fast jungfräulichen Belägen voranzukommen. Die Asphaltdecken hatten oft eine so perfekte Oberfläche, die Räder rollten so geräusch- und reibungslos, dass man bei einer Nabe minderer Qualität wahrscheinlich das Mahlen der Kugeln im Lager bis in den Lenker gespürt hätte. So ruhig glitten die Reifen über den Straßenbelag.

So gelangten wir schnell in die Ausläufer der Pyrenäen, die sich schon nördlich von Solsona zu ganz ausgewachsenen Bergen erhoben und uns bald zu stundenlangen Bergauffahrten zwangen. Zum ersten Mal durften die Räder ernsthaft klettern. Das ging hervorragend. Die Gänge schalteten willig, die Abstufungen stimmten. Aber wir mussten bald feststellen: Auch das superschnellste Fahrrad nimmt dir nicht das Treten ab. Auch mit den Raben ging es nicht auf einmal wie von selbst. Schwitzend und keuchend den Pass hochkurbelnd, kam mir langsam der Verdacht, dass meine Streckenplanung vielleicht etwas zu ambitioniert war.

Auf diesen hoch in die Berge führenden Routen fand irgendwann nämlich auch der emsige Straßenbau der Katalanen sein Ende. Manchmal gab es dann keinen Asphalt mehr, wie wir zwischen La Seu d'Urgell und Llavorsi feststellen mussten. Weil wir der viel befahrenen Nationalstraße 260 ausweichen wollten, rumpelten wir den ganzen Tag auf Schotter- und Sandpisten dahin, durch eine wilde Landschaft, an kleinen, zum Teil verlassenen Dörfern vorbei. Nur selten begegnete uns ein Mensch, noch seltener ein Auto. Manchmal herrschte absolute Stille um uns. Hier konnten die sündhaft teuren Vorderradgabeln beweisen, was sie draufhatten.

Aber ich konnte das gar nicht genießen. Ich wurde immer unruhiger. Als wir auf einem Streckenabschnitt wegen tiefen Sandes immer wieder schieben mussten, flippte ich fast aus.

»Wenn wir weiter auf diesen Feldwegen dahinkriechen, schaffen wir es nie nach Santiago«, schimpfte ich während einer Pause, die für meine Begriffe schon wieder viel zu lange dauerte.

»Na und?«, antwortete Petra und wusch ohne Hast mit ein paar Tropfen Wasser aus der Sigg-Flasche eine Karotte, in die sie dann herzhaft biss.

Ich war fassungslos: »Wie, na und? Wir hatten doch ausgerechnet, dass wir mindestens achtzig Kilometer am Tag schaffen müssen.«

»Wir haben das nicht ausgerechnet«, entgegnete sie mampfend. »Du hast das ausgerechnet.«

Es war wie auf anderen Radtouren auch schon: Am Anfang einer Reise war ich rastlos, gestresst, konnte mich nicht entspannen. Ich machte Tagespläne, versuche Marschtabellen einzuhalten, dachte an das Große, das Ganze.

»Der Plan war, in drei Wochen von dort nach dort zu kommen, und jetzt sind wir schon vierzig Kilometer hintendran.«

Irgendwann kam es dann immer zu einem großen Streit, meist ausgelöst durch das Versagen eines Körper- oder Fahrradteils, das uns zu einem weiteren Aufenthalt zwang. Mich brachten die Verzögerungen an den Rand der Verzweiflung,

während Petra gewöhnlich ganz ruhig blieb. Vernünftigerweise wies sie auch jetzt darauf hin, dass es dem Rest der Welt doch völlig egal sei, wann wir wo ankämen.

»Ja, aber jetzt haben wir schon die tollen neuen Fahrräder, jetzt können wir auch mehr aufs Tempo drücken«, versuchte ich die Raben auf meine Seite zu ziehen.

»Unser Flieger geht doch von Madrid zurück nach Deutschland. Da müssen wir sowieso die Bahn nehmen oder einen von diesen Überlandbussen, die auch Räder transportieren. Ob wir jetzt in Santiago einsteigen oder vorher in Pamplona oder Oviedo, ist doch völlig egal.«

»Ja aber ...«, stotterte ich, »aber was ist mit unserem Projekt ›Von Barcelona bis Santiago de Compostela‹? Das klingt doch so super.«

»Wir können ja auch zwischendurch ein Stück mit dem Bus fahren«, schlug sie ungerührt vor, »und so ein paar Tagesetappen überspringen. Laut Führer ist die Gegend um Bilbao herum sowieso ziemlich zersiedelt und industriell. Das muss ich nicht unbedingt radeln.«

»Ja aber ... aber unser Ziel war doch ...«

»Der Weg ist das Ziel, mein Lieber«, unterbrach sie mich, stand auf und gab mir einen Kuss auf die Backe. »Und zwar so was von! Da können wir ihn auch genauso gut genießen.« Damit stieg sie wieder aufs Rad und verschwand auf der staubigen Piste um die nächste Ecke.

Grummelnd fuhr ich ihr hinterher. Nicht zum ersten Mal hörte ich diese einfache Argumentation von ihr, und ich hasste sie, weil ich ihr so wenig entgegenzusetzen hatte. Für eine ganze Weile ließ ich mich zurückfallen. Aufreizend langsam fahrend, fluchte ich vor mich hin. Ich erklärte meinem immer noch unverdorben glänzenden Lenker, dass man so was mit mir nicht machen könne, wo wir doch alles abgesprochen hatten. Ich hielt meinen Radtaschen feurige Reden über den Undank der Welt und insbesondere über den der Frauen, die keine Ahnung hatten, wie viel Zeit man in Planungen steckte. Zustimmend nickten die Bäume, die unsere Piste säumten und ebenso zu meinen Zuhörern gehörten wie die vielen Schlaglöcher, die stoisch meine Verwünschungen ertrugen. Nur ein Habicht, den ich von einem Zaun aufscheuchte, wagte schreiend zu protestieren. Muss ein Weibchen gewesen sein. Nach einer Weile ging mir etwas der Dampf aus. Ich nahm die Umwelt wieder wahr, stellte fest, dass wir ganz schön an Höhe gewonnen und uns einen tollen Blick über das einsame Tal erarbeitet hatten. Zum Habicht hatte sich hoch oben ein Bartgeierpärchen gesellt, das elegant mit der Thermik spielte, und sogar die Wegstrecke war besser geworden. Ich war kurz davor, meinen Ärger zu vergessen.

Das konnte ich aber natürlich nicht zulassen; und so brummte ich noch einige Kilometer weiter vor mich hin, der Form halber. Auch am Abend gab ich noch einmal das verkannte Planungsgenie. Ich weigerte mich, auch nur einen Blick in die Karten zu werfen, um den folgenden Tag zu planen. Aber es fehlte schon der richtige Nachdruck. Irgendwie war der Ärger im Laufe des Tages im wahrsten Sinne des Wortes auf der Strecke geblieben. Als ich nachts dann unsere Räder vor dem Zelt abschloss und dabei die Berglandschaft im hellen Mondlicht liegen sah, fragte ich mich tatsächlich, ob es in Santiago überhaupt so schön sein konnte wie hier in diesem Pyrenäental, das uns so lange aufgehalten hatte. Damit war meine Niederlage besiegelt. Und ich konnte anfangen, den Radlurlaub zu genießen.

»Ähm, du, Lothar, kann ich dich mal kurz alleine sprechen?« Ich zog ihn zur Seite weg von dem Regal, aus dem er gerade verschiedene Felgen zu Demonstrationszwecken herausholen wollte. Petra hatte sich an der Theke in das Studium eines Katalogs für Reifen vertieft. »Also wegen des Sattels …«, flüsterte ich.

»Sag mal, können wir nicht eine gewisse Reihenfolge einhalten?«

»Aber das mit dem Sattel ist wichtig für mich«, raunte ich. »Es gibt da gewisse empfindliche Zonen …«

Weiter kam ich nicht. »Jaja, ich weiß schon, du brauchst was, das deinen Dödel nicht abklemmt.«

»Was willst du abklemmen?«, fragte Petra, ohne den Blick vom Katalog zu nehmen. So viel zum Thema Diskretion.

»Seinen« – ich stieß Lothar in die Seite – »ähm, seinen alten Sattel. Abstoßen will er den. Er will was Komfortableres.« Er ging in sein Lager und kam mit einem Arm voller Sättel zurück. »Ich bin der reinste Sattelschlepper.«

»Also ich finde, der Sattel darf sich nicht vollsaugen«, erklärte Petra und nahm sich den nächsten Katalog, »bei dem, den ich jetzt habe, hast du noch drei Tage nach dem Regen so 'n eklig feuchtes Gefühl am Hintern.«

»Für all das bietet sich ein Brooks Ledersattel an, der ist ...«

»... allerdings nicht ganz billig!«, vervollständigten wir unisono seinen Satz.

»... anspruchsvoll«, fuhr Lothar ungerührt fort, »den musst du einfahren, und dabei passt der sich dann genau deinem Ar ... deiner Anatomie an.«

Irgendwie schien mein Brooks-Sattel seinen Anpassungsprozess allerdings etwas herauszögern zu wollen. Während Petra von ihrem schwärmte, tat mir jeden Abend der Hintern weh, und nicht immer war die Blutzufuhr in alle Körperteile gesichert. Plötzlich hatte ich gegen eine etwas geringere Kilometerleistung nicht mehr so viel einzuwenden. Die meisten Menschen hielten uns wahrscheinlich sowieso für verrückt mit unserer Liebe zu ausgedehnten Bergetappen und langen Anstiegen. Petras Pragmatismus dabei war entwaffnend. Sie liebte das Radfahren mindestens genauso wie ich. Und wenn es drauf ankam, konnte sie eine Ausdauer entwickeln, die es mir schwer machte, mit ihr Tritt zu halten. Aber wenn sich ein schöner Bergsee auftat, stieg sie schon mal überraschend in die Bremse und sprang vom Rad praktisch direkt ins Wasser, um danach eine Stunde in der Sonne zu dösen. Der noch am Morgen als Ziel anvisierte Ort musste dann eben an diesem Tag ohne uns auskommen. Sie sah auch nicht ein, warum man, nachdem wir vier Stunden gebraucht hatten, um einen Pass zu erreichen, sich gleich auf der anderen Seite wieder herunterstürzen sollte. Vielleicht war es ja möglich, dass wir hier oben übernachteten und am Nachmittag noch eine kleine Wanderung machten? Aber wenn ein Zielort aus irgendeinem Grund nicht unseren Vorstellungen entsprach, konnte es auch sein, dass sie vorschlug, noch weitere 20 Kilometer in der Abenddämmerung zurückzulegen, um den laut Führer noch viel schöneren Campingplatz zu erreichen.

Es konnte auch vorkommen, dass sie abends im Zelt noch einmal entspannt durch ihren Führer blätterte oder intensiv die Landkarte musterte. Dann schwante mir nichts Gutes. Ich brauchte auch nicht lange zu warten, und schon zauberte sie eine ganz neue Routenführung aus dem Schlafsack, die uns zwar unserem Fernziel nicht so viel näher brachte, dafür aber eine landschaftlich beeindruckende Fahrt versprach, über einen wenig befahrenen Pass oder durch eine einsame, tiefe Schlucht. Eine anständige Planung war so natürlich nicht möglich. Deshalb sahen unsere Reiserouten auf der Landkarte dann auch oft weniger aus, wie der Versuch, von A nach B zu kommen, sondern eher wie die Spur von jemandem, der seinen Schlüssel verloren hatte.

»Jetzt, wo wir die Rahmen haben, müssen wir natürlich die Frage der Kassetten klären.« Lothar ging weiter unbeirrt nach seinem Plan vor. »Was wollt ihr denn für 'ne Übersetzung?«

Ratlos schauten Petra und ich uns an.

»Ich nehm an, ein 11- bis 32-Ritzelpaket hinten und vorne 24-32-44, oder?«

Wir nickten unsicher.

»Oder nehmen wir doch vorne ein 22er-Ritzel. Bei all dem Gepäck, das ihr drauf habt.«

Wieder nickten wir. Petra konnte ein Gähnen nicht unterdrücken.

»Und so, wie ich euch kenne, das Ganze als XT-Schaltgruppe.«

»Wieso?«

»Na, das ist die teuerste.«

Mir schwirrte der Kopf. Sehr verwirrend, diese Zahlenkaskaden. Natürlich wusste ich, dass es sich um die Anzahl der Zähne der verschiedenen Ritzel vorne und hinten handelte. Aber um zu entscheiden, ob ein 22er-Ritzel besser für uns wäre als ein 24er, hätte ich zunächst eine kleine Zeichnung und dann eine Probefahrt machen müssen.

»Das entscheide bitte du, du hast doch die meiste Erfahrung«, zog ich mich aus der Affäre.

»Und wann kommen wir endlich zu den Speichen?« Petra drehte etwas gelangweilt an den Plastikrädchen der vor ihr ausgebreiteten Ketten-Umwerfer.

Schier endlos wand sich die Straße vor uns nach oben, den Gipfeln der Pyrenäen entgegen. Weiß-rote Markierungsstangen am Straßenrand kündeten von meterhohem Schnee im Winter. Die Luft wurde spürbar dünner. Nur widerstrebend hielten die Beine die Tretkurbel in Bewegung. Die Schaltung hatten wir schon lange nicht mehr betätigt. Letzter Gang war letzter Gang. Jetzt verfluchte ich meine Ahnungslosigkeit, was Übersetzungen anging. Vielleicht hätte es ja noch eine Ritzelkombination gegeben, die uns das etwas leichter gemacht hätte als das, was Lothar uns draufgeschraubt hatte? Auf der anderen Seite: Wie viel langsamer konnten wir noch fahren, ohne umzufallen? Nein, der Aufstieg zum höchsten Punkt unserer Spanien-Reise, dem Port de la Bonaigua (2072 Meter), war keine Kaffeefahrt. Wir erlebten zum ersten Mal, was es heißt, einen wirklich langen Pass zu fahren. All die anderen Pässe, die wir in den Jahren danach gefahren sind, bestätigten diese frühe Erfahrung:

Es ist total bekloppt, mit schwer bepackten Rädern Pyrenäen- oder Alpenpässe raufzufahren. Völliger Blödsinn. Kann man eigentlich keinem empfehlen. Nee, ernsthaft, Leute, lasst es sein, versucht es besser gar nicht. Ist kein Spaß. Ich will nicht nachher hören: Aber du hast es uns doch empfohlen. – Hab ich nicht. Ich habe euch gewarnt.

Zwischendurch zweifelt man nämlich wirklich an seinem

Verstand. Wenn man zum x-ten Mal quälend langsam um eine Haarnadelkurve biegt (die man ganz außen nimmt, weil es dann nicht ganz so steil ist) und zum x-ten Mal statt des erhofften Gipfels eine steile Rampe vor sich sieht, die sich in den Himmel bohrt, um dort oben in der nächsten Haarnadelkurve zu verschwinden, hinter der man aber wirklich die Passhöhe ersehnt, dann könnte man manchmal am liebsten absteigen und das ganze Gerödel samt Rad einfach in den Graben pfeffern. Dennoch drückt man sich weiter hinauf, quälend langsam, dabei schwitzend, schnaufend und stöhnend und oft überzeugt, dass die nächste Kurbeldrehung aber mit Sicherheit die letzte sein wird, zu der man fähig ist. Man versucht, sich notdürftig zu motivieren, konzentriert sich auf nahe liegende Ziele, nimmt zum Beispiel nur die nächsten zehn Meter in Angriff bis zum farbigen Holzstab dort drüben. Dann ist der riesige Gully das nächste Ziel, der im Frühjahr wohl alle Rippen voll zu tun hat, das Schmelzwasser in geordnete Bahnen zu lenken. Dann ein sehr gemütlich aussehender Stapel Baumstämme, auf dem man sicher großartig rasten kann, den man aber heldenmütig ignoriert, weil man vor zehn Minuten das letzte Mal gerastet hat. Dann der Beginn einer Leitplanke, die dazu einlädt, den rechten Fuß auf ihr abzustellen und kurz zu verschnaufen, ohne dass man aus dem Sattel geht und damit Schwäche signalisiert.

Man erlebt jeden Meter der Straße sehr intensiv. Vor sich hinstarrend, kann man ausführlich Schlaglöcher studieren, Asphaltstrukturen und den Randbewuchs. Man spürt die grobe Körnung des Asphalts bis in den Sattel, genießt neuere reibungsarme Passagen, riecht noch den Teer in ganz jungen, eben erst ausgewalzten Abschnitten.

Oft sind die Straßen intensiver Sonneneinstrahlung ausgesetzt, dann beginnt der Asphalt zu schmelzen, schmatzend rollen die Reifen darüber, man hat Angst, bei dem Schneckentempo einfach kleben zu bleiben. Oder man bewegt sich auch auf Betonpisten, deren Risse mit Teer ausgefüllt sind. Der wirft jetzt kleine Blasen, die knackend unter unseren Reifen zerplatzen. Für all das hat man Zeit, es in allen Details zu betrachten,

denn wir bewegen uns mit satten sechs Stundenkilometern bergan.

Käfer fliehen kopflos vor dem Reifen in Fahrtrichtung und gewinnen das Rennen. Man kann einer Schnecke ausweichen, die sich vorgenommen hat, die Straße zu überqueren. Vielleicht hat sie den ganzen Vormittag am Straßenrand auf eine ruhige Phase im Verkehr gewartet, um endlich hastig loszuschleichen. Jetzt äugt sie entnervt nach oben, weil man sie mit dem ungeschickten Ausweichmanöver aus dem Rhythmus bringt.

Bietet die nächste Serpentine, wenn schon keine Aussicht auf das Ende des Anstieges, so doch wenigstens eine Aussicht übers Tal, die einen ein bisschen für die Plackerei entschädigt, dann ist das Grund genug, anzuhalten, zu verschnaufen, Wasser zu trinken und den sich hart erarbeiteten Blick zu genießen. Blöd ist aber, wenn der Anstieg sich durch dichten Wald schneidet. Das ist zwar kühler, aber man hat keinen sichtbaren Beweis für seinen Fortschritt außer dem Höhenmesser. Dann wird die Geduld des Radlers hart geprüft und seine Leidensfähigkeit.

Wenn man Glück hat und die Straße ist nicht allzu befahren, kann man sich mit »Kreuzen« ein wenig Erleichterung verschaffen. Indem man die ganze Breite der Straße ausnutzt und Schlangenlinien fährt, kann man den Gradienten des Anstiegs etwas verkleinern. Allerdings ist es bei dem unterirdischen Tempo nicht ganz einfach, das Rad in diesen Spitzkehren zu beherrschen und nicht einfach umzufallen.

Und meistens fällt Kreuzen sowieso aus, jedenfalls wenn man sich auf einer beliebten Alpenstraße bewegt und man sie mit einer Armada von Motorrädern, Wohnmobilen und Reisebussen teilen muss, die scheinbar nichts anderes im Sinn haben, als einen von der Straße zu kicken. Manche Motorradfahrer scheinen dies allein mit dem Schalldruck zu versuchen, den sie aufgrund von Manipulation an ihren Auspuffen erzeugen. Wie gesagt, alles kein Spaß.

Aber irgendwann schleicht sich ein Körnchen Stolz ein, immerhin, so weit sind wir schon gekommen, so klein sind die Häuser da unten schon, an denen man vor einer Stunde Richtung Pass vorbeigerollt ist. Und aus irgendeinem Grund dreht sich die Kurbel immer noch weiter, sie dreht sich und dreht sich, es kommt so etwas auf wie Rhythmus. Klar: Sechs Stundenkilometer sind nichts, womit man zu Hause protzen kann. Das ist flotte Schrittgeschwindigkeit. Aber dennoch kommt man weiter. Man muss nur geduldig sein. Es stellt sich eine gewisse Gelassenheit ein, irgendwann werden wir schon oben ankommen, die Gedanken haben sogar Zeit, ein wenig abzuschweifen.

So kurbelt man sich im Schneckentempo ins Hochgebirge, sieht die ersten Schneeflecken, später geht es vorbei an ausgewachsenen Schneefeldern, die sich mancherorts auch im Sommer am Straßenrand bis auf Schulterhöhe auftürmen. Sie strahlen eine feuchte Kühle aus, die man dankbar aufnimmt bei der Schinderei.

Und gleichzeitig wird der Stolz größer, jetzt kann es ja auch nicht mehr so weit sein, und dann, endlich auf der Passhöhe angekommen, schnauft man durch, schaut sich an und fragt sich: Wie? Das war's schon? Wir sind schon oben? Also, ich hätte noch gekonnt.

»Also, dann nehmen wir eine doppelwandige Hohlfelge«, fasste Lothar seine Erläuterungen der letzten zehn Minuten über Profile, Legierungen und Bohrungen zusammen und schrieb noch etwas auf seine inzwischen ziemlich umfangreich gewordene Liste. »Die hat zwar ein paar Gramm mehr Gewicht, aber die hält auch was aus. Testsieger. Phantastische Verwindungssteifigkeit.«

Nur mühsam konnte ich ihm noch folgen. Ich war überwältigt von der Vielzahl von Komponenten und Einzelteilen, aus denen man wählen konnte. Zwischendurch hatten wir mindestens 15 Minuten allein über Lenker gesprochen. Lothar gehörte natürlich zur Rennlenkerfraktion. Die seien viel aerodynamischer, wollte er uns seine Vorliebe schmackhaft machen. Ich wollte lieber einen geraden Lenker mit Hörnchen an den Enden, damit man etwas aufrechter fahren und mehr sehen könne.

Immerhin seien wir ja deswegen unterwegs. Um das Land zu sehen. Und bei vier Satteltaschen spielte die Aerodynamik meiner Meinung nach nicht so eine große Rolle.

»O.k., und welche Hörnchen? Und welchen Lenker genau? Form? Werkstoff?«

O Mann, war das alles kompliziert! Im Nachhinein fand ich es eigentlich erstaunlich, dass wir mit unseren GTs überhaupt irgendwohin gekommen waren, geschweige denn uns an der ganzen Westküste der USA abgestrampelt hatten angesichts der vergleichsweise höchst mäßigen Ausstattung der beiden Räder.

»Die hier brauchen wir natürlich auch«, rief Petra zusammenhangslos aus einer Ecke des Ladens und hielt eine Vorderlampe hoch. Kopfschüttelnd notierte Lothar auch dies auf seinem Zettel. Ihm ging das wohl viel zu chaotisch zu.

»Aber wenn wir schon dabei sind: Wollt ihr tatsächlich Dynamos?«, fragte Lothar. Unruhig zappelte der Bleistift in seiner rechten Hand. Man konnte ihm ansehen, dass er als alter Italo-Rennfahrer so einen Klotz am Rad absolut unpassend fand. Er hätte höchstens kleine batteriebetriebene Notleuchten akzeptiert.

In Spanien waren wir dann sehr froh, dass wir uns durchgesetzt hatten. Denn einmal wurde es sehr überraschend ziemlich zappenduster. Ein schwarzes Loch hatte uns und die Straße verschluckt. Selbst unsere Halogen-Dynamo-Beleuchtung vermochte nur wenige Meter des blassen Seitenstreifens aus dem Dunkel herauszuschneiden. Die blässlichen Batterieleuchten hätten wahrscheinlich noch weniger geschafft. Wie ein Ungeheuer heulte ein Auto von hinten heran, das Fahrgeräusch zu einem Brüllen verstärkt. Aufgeregt leuchtete ich mit einer Taschenlampe nach hinten, um unsere Rücklichter zu unterstützen. Mit Erfolg: Lärmend zog das Wohnmobil einen weiten Bogen um uns herum, um vor uns im Dunkel zu verschwinden. Offensichtlich saß kein amerikanischer Rentner am Steuer.

Wir befanden uns mitten im drei Kilometer langen Tunnel

de Bielsa, der uns nach zwei schönen Tagen in Frankreich wieder auf die spanische Seite der Pyrenäen bringen sollte. Leise verfluchten wir die beiden deutschen Motorradfahrer, die vor einigen Tagen unsere Bedenken bezüglich dieser Tunnelfahrt zerstreut hatten. Gut beleuchtet sei die Röhre, ein breiter Seitenstreifen vorhanden. Wir sollten uns keine Sorgen machen. Ich weiß nicht, in welchem Tunnel die gewesen waren, aber dieser hier jedenfalls hatte nicht eine einzige Lampe, und gleich neben der Fahrbahnbegrenzung erhob sich die Tunnelwand. Und gab uns nicht den kleinsten Raum zum Ausweichen.

Vor dem Tunnel stehend, hatten wir lange gezögert, ob wir uns wirklich in diese Finsternis wagen sollten. Aber ein Zurück hätte einen mehrtägigen Umweg bedeutet. Zum Glück waren wir spät dran, die Sonne ging schon unter, sodass nur noch wenige Autos an uns vorbeibrausten. Glück auch, dass der Tunnel von Frankreich aus ein leichtes Gefälle hatte. Deshalb ging es relativ schnell. Trotzdem waren wir total verschwitzt, als wir am Ende dieser unfreiwilligen Mutprobe wieder im Tageslicht standen.

»So was kommt dabei raus, wenn man auf Motorradfahrer hört«, schimpfte Petra und setzte sich erschöpft neben dem Tunnelausgang ins Gras. Obwohl es leicht bergab gegangen war, hatte sie die Durchfahrt viel Kraft gekostet. »Und du hast auch noch Bier mit denen getrunken.«

»Na, die waren ja auch nett«, verteidigte ich mich. »Außerdem hatten die Jungs gute Straßenkarten.«

Es war halt anders als bei unserer Reise entlang der Westküste, wo uns der Führer »Bicycling the Pacific Coast« eine große Stütze war. Für unsere Reise hätten wir einen Führer »Im unberechenbaren Zickzackkurs durch die Pyrenäen« gebraucht.

Auch die Verkehrsschilder in Katalonien waren zwar oft groß, aber leider nicht allzu informativ. Sie waren viel zu sehr damit beschäftigt, die wenigen Ortsnamen, die zu lesen waren, samt Entfernungen in vier Sprachen aufzulisten. Und nicht etwa auf Spanisch, Englisch, Französisch und Deutsch, sondern Spanisch, Katalanisch, Baskisch und Araneisch (der Spra-

che des Val d'Aran). Sie taten dies pflichtschuldigst, auch wenn sich viele Ortsnamen im Katalanischen und im Spanischen nur durch ein x unterschieden. Fügte man irgendwo noch ein »k« ein, so hatte man den baskischen Namen. Araneisch lag irgendwie dazwischen, das sprachen sowieso nur noch ein paar Tausend Leute, es musste aber trotzdem auf jedes Schild. Politische Korrektheit führte dazu, dass uns so manches Schild wegen seiner Dimension gewaltig den Ausblick versaute. Aber immerhin: Die Entfernungsangaben stimmten meistens.

»Oh, die sind aber hübsch«, rief Petra und wies im Reifenkatalog auf ein paar vollständig weiße Reifen, die sie gerade entdeckt hatte. »Können wir die draufmachen?«

»Vergiss es«, brummte Lothar unwirsch und beschäftigte sich weiter mit den Komponenten für die Lichtanlage. »Was willste denn mit den affigen Schlappen? Die halten nichts aus und sind sowieso nach zwei Tagen total eingesaut.«

»Aber die sehen gut aus!«

»Das tut ein Bikini auch. Und mit dem gehst du ja auch nicht zum Nordpol.«

»Schade«, maulte Petra.

»Schau«, sagte Lothar etwas freundlicher. »Die müssen ja auch auf die Felge passen. Wie der Schuh zum Fuß. Die Weißen sind viel zu schmal. Da kippen dir die Felgen schon in der ersten Kurve aus den Latschen. 700 und 27 Zoll geht nicht zusammen.«

»Wer hat diese krummen Maße überhaupt erfunden?«, mischte ich mich ein.

»Frag nicht, das ist ein totales Durcheinander. Das führte ja dazu, dass unter Umständen 27-Zoll-Felgen größer sein können als 28-Zoller.« Er wandte sich wieder Petra zu: »Also, ihr nehmt diesen soliden Allrounder-Reifen«, und warf einen schwarzen Mantel auf den Katalog. »Das ist das Beste auf Reisen, der sieht zwar unauffällig aus, hat aber super Rolleigenschaften bei gutem Grip. Nicht ganz billig allerdings ...«

Was für ein Morgen! Nach neun Tagen ewiger Kletterei, nach viel zu wenigen Abfahrten, die wir meist mit schmerzenden, in die Bremsen verkrampften Fingern herunterstürzten, nun endlich eine Strecke wie aus dem Radfahrerparadies. Von Bielsa aus Richtung Südwesten fiel die nur wenig befahrene Landstraße sanft, aber stetig bergab, gerade so, dass man mit den größten Gängen noch etwas Schub auf die Straße brachte. Und das auf einer Strecke von über 40 Kilometern! Wir flogen durch ein enges Tal, das sich allmählich öffnete. Nach Tagen, an denen wir unsere Raben nur auf dem vorderen kleinen Ritzel bergan getrieben hatten, konnten sie jetzt bergab zeigen, was im größten Kettenblatt steckte. Dass Felge und Reifen Lothars Meinung nach gut zusammenpassten, war ein beruhigendes Gefühl. Denn ein platzender Vorderradreifen wäre jetzt ziemlich gefährlich gewesen. Beinahe lautlos sausten wir dahin, das Bremsen war mühelos, das Beschleunigen fast ebenso. Von hinten schoben die Radtaschen, als wären sie ein Motor. Auch bei hohen Geschwindigkeiten blieb das voll beladene Rad in der Spur. Ich wünschte, dieser Ritt würde nie aufhören. Zwischendurch merkte ich: Eigentlich ist es wunderschön hier. Ein Foto wäre gut. Aber jetzt bremsen? Niemals! Eine Kirche aus dem 12. Jahrhundert tauchte auf, offensichtlich eine Sehenswürdigkeit. Egal! Vorbei! Kurz darauf sogar eine aus dem 11. Jahrhundert. Sorry Leute, ein andermal! Eine Bar lud mit schattigen Plätzen zur Pause ein. *Zoom* vorbei!

Knapp eineinhalb Stunden dauerte diese rasende Vergnügungsfahrt. Sie endete direkt im Mittelalter – in L'Ainsa. Der historische Stadtkern sah aus, als seien die letzten 500 Jahre spurlos an ihm vorübergegangen. Und während wir unter mittelalterlichen Wandelgängen Salat und Tortilla zu uns nahmen, wurde mit einem Blick auf die Karte zur Gewissheit, was wir im Rausch der Abfahrt nur zu gerne verdrängt hatten: Den Großteil der verlorenen Höhe würden wir noch am selben Tag auch wieder herauffahren müssen. Aber das war es wert gewesen!

Gegen Ende unseres Besuchs war Lothar plötzlich für einen Moment verschwunden, um dann mit einer Art stählernem Grasbüschel und einem breiten Grinsen aus seiner Werkstatt zurückzukehren. Er sah aus wie ein Koch, der stolz das Dessert präsentierte, auf dem ein kleines Tischfeuerwerk glitzerte.

»Wir haben hier fünf verschiedene Speichen«, erklärte er.

Petra atmete erleichtert auf. »Na endlich, ich dachte schon, wir würden hier ohne die wieder rausgehen.«

»Die hier«, er zeigte auf einen sich aus seiner Hand herausreckenden Stab, »ist von mittlerer Qualität, verzinkter Stahl, die hält schon einiges aus. Die hier«, er zeigte auf eine schwarzen Stahlstab, »ist eine Flachspeiche aus Chromnickelstahl, das ist eher was für Rennräder.« Er zog eine andere, etwas schlankere hervor und gab sie mir in die Hand. »Die hier ist die stabilste, zweifach kaltgeschmiedet, das ist 'ne ganz besondere Edelstahllegierung, dadurch auch leicht ...«

»Die nehmen wir«, unterbrach Petra ihn.

»Könnt ihr eine Vierfach-Kreuzung machen?«, assistierte ich ihr. Bewundernd strich ich mit den Fingern über den matt glänzenden Stahl. »Ich nehme an, die sind nicht ganz billig?«

Lothar lächelte, warf die übrigen Speichen auf den Tisch und notierte sich unseren Wunsch auf seinem Zettel.

So landeten wir eines Tages am westlichen Ausläufer der Pyrenäen, in Hecho, wo die Fiesta unsere Weiterfahrt verzögerte. Nicht, dass dies die erste Festivität gewesen wäre, auf die wir im Verlauf unserer Reise gestoßen wären. Im Gegenteil: Man muss sich schon ziemlich anstrengen, während einer Fahrt durch Spanien nicht auf eine Fiesta zu stoßen. Besonders Ende August, Anfang September scheint jeder Ort, der etwas auf sich hält, seine Fiesta Mayor abzuhalten, zu Ehren des jeweiligen Schutzheiligen des Ortes. Und das geht nicht nur einen Tag oder ein Wochenende so, in vielen Dörfern herrscht gerne auch mal eine ganze Woche Ausnahmezustand.

So kam es vor, dass wir uns am Morgen etwas übermüdet auf das Rad setzten, 60 Kilometer und anderthalb Pässe weiterradelten, nur um am späten Nachmittag erneut in einen Ort einzufahren, dessen Hauptstraße mit bunten Fähnchen geschmückt war und auf dessen Kirchplatz ein Kettenkarussell, ein Scooter und eine Schießbude noch Siesta hielten. Sie sahen den Fahrgeschäften verdächtig ähnlich, die wir am gleichen Morgen in dem anderen Dorf hinter uns gelassen hatten. Was wäre, dachte ich manchmal, wenn da ständig ein ganzer Tross in den Pyrenäen unterwegs wäre, der alles abbaute, nachdem wir abgereist waren, uns auf anderen Wegen mit dem Auto überholte, und dann flugs alles wieder aufbaute, noch bevor wir im neuen Ort eintrafen? Dass die Fiestas alle einem einzigen Ablaufplan folgten, trug nicht dazu bei, diesen Verdacht zu entkräften.

Auch in Hecho war es wie so oft vorher gewesen: Die Einwohner des ganzen Ortes trafen sich abends gegen zehn im Zentrum, im Familienverband zogen sie, einer unergründlichen Rastlosigkeit folgend, durch die Straßen, zwängten sich in die überfüllten Bars, nahmen ein kleines Glas Wein und eine von diesen wohlschmeckenden, aber für Radlermägen mikroskopischen Kleinstmahlzeiten, die leckeren Tapas, um nach kurzer Zeit schon wieder auf die *plaza* zu streben. Wer wie wir eine geschlagene Stunde auf zwei glücklich eroberten Hockern an der Bar sitzen blieb, hatte in dieser Zeit praktisch den ganzen Ort an sich vorbeiziehen sehen, war aber auch für jeden zweifelsfrei als Nichtspanier geoutet. Auch die Restaurants waren proppenvoll, und wir fragten uns am Anfang noch, ob das wohl gesund sei, so kurz vor dem Schlafengehen noch so fett und ölig zu essen.

Dies alles war aber nur das Vorspiel, denn gegen Mitternacht wurde ein Feuerwerk abgebrannt, das von allen begeistert beklatscht wurde. Die meisten zogen sich danach wieder in die Bars zurück, sodass die unvermeidliche Salsa-Band, die ab halb eins vom Festplatz aus mitreißende Rhythmen in die Gassen wummerte, zunächst nur vor wenigen Zuschauern und zwei Radlern spielte. Wir waren nicht überrascht: Ist ja klar, dachten wir gähnend, wenn man so spät beginnt, darf man sich nicht wundern, wenn keiner mehr kommt. Aber das zeigte nur unsere grenzenlose Ahnungslosigkeit, die auch nach mehreren Wochen Spanien anhielt. Um zwei Uhr morgens war der Platz dann gerammelt voll mit Menschen (Kindern, Jugendlichen, Eltern, Großeltern – wirklich allen), die tanzten, klatschten und mitsangen. Wir müden Radler gehörten zu den Ersten, die um halb drei mit schweren Beinen ihren Schlafsäcken zustrebten, und während uns der Wind noch die Musik und den Applaus der Menge auf den Campingplatz trug, schliefen wir ein mit der Erkenntnis: *Hombre*, der Spanier versteht es zu feiern ...

»So, hammers?«, fragte Lothar und schaute auf die beeindruckende Liste.

Irgendwie prosaisch das Ganze. Ich hatte mir den Abend stimmungsvoller vorgestellt. Aber wenn du dein Wunschrad in die kleinsten Einzelteile zerlegst, kann es nicht mehr so aufregend sein. Dann wird es eher ermüdend.

»Schutzbleche brauchen wir noch«, fiel Petra wieder ein.

»Möönsch«, sagte ich, »die hätte ich fast vergessen.«

»Braucht ihr die wirklich? In Spanien?« Lothar, der Rennradfetischist, hatte schon die Kröte »Dynamo« schlucken müssen. Aber auch bei den Schutzblechen gaben wir nicht nach.

»Ich hab schon Pferde kotzen sehen, sagt meine Mutter immer, und das mitten vor der Apotheke.«

Wir hatten halt nicht die besten Erfahrungen gemacht mit dem mediterranen Klima. Wir waren ja schon mit unseren GTs in der Toskana und in Umbrien unterwegs gewesen und sind dabei so nass geworden wie auf keiner anderen Reise vorher oder nachher.

Mir waren die Bilder noch lebhaft vor Augen, wie wir bei strömendem Regen durch die nebelverhangene Landschaft rollten, während das Wasser vom Schutzschild des Helmes tropfte, die Hände in den feuchten Radelhandschuhen langsam steif froren und jede Bewegung ein schleifendes Geräusch machte, weil die

Funktionsschichten der Kleidung aneinanderrieben. Eigentlich ist es ja nur Wasser, versuchte ich mich zu beruhigen, während ich erfolglos versuchte, dem von den Schutzblechen kaum aufgehaltenen Spritzwasser meines Vorderrades auszuweichen. Aber irgendwann war es trotz der vollmundigen Versprechungen der Gore-Tex-Industrie überall eingedrungen, tat sich mit dem Schweiß von innen zusammen und verbreitete klamme Feuchtigkeit.

Oft regnete es so heftig, dass wir in Bushaltestellen, offenen Garagen oder unter Bäumen Zuflucht suchten und auf besseres Wetter warteten. Besonders bei Gewittern schien uns das ratsam. Für eine Weile sind solche Zwangsaufenthalte unter irgendwelchen Vordächern ja ganz o.k. Man kann lange geplante kleine Justierungen an Rad oder Gepäck ausführen, man kann versuchen, den Verlauf plötzlich auftretender Sturzbäche zu beeinflussen, oder man kann eine empirische Untersuchung zur Dichtigkeit von Blätterdächern verschiedener Bäume beginnen unter besonderer Berücksichtigung der Hypothese: Buchen sollst du suchen. Man vertreibt sich die Zeit damit, Gesichter zu entdecken in der Struktur der unverputzten Betonwände eines Neubaus, in dem man gerade Unterschlupf gesucht hat. Oder man zählt die Blätter, die der Wind in dem unbenutzten Türeingang zusammengefegt hat, in dem man auf das Ende des Regens wartet.

Aber irgendwann kommt der Punkt, da wird man so kalt und rastlos, da wirft man sich wieder auf die Straße, egal ob's noch regnet oder nicht. Besser klitschnass werden als weiter in feuchtkalter Tristesse sich zu Tode langweilen. Diese Energie hält aber meist nicht lange vor. Nachmittags um halb drei sitzt man dann in irgendeiner gottverlassenen Bar, trinkt Ramazzotti und lauscht dem Geräusch des Wassers, das aus der Hose auf den Barfußboden tropft.

Bei so einem Wetter verging uns jede Lust aufs Zelten. Im Nu verwandelten wir dann jedes Hotelzimmer in ein Heerlager, weil wir alle Ausrüstungsgegenstände trocknen mussten. Das Zelt, das wir am Morgen feucht hatten zusammenrollen müssen, hatte zum Glück genug Haken und Ösen, sodass man es mühelos vom Schrank bis zum Fenster quer durchs Zimmer spannen konnte. Dazwischen hing, wo Platz war, unsere Regenausrüstung. Bald waren Bettpfosten, Stuhllehnen, Schranktüren Lampenschirme und Handtuchhalter mit feuchten Kleidungsstücken dekoriert, denn mangels vernünftiger Schutzbleche hatte das Spritzwasser mühelos den Weg in unsere kalifornischen Schön-Wetter-Radtaschen gefunden. Auf der Heizung lagen triefende Schuhe, die Taschen waren vorsichtig darübergestülpt. Es roch muffig, die Luftfeuchtigkeit im Zimmer lag wahrscheinlich über 100 Prozent. Es war manchmal ein Wunder, dass wir bei all dem Chaos noch den Weg in unser Bett fanden. Nein, lieber Lothar, Schutzbleche mussten sein!

Bei unserer Ankunft in Santander an der spanischen Nordküste konnten wir uns dann endlich beglückwünschen, dass wir uns in der Schutzblechfrage gegen Lothar durchgesetzt hatten. Nach fast drei Wochen mit viel Sonne regnete es nun, es war kühl, und die berühmten Strände waren wegen des Dunsts nicht zu sehen. So erlebten wir das erste Mal, dass wir bei nassen Straßen von unseren eigenen Rädern nicht von oben bis unten bespritzt wurden. Das übernahmen dann allerdings die Lastwagen, die uns auf der ziemlich belebten Nationalstraße Richtung Westen überholten. Wenn der Himmel kurz aufriss, lugten zwischen den Wolken kurze Zeit die Gipfel der Picos de Europa hervor, die sich nicht weit vom Meer auf 2600 Meter erheben. Die flächenmäßig recht kleinen Picos müssen übrigens den Vergleich mit keinem anderen Gebirge Europas scheuen. Schon am nächsten Tag schleppten wir uns wieder frohgemut im Schneckentempo eine einsame Bergstraße hinauf – glücklich wie Süchtige, die ein paar Tage ohne ihren Stoff hatten auskommen müssen.
»Soo, rechnen wir mal zusammen …« Lothar machte eine lange Pause, in der er leise Zahlen vor sich hin murmelte und sein Bleistift über das Papier tanzte. Wer spartanisch ausgerüstete

italienische Rennmaschinen liebt und klassische Kaffeema-
schinen schätzt, die anspruchsvoller sind als eine Stradivari,
hat auch keinen elektronischen Taschenrechner im Laden. Das
gab mir Zeit, mich seelisch auf mein Urteil vorzubereiten. Ich
sagte meiner Stereoanlage Ade und verabschiedete mich vom
Traum eines nagelneuen Autos. Ich sah meine Lebensversiche-
rung einen frühen Tod sterben und mich im Rachen dubioser
Kredithaie verschwinden. Endlich eröffnete er uns den Endbe-
trag.

»Also, Leute, der Spaß kostet jeden von euch ... 2975 Dee-
Maaark!«, verkündete er und warf triumphierend den Stift auf
die Theke. »Und? Was sagt ihr?«

Ich versuchte zu lächeln. Ich kannte niemanden, der dazu
bereit gewesen wäre, auch nur annähernd so viel für ein Fahrrad
auszugeben. Verrückt wie ich war, hatte ich Petra, der Dokto-
randin, auch noch versprochen, ihr Rad ebenfalls zu bezahlen.
Mit einem Schlag war ich um die 6000 Mark ärmer. Und wofür?
Für zwei Fahrräder! Ich sah mein gesamtes soziales Umfeld im
Geiste vor mir stehen und sich mit dem Finger an die Stirn tip-
pen. Aber bei diesen Fahrrädern gab es keinen Rückwärtsgang.
Ich konnte nur hoffen, dass sie ihr Geld wert waren.

»Abgemacht«, sagte ich mit belegter Stimme, »ich hatte mit
mehr gerechnet.«

Noch einmal verbrachten wir einen ziemlich feuchten Tag
am Meer, bevor wir die letzten 50 Kilometer unserer Reise bis
Oviedo bei Dauerregen zurücklegten. Die Stadt empfing uns –
Überraschung! – mit einer Fiesta. Während im Hotelzimmer
unsere zum Trocknen aufgehängte Ausrüstung kleine Lachen
auf den Fußboden zauberte und sich unsere Räder auf der
Feuertreppe zusammendrängten, stürzten wir uns noch einmal ins Gewühl. Wir ließen uns von den Kellnern den heimi-
schen Cidre kredenzen – die Flasche hoch über dem Kopf, das
Glas auf Kniehöhe – und diskutierten, inzwischen zu Experten
geworden, die Unterschiede zwischen dörflicher und städtischer Fiesta.

Trotz des Lärms um uns herum verständigten wir uns schnell darauf, dass wir im nächsten Jahr die Reise bis zur Westküste Spaniens in Galicien fortsetzen würden. Wie es auf der Karte aussah, würde es da auch wieder einige ziemlich knackige Anstiege geben. Aber das schreckte uns nicht. Im Gegenteil. Wir freuten uns schon darauf. Mit den Raben unterm Hintern fühlten wir uns unschlagbar. Diese Räder hatten uns die Bergwelt erschlossen. Jetzt wollten wir mehr davon. Aber eins war auch klar: Auf der nächsten Reise würden wir aber ganz bestimmt einen genauen Zeitplan machen und knallhart immer früh aufstehen. Das war beschlossene Sache. Zufrieden winkten wir dem Kellner zu.

DAS KINDERRAD

Der Radfahrer ist nicht an einen Fahrplan
und an öffentliche Verkehrsmittel gebunden ...

Jeder, der regelmäßig Fahrgeld aufwenden muss, kann sich
ausrechnen, wie schnell ein Fahrrad amortisiert ist. Wer sogar
Fußgänger ist, der hat ein besonders trauriges Los erwischt:
Er kommt nicht von der Stelle und muss zudem beträchtliche
Kosten für sein Schuhwerk aufwenden.
Das muss anders werden!

FAHRRAD-PROSPEKT DER
NECKARSULMER FAHRZEUGWERKE 1951

Der Busfahrer war nicht schuld. Er schaute uns gequält lächelnd an und hob entschuldigend die Schultern. Er gab uns zu verstehen, dass er als Mann am Steuer dennoch nicht die Richtung bestimmte. Mit einem seitlichen Kopfnicken deutete er auf einen dicklichen Mann, der in der ersten Sitzreihe auf der linken Seite des Busses, Hof hielt. Der Fahrer wirkte dabei so unsicher, als säße nicht ein Kollege neben ihm, sondern ein Terrorist, der seinen Bus nach Pakistan entführen wollte. Also wandte ich mich jetzt an seinen Vorgesetzten und wiederholte meine Frage:

»Wo können wir denn unsere Räder in den Bus einladen?«

»Hier wird gar nichts eingeladen«, antwortete der unwirsch.

»Aber dies ist doch der Bus nach Tübingen?« Er nickte.

»Der fährt doch ersatzweise für den Zug, weil an diesem Wochenende die Gleise der Bahn repariert werden?« Wieder nickte er.

»Ja, aber dann müssen Sie doch die Räder mitnehmen?«

»Müssen wir nicht.«

»Aber der Zug hätte das doch auch gemacht?«

Er sah mich nur auffordernd an, als wollte er sagen: »Ja, und?«

»Und jetzt?«, fragte ich nach einer Pause. »Wie sollen wir denn nach Hause kommen?«

»Ihr Problem. Sie haben ja die Räder.« Ihm schien es fast Spaß zu machen, mich so abtropfen zu lassen. Ich schaute an ihm vorbei in den fast unabsehbar langen Ziehharmonika-Bus, in dem sich ein einziger anderer Fahrgast verlor. Es wäre Platz für 100 Fahrräder gewesen.

»Hören Sie, wir warten hier schon eine halbe Stunde länger als geplant, weil Ihr Ersatzbus natürlich nicht den gleichen Fahrplan haben kann wie der Zug. Das wäre ja auch wirklich zu viel verlangt. Wir haben achtzig Kilometer in den Beinen, mein Sohn kann keine weiteren dreißig Kilometer fahren, wir haben fest mit der Bahn gerechnet.«

»Ihr Fehler.« Da hatte er wahrscheinlich recht. Wer rechnet schon fest mit der Bahn? »Sie hätten sich halt vorher informieren müssen.«

Hatten wir gemacht. Das Wochenende war von langer Hand

vorbereitet. Johann war bei seinem Theologiestudium mit so viel Begeisterung bei der Sache, dass ihm wenig Zeit blieb für längere Freizeitaktivitäten. Behauptete er jedenfalls. Angesichts meiner antizyklischen Arbeitszeiten als Kabarettist hatten wir große Schwierigkeiten, für unseren Wochenendtrip einen gemeinsamen Termin zu finden. Dabei war der längst überfällig. Obwohl er bei seiner Mutter aufgewachsen war, hatte ich immer versucht, engen Kontakt zu meinem Sohn zu halten. Dafür, dass wir in unterschiedlichen Städten lebten, hatten wir viel Zeit miteinander verbracht und dabei immer viel unternommen. So waren wir uns immer nah geblieben. Aber in den letzten Jahren waren unsere Treffen deutlich seltener geworden. Es war dringend Zeit für ein Männerwochenende. Und natürlich fiel mir nichts Besseres ein, als eine gemeinsame Radtour vorzuschlagen. Vielleicht gibt es aber auch keine bessere Methode, wieder näher zusammenzurücken als beim gemeinsamen Strampeln, Schwitzen und Schwätzen.

Wir hatten also alles genau vorbereitet und sogar die Abfahrtszeiten der Züge im Kopf, wir wollten uns die Rückfahrt ersparen. Nur eins hatten wir nicht bedacht.

»Wie hätten wir denn wissen sollen, dass der Bus keine Fahrräder mitnimmt?«, fragte ich den Herrn, der uns so freudig Auskunft geben wollte.

»Ist da vorne angeschlagen.«

»Da ist nichts angeschlagen.« War es tatsächlich nicht. Wir hatten ja lange genug Zeit, jeden Quadratzentimeter der lieblos improvisierten Informationstafel durchzukämmen. »Da steht nichts.«

»Aber hier«, sagte er und hob triumphierend eine Broschüre hoch. Eine von diesen Hochglanz-Faltblättern mit glücklichen Fahrrädern drauf, die die Bahn zwar vielfach druckt, aber offensichtlich nicht gerne unter die Leute bringt. Deshalb lag ein ganzer Stapel sicher und trocken auf dem Sitz neben dem Unsympath: »Beim Schienenersatzverkehr ist Fahrradmitnahme ausgeschlossen«, las der jetzt vor und zeigte mit seinem Wurstfinger auf das Kleingedruckte.

Damit war für ihn die Sache erledigt. Ich tobte, bat und drohte. Ich ließ mir seine Dienstnummer geben. Aber alles ohne Erfolg. Der Bus fuhr tatsächlich ohne uns weiter. Ich fluchte wie ein Kesselflicker und schickte dem Bus meine erhobene Faust hinterher.

Johann stand ziemlich unbeteiligt neben seinem Rad und schien darauf zu warten, dass sich mein Wutanfall legte. Während ich meine Handschuhe anzog und meinen Helm aufsetzte, erklärte ich ihm meine Sicht der Dinge.

Das Fahrrad und die Bahn seien doch eigentlich eine ideale Verbindung. Umweltfreundliche Langstreckenverbindungen, gepaart mit einem flexiblen Kurzstreckengefährt. Nur leider versuche die Bahn hartnäckig, sich der Zuneigung der Radler zu entziehen. Mit Vorschriften, unwirschen Schaffnern, willkürlichen Entscheidungen und einer haarsträubenden Informationspolitik. Radfahrer verehren die Bahn geradezu. Sie ist so praktisch, so hilfreich, einfach perfekt für Tagestouren oder den Rückweg nach großer Fahrt. Die Bahn dagegen ist alles andere als begeistert von dieser Zuneigung. Radfahrer bringen Dreck mit in den Zug, sie ziehen sich komisch an und nehmen viel Platz weg.

Während die Radler also als unerwünschte Schmuddelkinder auf den Bahnsteigen zurückbleiben, versucht sie mit den Geschäftsreisenden anzubahndeln, die ihrerseits sich aber viel lieber mit dem schicken Flugzeug vergnügen. Und selbst wenn ein Geschäftsmann die Bahn benutzt, tut er das ohne Freude, ohne Zuneigung. Sein Herz hängt am viel glamouröseren Flugzeug. Und so sehr sich so ein Zug auch anstrengt, wie ein Flugzeug auszusehen, er wird nie seine Liebe gewinnen. Der Radler dagegen, die treue Seele, unternimmt alles, um in Kontakt mit der Bahn zu bleiben, lässt sich nicht von ihren Launen abhalten, von undurchsichtigen Tarifsystemen abschrecken, die in jedem Bundesland anders aussehen und sich zu verschiedenen Tageszeiten ändern. Er lässt sich herumschubsen, desinformieren und ausnehmen, nur um mit ihr zusammen zu sein, und wenn es bloß eine Regionalbahn ist. Und wenn ihm die Bahn auch noch so oft die kalte Schulter zeigt oder ihn sogar aus dem Zug wirft – der Radler lässt sich nicht abschrecken. Am nächsten Tag steht er wieder auf dem Bahnsteig und begehrt, mitgenommen zu werden.

»Je mehr die Bahn sich bemüht, den Radfahrer loszuwerden, desto mehr zeigt er ihr seine Liebe.« Ich fand, ich gab Johann damit eine wichtige Lehre fürs Leben mit. Er aber war unbeeindruckt. »Komm jetzt endlich, Papa«, sagte er und fuhr los, »spar dir lieber deine Luft, wir haben noch ein bisschen was vor uns.«

Ich beeilte mich, zu ihm aufzuholen. Er legte ein ziemlich strammes Tempo vor. Recht hatte er. Wir hatten ja noch ein gutes Stück Wegs vor uns. Dabei ließ mich das Thema Fahrrad und Bahn noch nicht los. Zu sehr hatte ich mich geärgert.

»Die Verbannung von Rädern aus dem ICE hat aber auch was Gutes«, nahm ich das Thema wieder auf. »Bei all den Wartezeiten und Umsteigemanövern, die man als Fahrradfahrer in den Regionalzügen mitmacht, erlebt man ja genau das, worum es dem Radreisenden eigentlich geht: die Entdeckung der Langsamkeit.«

Man bekommt auch ganz nebenbei ein tieferes Verständnis für die regionalen Unterschiede in Deutschland.

»Das Tarifsystem der Bahn bei der Fahrradmitnahme ist eigentlich der letzte Dschungel, der Deutschland noch geblieben ist.«

Außerdem: Es gibt keine bessere Möglichkeit, sich mit Einheimischen und Mitreisenden zu verständigen und tiefe emotionale Bindungen aufzubauen als im gemeinsamen Fluchen auf die Bahn.

»Weißt du was? Der einzige Zug, der immer pünktlich ist, das ist dein Anschlusszug, der leider nicht warten konnte!«, erklärte ich meinem Sohn, als wir an einer Straßenüberquerung anhalten mussten.

»Warten kann ich auch nicht«, meinte Johann lapidar und schoss über die Straße.

»Hab ich dir eigentlich schon von der Rückreise mit dem Zug von unserer Frankreichtour erzählt?« Ich schnellte ihm hinterher und brachte dabei einen Bus zum Hupen. Der war wahrscheinlich im Schienenersatzverkehr unterwegs.

»Ja, ihr habt den Anschlusszug verpasst und musstet auf dem Bahnhof Verona übernachten.«

Hm. Hatte ich also schon erzählt. Im Laufe der Jahre hatten sich auf den vielen Radreisen so viele Anekdoten angehäuft, da war es manchmal schwer, den Überblick zu behalten.

»Papa, vielleicht tröstet dich ja die Tatsache, dass das Bähnchen eh bald stillgelegt werden soll. Dann fahren eh nur noch die Busse durchs Tal, und dann gibt's auch keine Missverständnisse mehr – Ah!« Fluchend rumpelte Johann in ein Schlagloch, weil er zu mir nach hinten geschaut hatte. Der Radweg war in keinem guten Zustand. »Dann gäb's hier vielleicht wenigstens einen vernünftigen Radweg!«

Das stimmte natürlich. Wo wären wir Radler denn, wenn die Bahn nicht in weiser Voraussicht, in fürsorglichem Eifer und gegen alle Widerstände unverständiger Einheimischer, landschaftlich schöne Strecken stillgelegt und Schienen, Schwellen und Schotter beiseitegeräumt hätte? So ist es die Bahn, die vielen Radlern erst ermöglicht, auf sicheren Wegen in Orte zu gelangen, die sich, vom Bahnnetz einmal abgeschnitten, abseits der Zivilisation ihren ursprünglichen Charakter bewahren durften.

»Papa, jetzt spar dir mal deine Luft, das ganze Aufregen nutzt ja sowieso nichts. Mach lieber mal 'n bisschen hinne. So kommen wir ja gar nicht voran.«

Ich wünschte, er würde nicht immer Papa zu mir sagen.

»Ich fände übrigens sehr nett, du würdest nicht immer mich ins Feld führen als schwaches Glied in der Kette. Ich bin dreiundzwanzig. Wenn man sich auf den nächsten dreißig Kilometern Sorgen machen muss, dann um dich«, sagte er grinsend und zog wie zum Beweis unwiderstehlich davon.

»Sorry«, rief ich ihm nach, »Macht der Gewohnheit!« Und spurtete hinter ihm her. Wir radelten eine Weile wie die Verrückten, fand ich. Johann war immer vorneweg. Irgendwann fragte er, ob er langsamer fahren solle. Ich klopfte ihm auf den Helm und überholte ihn.

Unseren Radlausflug hatten wir in Tübingen gestartet, Johann studierte dort. Wir brachen nach Straßburg auf, um dann in einem großen Bogen über die Schwäbische Alb wieder zurückzukehren. Weil unsere Zeit begrenzt war und wir keinen Stress haben wollten, sollte die Bahn uns ein Stück des Rückwegs abnehmen. Es waren drei großartige Tage gewesen. Das Wetter war gnädig, die Landschaft schön und erstaunlich einsam, und wir hatten viel Spaß miteinander gehabt. Es gab ernste Gespräche, aber wir machten auch viel Blödsinn.

Auch was die Navigation anging, arbeiteten wir gut zusammen. Johann nutzte sein Smartphone als GPS. Während ich immer noch mit meinen alten Karten hantierte, »trackte« er unsere Reise auf seinem Handy. Aber das funktionierte nicht fehlerfrei. Nicht immer hatte das GPS den richtigen Überblick.

»Ich hab kein Fixing, es kann mich nicht loggen«, rief er dann verzweifelt.

»Kann ich dich stattdessen fix auf einen Blick in die Karte locken?«

Dann war er froh, dass ich noch eine ADAC-Straßenkarte dabeihatte. Ja, eine ADAC-Karte. ADFC-Karten, also die vom Fahrradclub, hatte ich schon lange nicht mehr angefasst.

Ich hatte auf unseren Reisen schon viel schlechtes Kartenmaterial erlebt. In den USA sind Petra und ich nach selbst gezeichneten Karten geradelt, die freundliche Zeitgenossen fabriziert hatten. Wir haben uns mit total veraltetem Kartenmaterial durch die Pyrenäen geschlagen und aus uns unverständlichen Hieroglyphen kroatischer Karten schließlich einen Sinn herausgelesen. Aber keine Karte war so schlecht wie eine Karte des ADFC. Zumindest war das vor etwa fünfzehn Jahren so. Wegen dieser Karten hatten Petra und ich uns einmal irgendwo zwischen Göttingen und Hannover in der Pampa furchtbar verfranst. Es gab dort zwar viele wunderbar asphaltierte Wirtschaftswege, die das flache Gelände durchkreuzten, sich aufteilten und manchmal wiederfanden. Nichts davon war aber auf der ADFC-Karte zu sehen. Dort gab es nur einen lila

Zickzackstrich, der die empfohlene Radroute symbolisierte. Nicht eingezeichnet waren allerdings all die anderen Wege, die man zwar nicht nehmen sollte, die jedoch trotzdem existierten. Wir sahen zwar, dass man sich mal nach links oder nach rechts wenden sollte, fanden aber keinen Hinweis darauf, wann denn abgebogen werden musste. Weil auch die Beschilderung unzureichend war, standen wir ziemlich belämmert im niedersächsischen Labyrinth und verwünschten den Kartenzeichner.

Die ADFC-Karten waren auch deshalb nur begrenzt brauchbar, weil Höhenangaben auf der Strecke fehlten. Zwar waren manche neben der Strecke liegenden Gipfel bemaßt, aber fürs Radeln wär's viel interessanter, die Auf und Abs auf dem empfohlenen Radweg anzugeben. Die Orientierung auf den ADFC-Karten war auch deshalb schwer, weil Autobahnen verschämt hellgrau eingezeichnet wurden und deshalb leicht zu übersehen waren. Klar, Autobahnen sind ganz böse, und Bundesstraßen mag ich auch nicht, aber sie sind nun mal da und unübersehbar, und deshalb kann man auf einer Radlkarte nicht so tun, als wären sie nur ein blassgrauer Hauch.

Das sage ich nicht gerne, aber es radelt sich viel besser mit ADAC-Karten, die geben an, wie es ist. Die machen viel befahrene Bundesstraßen fett rot, da weiß dann jeder Radfahrer, oh, das kann nichts Gutes bedeuten. Manchmal sind die Straßen im Überschwang zwar so fett eingezeichnet, dass sie, wäre alles maßstabsgerecht, in Wirklichkeit mindestens zehnspurig sein müssten, aber immerhin sind sie so unübersehbar, und man kann einen Bogen um sie machen.

Leider half uns in einer Situation auch das Kartenstudium nicht weiter, und so standen wir beide mit Karte und Smartphone, einträchtig, aber ratlos, irgendwo auf der Alb herum und wurden dann von einem freundlichen Bauern auf einem museumsreifen Trecker gerettet, der uns den Weg auf eine gelbe Straße auf meiner Karte wies.

Wie gesagt, wir hatten viel Spaß, waren viel geradelt, hatten viel geredet, aber waren auch schweigend über die Alb gerollt. So konnten wir gemächlich radelnd einige der Hindernisse überwinden, die sich in den letzten Jahren ein wenig zwischen uns geschoben hatten. Wir waren müde. Dass wir jetzt wegen der schlechten Informationspolitik der Bahn die zusätzlichen ungeplanten Kilometer auf zwei Rädern zurücklegen mussten, schien Johann weniger auszumachen als mir. Immer wieder ging er an mir vorbei und machte die Führungsarbeit. Die Kräfteverhältnisse hatten sich im Vergleich zu früheren Zeiten eindeutig verschoben.

Es war doch noch gar nicht so lange her, schien es mir, dass ich ihm das Fahrradfahren beigebracht hatte. Im Gegensatz zu meiner eigenen Geschichte konnte ich mich bei ihm noch sehr gut daran erinnern, wie wir gemeinsam an seinem knallroten BMX-Rädlein die Stützräder abgeschraubt hatten und ich ihm versprach, nur loszulassen, wenn er es sagte.

»Ich hab dich! Ich hab dich!«, hatte ich ihm nachrennend gerufen, obwohl ich die Hände längst nicht mehr an seinem Gepäckträger hatte. Unbezahlbar sein Blick, als er merkte, dass ich ihn nicht mehr hielt, erst Empörung und dann grenzenlosen Stolz widerspiegelnd, gefolgt von Schrecken, weil Johann über seiner Freude das Treten vergessen hatte. Ich rannte schneller und konnte ihn noch so eben auffangen, bevor sein Rad auf den Beton schlug.

Bald schon folgte die erste Radtour am Main entlang. Insgesamt stolze 20 Kilometer, in einem Tempo, in dem man auch hätte wandern können. Immer wieder unterbrochen von Zwischenstopps wegen zahlreicher unwiderstehlicher Attraktionen am Wegesrand. Da lag eine tote Blindschleiche auf der Straße, dort fuhren Modellschiffe auf einem kleinen Weiher, woanders war ein Fußballspiel im Gange. Alles gute Gründe, um anzuhalten und das Geschaute ausführlich zu erörtern. Wir steuerten einen kleinen Tiergarten an, spielten Federball, haben in einem herrlich gelegenen Biergarten Pommes frites gegessen und sind natürlich Wettrennen gefahren, die alle er gewonnen hat. Ich fand, das war insgesamt ein sehr gelungener Tag. Als er am Abend von seiner Mutter am Telefon gefragt wurde, wie es ihm gefallen habe, sagte er: »Gut.« Was wir denn den ganzen Tag gemacht hätten, fragte sie weiter. Nach längerem Überlegen antwortete er: »Wir haben einen Stock ins Wasser geworfen.« Schon damals hatte er einen Sinn für etwas abseitige Details.

»Erinnerst du dich eigentlich noch an unsere allererste Radtour?«, fragte ich, noch ganz in Gedanken an die Vergangenheit.

»Papa! Hör auf zu reden und fahr endlich!«

Ich musste lachen. Genau mit diesem Satz hatte ich früher immer ihn angetrieben. Damals war er es gewesen, der ständig quasseln wollte. Sobald er sich aufs Fahrrad setzte, ging es los. Und es hörte nicht mehr auf, solange wir rollten. Als ließen sich die Pedalen nur mit dem Mundwerk bewegen, als gäbe es eine unlösbare Verbindung zwischen Zunge und Beinen. Er redete wie ein Wasserfall. Ohne Punkt und Komma. Über seine Klasse, über sein neues Fahrrad, seine Mutter, die Steilheit der Straße, über das Nintendo-Spiel, das er zum Geburtstag bekommen hatte. Zwischendurch beschäftige ihn, wie Enten tauchen können, ohne dass ihnen Wasser in die Nase läuft, wie bei ihm, und ob ich auch ein Schalke-Fan sei. Nicht, dass er sonst der große Schweiger gewesen wäre, er war immerhin mein Sohn, aber auf dem Rad gab es kein Halten. Da plapperte er ununterbrochen und endlos wie die Kette, die unter ihm über die Ritzel glitt.

Unsere kleinen Ausflüge machten uns so viel Spaß, dass ich bald das erste »vernünftige« Rad für ihn kaufen wollte. Laura fand, dass das für einen Achtjährigen noch viel zu früh war. Aber für mich stand fest: Ein gutes Rad für längere Touren musste her. Doch welches? Diese Entscheidung kostete mich schlaflose Nächte. Natürlich kam ein übergewichtiges Billigrad aus dem Baumarkt für meinen Sohn nicht infrage. Bei dem rostete ja sofort alles weg, man müsste stündlich mit einem Gabelbruch rechnen, und die Bremsen funktionierten nicht richtig. Wie sollte er da schöne lange Spuren im Schotter hinterlassen? Aber war ein hochwertigeres Rad nicht reine Verschwendung, weil er wie aus seinen Schuhen schnell auch aus dem Rahmen herauswachsen würde? Auch war die Frage der Schaltung zu bedenken. Auf der einen Seite könnte sie den Spaß am Radeln erhöhen und an steilen Anstiegen vor lebenslangen Traumata schützen, die schon das Kind zum seelischen Krüppel machen konnten. Am Ende drohte Johann noch eine Karriere bei der Bahn, nur weil er mangels Schaltung einen Hügel nicht heraufgekommen war. Auf der anderen Seite bestand die Gefahr, dass die Schaltung nie benutzt oder der Einfachheit halber im höchsten Gang gefahren würde, weil der kleine Mann zu faul war, diese zu bedienen. Dass mein Sohn mit so einer Kettenschaltung vielleicht noch überfordert sein könnte, kam mir in meiner väterlichen Überheblichkeit nicht in den Sinn.

Am Ende gab ich viel zu viel Geld für ein zwar gebrauchtes, aber vergleichsweise sehr gut ausgestattetes Kinderrad aus. Ein Giant-Trekkingrad, mit 24-Gang-Schaltung und allem Drum und Dran. Ich wollte mir später nicht vorwerfen lassen, nicht alles für das seelische Wohlergehen meines Sohnes getan zu haben.

Johanns Mitteilungsbedürfnis allerdings wurde noch intensiviert, als ich ihm das Giant schenkte. Jetzt waren natürlich das Fahrrad und seine herausstechenden Eigenschaften ein unergründliches Thema, ständig stellte er mir Fragen nach unserer aktuellen Geschwindigkeit, welchen Gang ich gerade fuhr, ob seine Klingel lauter sei als meine – und was wir zu essen dabeihätten.

Natürlich ist es gut, wenn ein Kind sich artikuliert. Das fördert die Intelligenz, das ist gut für die Entwicklung. Nur auf dem Rad nicht immer. Blöd ist zum Beispiel, wenn der Adressat des Redeflusses hinter dem Jungen fährt. Er tut dies aus Sicherheitsgründen, weil es schnell zu Kollisionen kommt, wenn man neben dem kleinen Mann fährt. So gut hat er seine Mühle noch nicht im Griff. Besonders, wenn er über Sachen nachdenkt und nicht auf die Straße achtet. Also fährt man hinter dem Kind. Da hat man sowieso den besseren Überblick. Nur muss sich so der kleine Redner ständig nach hinten drehen, um seine hochbrisante Erzählung vom neuesten Computerspiel auch an den Vater bringen zu können. Das führt zu schwer kontrollierbaren Lenkerbewegungen, sodass sich der Vater nach mehreren Beinahezusammenstößen mit entgegenkommenden Radlern entschließt, vorneweg zu fahren. Mit dem Ergebnis, dass er den Jungen kurze Zeit später aus dem nächsten Gebüsch klauben muss, weil sich seine Jacke in den Speichen verfangen hat.

Mit zwei Zehnjährigen zu radeln ist mehr als eine Verdoppelung dieser Probleme. Florian, der Sohn meiner Mitbewohnerin, redete zwar nicht so viel, seine Lenkerbewegungen waren aber umso wilder und unberechenbarer, denn er fuhr fast immer stehend, sodass sich mein redender Sohn und der schlenkernde Florian bei der ersten Fahrt schon nach einem Kilometer ineinander verhakt im Graben wiederfanden. Wie wahnsinnig musste man dann sein, mit besagter Mitbewohnerin und den beiden Jungs eine Radtour machen zu wollen?

Zumal in einer Gegend, die für Radler nur vordergründig wie geschaffen zu sein schien: Mecklenburg-Vorpommern. Nie habe ich mein Fahrrad so oft geschoben wie auf dieser Reise. Die in unseren Karten als »radelfreundlich« eingezeichneten Nebenstraßen bestanden oft aus einem zwei Meter breiten Mittelstreifen mit holperigem, Mountainbike würdigem Kopfsteinpflasterbelag und zwei Seitenstreifen aus feinkörnigem Sand. Der Sand hätte jedem Südseestrand zur Ehre gereicht. Diese Straßen waren immer wieder streckenweise »unradelbar«. Schnaufend schoben wir die sich im tiefen Sand eingrabenden Räder hügelan. Bald schon konnten die Jungs kaum noch einen Schritt vor den anderen setzen und waren nur mit der Aussicht auf eine Mittsagpause mit riesigen Eiscremebechern zur Fortbewegung bereit.

Einmal war es besonders arg. Es war heiß, wir hatten uns verfahren, die Karte gab keinen endgültigen Aufschluss über unseren Standort, und wir steckten tief im mecklenburgischen Sand. Gelassen, wie es meine Art ist, warf ich irgendwann mein Rad

in den Sand und fluchte, was das Zeug hielt. Auf den, der für die Karte verantwortlich war, auf den Sozialismus, der uns solche Straßen hinterlassen hatte, und auf die faulen Straßenarbeiter, die es seit der Grenzöffnung nicht geschafft hatten, auch nur *eine* Straße vernünftig auszubauen. All das angereichert mit den entsprechenden Schimpfworten. Irgendwann bemerkte ich, wie die beiden Jungs sich feixend anschauten.

»Na, hab ich dir zu viel versprochen?« meinte Johann stolz und knuffte seinem Kumpel in die Seite. Der nickte zustimmend. Beschämt verstummte ich für den Rest des Tages.

Aber die Zeltplätze waren dafür super. Praktisch jeden Tag konnten wir unsere Zelte an irgendeinem anderen Seeufer aufschlagen. Waren unsere Söhne eben noch vor lauter Erschöpfung nicht mehr fähig gewesen, beim Zeltaufbau auch nur eine Stange anzureichen, kamen sie angesichts der schönen Strände auf wundersame Weise schnell wieder zu Kräften, turnten die nächsten zwei Stunden ununterbrochen auf Stegen und im Wasser herum, um nach dem Abendessen plötzlich erneut in eine unerklärliche Trägheit zu verfallen, die erst wieder nachließ, als das Spülen erledigt war und es darum ging, ins Bett zu gehen.

Während eines zweijährigen USA-Aufenthalts von Petra als Post-Doc an der Universität von San Francisco besuchte ich sie einmal mit den beiden Jungs – inzwischen zwölf – und ihren Rädern im Schlepptau, und wir machten uns zu viert auf eine zweiwöchige Tour von San Francisco nach Süden. Schon am ersten Nachmittag rumsten die beiden – auch mit zwölf noch kein bisschen weiser – wieder einmal ineinander. Dank Helm blieb das auch diesmal folgenlos.

Das Radeln selbst schien den beiden nicht allzu wichtig zu sein. Im Gegenteil. Jeder Anstieg wurde ausgiebig bestöhnt. Immer wieder wurde mit Tretverweigerung gedroht und ein kurz bevorstehender Kollaps angekündigt. Dessen Symptome verschwanden sofort, wenn es darum ging, im Fluss zu baden, möglichst dicke Steine möglichst weit ins Wasser zu werfen, auf Bäume zu klettern oder noch zwei Stunden durch Shoppingmalls zu streifen – auf der Suche nach dem ganz genau richtigen Paar Turnschuhe oder einem coolen T-Shirt.

Zwei Tage später saßen wir dann auf einem Campingplatz fest, der so gar nicht unseren Vorstellungen entsprach. Nicht zum ersten Mal auf unseren Reisen waren wir einer steilen Nebenstraße bergab gefolgt, an deren Ende sich laut Führer ein Campingplatz samt Laden und Restaurant befinden sollte. Die Bergabfahrt wollte kein Ende nehmen, und immer noch kam kein Campingplatz in Sicht. Mich beschlich ein mulmiges Gefühl. Sollten wir uns vertan haben? Endlich stießen wir auf das Schild und die Einfahrt zum ersehnten Lagerplatz. Zwar gab es keine Schwierigkeiten, einen freien Stellplatz samt Feuerstelle zu finden, denn der düstere Ort war nur halb voll. Allerdings war weit und breit kein Laden oder Restaurant zu erblicken, obwohl die in unseren Karten eingezeichnet waren. Auch kein Ranger war zu sehen, den man hätte fragen können. Wir mussten uns das Abendessen nicht nur von unseren Nachbarn zusammenschnorren, sondern es auch gegen ziemlich vorwitzige Waschbären verteidigen. Die ließen uns erst in Ruhe, als ein Stinktier eine Mülltonne umwarf, um sich am Inhalt gütlich zu tun. Es folgte ein halbstündiges Fauch- und Schreispektakel, das der skunk am Ende gegen die Waschbären verlor und das unsere beiden Jungs, die alles in sicherem Abstand beobachtet hatten, in absolute Begeisterung versetzte. Dass wir nur labberiges Toastbrot, ein paar Bananen und Tütensuppe mit Gemüse zum Abendessen hatten, schien sie in dieser gehobenen Stimmung nicht im Geringsten zu stören. Nachdem wir ihnen am nächsten Morgen noch einmal die Lage erklärt hatten, stiegen sie auch klaglos auf die Räder und kletterten ohne Frühstück mit uns die steile Straße wieder hinauf, zwischendurch ein bisschen trockenes Müsli mampfend. Das nächste Café, das wir, der Hauptstraße folgend, erst am späten Vormittag erreichten, konnte gar nicht genügend Pancakes herbeischaffen, um die beiden hungrigen Mäuler zu stopfen. Johann erinnert sich übrigens gar nicht mehr an das trockene Müsli-Frühstück und das zusammengestöpselte Abendessen. Aber den Kampf zwischen den Waschbären und dem Stinktier hat er immer noch vor Augen, als wäre es gestern gewesen.

Bei Radreisen mit Kindern verschieben sich halt die Perspektiven. Nicht mehr schöne Landschaften oder gute Unterkünfte sind von Bedeutung. Auch nicht die Spezialitäten, die uns die jeweilige Region zum Essen bietet. Stattdessen bleibt unauslöschlich in Erinnerung, dass man gemeinsam einen Stock ins Wasser geworfen hat, ein Stinktier im Kampf mit den Waschbären erleben und zwei Cola an einem Tag trinken durfte.

Es war schon fast dunkel, als Johann und ich die Stadtgrenze von Tübingen erreichten. Gesprochen hatten wir schon länger nicht mehr. Während wir in zügigem Tempo fuhren und uns mit der Führung abgewechselt hatten, war jeder seinen eigenen Gedanken nachgehangen.

»Findest du von hier aus zu meiner Wohnung?«, fragte er plötzlich.

»Na klar«, antwortete ich. Ich war stolz auf meinen auf den vielen Reisen geschulten Orientierungssinn. Dazu musste ich auch gar nicht auf meine Karte schauen.

»Immer diesem Radweg folgen bis zur Brücke, dann den Hügel hoch, und dann ist man schon da – wieso?«

»Wer zuerst an meiner Haustür ist, kriegt ein Eis!«, rief er und stieg mit aller Kraft in die Pedalen. Wie oft hatten wir dieses Spiel gespielt? Und wie oft hatte ich ihn gewinnen lassen? Allerdings hatte sonst immer ich den Start des Rennens signalisiert.

»Momeeeent!«, rief ich ihm nach und ging ebenfalls aus dem Sattel. »Das war ja schon mal ein unfairer Start!« Und eilte ihm hinterher. Ich konnte mir doch keine Blöße geben. Als ich meinem erwachsenen Sohn durch die Tübinger Vororte nachjagte, empfand ich so etwas wie Vaterstolz. Immerhin war es mir trotz der Trennung und der Entfernung gelungen, aus ihm einen halbwegs anständigen Radfahrer zu machen. Jemanden, der ganz selbstverständlich mit dem Rad zur Uni fuhr und auch Spaß an Radtouren hatte. Und immer noch Kindskopf genug war, so einen blödsinnigen Wettkampf anzuzetteln. Die Investition in sein Giant-Rad hat sich mehr als amortisiert. Es wurde ein ganz knappes Rennen. Wie immer eigentlich. Und Johann gewann. Wie immer eigentlich. Aber diesmal ärgerte ich mich wirklich. Denn ich hatte alles gegeben.

MOUNTAINBIKE

Die menschlichen Gehwerkzeuge sind, wie Fachleute
ermittelt haben, nicht günstig übersetzt. Bei relativ hohem
Kraftaufwand entwickelt der normale Fußgänger nur eine
geringe Geschwindigkeit – auf einem Fahrrad hingegen ist er
schon längst, ohne sich anzustrengen, hinter dem Horizont
verschwunden. Der Fahrer kann jede freie Minute
ausnützen und hinaus in die Natur fahren ...

WERBUNG FÜR FAHRRÄDER
DER NECKARSULMER FAHRZEUGWERKE, 1951

»Ah, Signor Koeniger, *come sta*? Sie habe angerufe, nichte wahr?«, rief der Besitzer des Mountainbikeverleihs in Wolkenstein, nachdem ich mich ihm kurz vorgestellt hatte. Er zwinkerte mir hinter seinen dicken Brillengläsern aufmunternd zu und fuhr sich mit der Hand durch das gegelte Haar. Offensichtlich hatte es ihn aus einem südlicheren Teil Italiens in die Alpenregion seines Landes, nach Südtirol, verschlagen. Ich lächelte gequält und wünschte mir, er würde meinen Namen nicht so laut rufen. Dabei war es doch das Natürlichste von der Welt, wenn sich einer mal ein Fahrrad ausleiht. Dennoch beschlich mich der unangenehme Gedanke an die Ermahnungen meiner Mutter, die Sache mit dem Verleihen von Fahrrädern und allen anderen Fs. Und jetzt stand ich hier bei einem Profi, der genau das gewerbsmäßig tat. Dem Ladenbesitzer jedenfalls, diesem Pedal-Padrone, war mein anfängliches Fremdeln offensichtlich völlig egal.

»Und wie ich Sie einschätze« – er kannte mich doch noch nicht mal fünf Minuten – »wolle Sie etwas ganz Besonders, da isse Scotty genau das Richtige für Sie!« posaunte er heraus, was eigentlich nur mich und das Bike etwas anging. Er zeigte auf ein ziemlich spaciges Rad der Marke Scott, das neben der Theke stand.

»Scotty beam mich hoch«, rief er und klopfte mir aufmunternd auf die Schulter. Dann sah er mir prüfend in die Augen. »Isse erste Mal, dass Sie bei uns?«, fragte er mit der unverminderten Lautstärke eines Stadionsprechers. Ich nickte verlegen.

»Dann müsse wir erst mache Papiere.« Während er meine Daten in den Computer tippte, schaute ich mir Scotty genauer an. Das Rad sah schon toll aus mit seinen Reifen, die fast aus der Felge springen wollten. Es hatte Vorderrad-Stoßdämpfer, und ein kompliziertes Geflecht aus Rahmenteilen und Federn sollten das Hinterrad dämpfen. Dazwischen eingebaut ein kleiner Aluminiumkasten, auf dem »Equalizer« stand. Keine Ahnung, wofür der gut war. Ich kannte Equalizer bisher eigentlich nur von meiner Stereoanlage. Aber das Bike wirkte damit noch spaciger. Ein schwarz-roter Carbonrahmen tat ein Übriges. Es sah einfach geil aus.

»Isse eine Fully«, radebrechte der Zweiradhändler und wies auf die Federelemente für Vorder- und Hinterrad. Ein Bild von einem Fahrrad. Ich war begeistert. Gleichzeitig war ich froh, dass Petra nicht dabei war. Sie hielt nichts von solchen hochgezüchteten Maschinen.

Nicht, dass ich meine eigenen Räder nicht mehr gemocht hätte. Aber in letzter Zeit hatte mich schon öfter das Gefühl beschlichen, Abwechslung täte not. Wenn man mit ein und demselben lieb gewonnenen Rabe-Rad schon zigmal in Urlaub gefahren ist, dann konnte man schon mal neugierig auf etwas Neues werden. Ich hatte das Sellajoch schon mehrmals mit Gepäck auf der Straße überwunden, dabei hatte ich schon mal einen Blick auf die bunten Räder riskiert, die nebenan die Wanderwege bevölkerten. Bikes, die mit ihren dicken Reifen und fetten Stoßdämpfern an martialische Kampfmaschinen erinnerten. Fahrer, die mit ihren Knie- und Rückenschützern aussahen wie eine Mischung aus Ritter und Ninja-Turtle. Das sah irgendwie interessant aus. Mehr noch: attraktiv. Man war ja auch nur ein Mann. Es gab da ganz offensichtlich noch eine andere reizvolle Art die Berge zu bezwingen.

Einmal dafür sensibilisiert, sah ich plötzlich überall in den Bergen verdreckte Mountainbiker, die wagemutig an sich unpassierbare Trails heruntersausten, um dann später selbstbewusst auf den Sonnenterrassen von Almen und Cafés herumzusitzen und ihre verdreckten Räder demonstrativ vor der Türe zur Schau zu stellen. Früher kam man blutverschmiert aus der Schlacht zurück, jetzt trug man stolz die Dreckspritzer auf der Funktionskleidung. Plötzlich war eine Zentimeterschicht von Schlamm auf Mensch und Maschine kein Ärgernis mehr, sondern eine Auszeichnung, fast ein Ritterschlag.

Ich wollte auch so ein stolzer Kämpfer sein und von den anderen bewundert werden. Zwar kannte ich von der Straße auch dieses Siegesgefühl, diese Befriedigung bei einer Bergankunft, diesen Stolz, es geschafft zu haben. Aber wenn ich von meinem Reiserad stieg, sah man mir nach kurzer Zeit nicht mehr an, was ich geleistet hatte. Mountainbikern war das hingegen ins Gesicht geschrieben, pardon: gekleckert. Und das gab ihnen das Recht, in der Hütte lautstark Sprüche zu klopfen und breitbeinig auf der Holzbank zu thronen.

Zunächst hatte ich versucht, mich in Ermangelung eines Mountainbikes mit GT auf die Trails zu wagen. Ich wollte den altgedienten Recken praktisch umschulen vom Straßen- aufs Mountainbike. »Hybrid«, hatte ja der Verkäufer in Vancouver damals gemeint, also warum nicht mal die geländegängige Seite rauskitzeln? Wegen der blöden Schutzbleche war ich schon oft genug dreckig geworden!

Also sind Petra und ich mal versuchsweise rein in die Münchener Hausberge! Die lagen mittlerweile quasi vor der Türe, denn Petra war in die bayerische Landeshauptstadt gezogen, zweieinhalb Zugstunden von Würzburg entfernt.

Gut, ich gebe zu: Vielleicht war es keine so gute Idee gewesen, statt mit Radlerrucksack und Trinkschlauch mit zwei Satteltaschen bepackt in die Berge aufzubrechen. Aber wozu hatte ich denn sonst so einen praktischen Gepäckträger? Und immerhin wollten Regenjacke, Karte, Bananen, Wechsel-T-Shirt, Handschuhe (für eventuelle plötzliche Wintereinbrüche), Fotoapparat, Fernglas, Flickzeug, Luftpumpe, Geldbeutel, Sonnenbrille und Bügelschloss irgendwo verstaut sein. Außerdem hatte ich auf diese Weise ein bisschen zusätzliches Gewicht auf den Hinterrädern, sodass sie auf rutschigem Untergrund mehr Griff haben würden – so jedenfalls der Plan. Dafür wollte das Rad schon bei mäßigen Steigungen dank des langen Rahmens und der Satteltaschen wie ein scheuendes Pferd auf die Hinterbeine gehen. Der Aufstieg war eine echte Plackerei, wildes Gekurbel auf durchdrehenden Reifen, immer wieder peinliches Schieben. Wegen des zumindest für Straßenräder recht schwierigen Geländes wurde schon das Absteigen zur Herausforderung. Mehrmals machten meine empfindlichen Körperteile Bekanntschaft mit der soliden, aber leider viel zu hoch liegenden Stange, bevor die Beine noch vollen Bodenkontakt herstellen konnten.

Petra hatte ihr immerhin 24-gängiges Stadtrad dabei und kutschierte, aufreizend unschuldig einen Einkaufskorb auf dem Gepäckträger, durch die Alpen. Auf der bei Mountainbikern offensichtlich sehr populären Hütte, die wir endlich nach 500 Höhenmetern erreichten, trafen uns ungläubige und abschätzige Blicke. Draußen lehnten in Dreierreihen die teuren Maschinen am Holzzaun, und wir kamen mit Satteltasche und Einkaufskorb angeschlichen. Verlegen parkten wir unsere Räder etwas abseits. Die eigentlich heiß ersehnte Brotzeit wollte nicht recht schmecken. Eng anliegende, oft viel zu eng anliegende Kunststofftrikots, die für Fahrradmarken, Energydrinks oder Telefongesellschaften warben, beherrschten noch die Szene. Es war die Zeit vor Börsencrashs und Dopingskandalen, da hatte der Name Telekom noch einen guten Klang. Dennoch verstand ich nicht, warum viele so freiwillig und unbezahlt Werbung machen wollten.

Unter ebenso engen Radlerhosen zeichnete sich oftmals die Anatomie des Trägers deutlich ab, besonders wenn derjenige auf das Tragen von Unterwäsche verzichtete. Mit unseren Baumwoll-T-Shirts, bequemen Jeans und den leichten Wanderschuhen fühlten wir uns hoffnungslos *underdressed* zwischen all diesen augenscheinlich bestens ausgerüsteten Profis.

Als wir wieder aufbrechen wollten, kam aber plötzlich einer von den superschicken Bikern auf uns zu und drehte seinen Helm etwas nervös in den Händen.

»Ey, Tschuldigung, ich weiß, das ist ziemlich dämlich, aber habt ihr vielleicht Flickzeug und 'ne Luftpumpe dabei? Ich hab 'nen Platten.« Wir hatten natürlich beides in den Satteltaschen.

Warum man sich unbedingt mit dem Fahrrad durch unwegsames, steiles Gelände quälen musste, in dem Zu-Fuß-Gehen schon anstrengend genug war, wollte sich mir nach den ersten Erfahrungen nicht so recht erschließen. Aber so schnell gab ich nicht auf. Dazu war ich einfach zu gerne in den Bergen, dazu wirkten Mountainbiker einfach zu cool, und diese Fahrradmaschinen waren einfach zu abgefahren. Also kaufte ich mir Mitte der Neunzigerjahre ein »Specialized Rock Hopper«. Hopper war die richtige Bezeichnung für dieses Mountainbike: Ungefedert und prall aufgepumpt, bockte es bei den ersten Probefahrten wie ein junges Fohlen und versuchte immer wieder, mich abzuwerfen. Immerhin war die Rahmengeometrie mit ihrem heruntergezogenen Oberrohr wesentlich »familienfreundlicher«. Mit diesem Rad bekam ich schon mehr Spaß am Fahren im Gelände, und ich überzeugte Petra, nachzuziehen. Sie kaufte sich ein gebrauchtes Mountainbike, ein Trek. Mit den beiden Bergspezialisten auf dem Autodach fuhren wir dann nach Arco an den Gardasee. Endlich fühlten wir uns als vollwertige Gardasee-Campingplatzbewohner, weil wir mit Kletterseilen im Kofferraum und Mountainbikes auf dem Dach unsere Mehrfach-Sporttauglichkeit demonstrieren konnten. Wirkliche Ahnung hatten wir vom Mountainbiken allerdings nicht. Das sah man schon daran, dass wir für unsere erste Ausfahrt eine »mäßig bis mittelschwere« Tour aus dem Moserführer aussuchten. Wir hielten uns vom Straßenradfahren her für einigermaßen geübt und fit, wollten es am Anfang aber erst einmal ruhiger angehen lassen. Nicht ahnend, was sich hinter dem Kürzel »mäßig bis mittelschwer« verbergen würde. Der »Moser Bike Guide« war im Vor-GPS-Zeitalter für Mountainbiker das, was »Bicycling the Pacific Coast« für die Tourenradler in Kalifornien war: die Bibel. Was wir aber nicht wussten: Mit dem Moserführer war nicht zu spaßen. Wenn den Ungeübte in die Finger kriegten, befanden sie sich in unmittelbarer Gefahr. Schon eine im Moserführer als »leicht« eingestufte Tour bräuchte eigentlich einen Hinweis, der uns aus anderen Zusammenhängen bestens bekannt ist: »Zu Risiken und Nebenwirkungen fragen Sie Ihren Arzt oder Apotheker.« Eine im Moserführer als mittelschwer eingestufte Tour war nur etwas für erfahrene Profis, für durchtrainierte Mountainbiker. Wenn man die als mehr oder weniger unbeleckter Freizeitradler probierte, noch dazu mit Einsteiger-Equipment, dann war das, als würde man versuchen, mit einem Bobbycar den Großen Preis von Deutschland zu gewinnen oder mit einem Hollandrad die Tour de France.

Wir merkten schnell, dass da etwas nicht stimmen konnte. Immer wieder schaute ich ungläubig auf die aus dem Führer herausgelösten Zettel, die unsere Tour beschrieben. Statt dem, was wir uns unter »mittelschwer« vorgestellt hatten, erlebten wir eine unglaublich steile Strecke, die mit kindskopfgroßen Steinen übersät war, die jedes Manövrieren unmöglich machten. An Fahren war bald nicht mehr zu denken. Schiebend und tragend boten wir auf dem engen Steig ein Hindernis und mussten uns immer wieder vor herabrasenden Mountainbikern in die Büsche retten. Wie die auf diesem Gelände überhaupt fahren konnten, geschweige denn in diesem Tempo, blieb uns völlig unerklärlich. Der Umstand, dass Bergauf-Schieben fast ebenso anstrengend wie vorher das Treten war, brachte uns an den Rand eines Kreislaufkollapses. Von Petra hörte ich nur ein hochfrequentes Japsen hinter mir. Zum Glück bescherten uns die ebenfalls legendär komplizierten Wegbeschreibungen im Moserführer immer wieder längere Verschnaufpausen. Aber auch danach war an ein Weiterfahren nicht zu denken – das Aufsteigen war schlicht unmöglich!

Die aufgestaute Frustration brach sich bei mir in lautstarken Verwünschungen Bahn. Das könne man ja wohl nicht mehr als Radfahren bezeichnen, sondern Mountainschieben oder Bikeschleppen, regte ich mich auf. Mittelschwer, das sei ja lächerlich. Eine absolute Mördertour. Wie sieht denn dann eine schwere Tour aus, wollte ich wissen. Vielleicht eine Kletterroute im dritten Schwierigkeitsgrad?

Aber offensichtlich gab es Leute, die so was fahren konnten. Einer kurbelte sich lässig und offensichtlich mühelos an uns vorbei. Und grüßte Petra aufmunternd mit einem: »Auf geht's, Madl!«

Als wir ihn fragen wollten, ob wir überhaupt noch auf der richtigen Strecke waren, und uns nicht etwa auf den Parcours für die nächste Mountainbike-Weltmeisterschaft verirrt hatten, wies er nur entschuldigend auf seine Uhr. Offensichtlich versuchte er gerade, einen Weltrekord zu brechen.

Aber immerhin: Mit Geduld und Spucke hatten wir uns

irgendwann die gefühlten 20 000 Höhenmeter Anstieg rauf-
gequält. Statt der angegebenen anderthalb Stunden für diesen
Streckenabschnitt hatte für uns das Ganze allerdings an die
dreieinhalb Stunden gedauert. Fünf Liter Apfelschorle und drei-
zehn Speckknödel später machten wir uns wieder etwas opti-
mistischer auf den zweiten Teil der Tour. Immerhin versprach
diese laut Führer hauptsächlich bergab zu verlaufen. Aber auch
die Abfahrten kannten kein Erbarmen. In den Pedalen stehend,
den Hintern weit über den Sattel nach hinten verlagert, holperte
ich wie ein Waldschrat über die schmalen Steige, bremste, was
die Züge hergaben, bis die Hände schmerzten, und kapitulierte
dann angesichts eines offensichtlich selbstmordverheißenden
Trampelpfades, der sich vor mir tollkühn in die Tiefe stürzte,
erneut. Ich schob ein Stück, versuchte zwischenzeitlich immer
wieder einmal aufzusteigen – das wäre doch gelacht! –, ver-
bremste mich nach wenigen Metern wieder, stürzte und verwi-
ckelte mich schmerzhaft in den Rahmen.

Wie gesagt: Mit dem Moserführer ist nicht zu spaßen. Bei
mir hinterließ er außer einer Reihe blauer Flecken und eines
wochenlang sichtbaren Ritzelabdrucks in der Wade eine
gewisse Ratlosigkeit. Warum machte ich mir überhaupt die
Mühe, dieses sperrige Metallteil namens Fahrrad mit in die
Berge zu schleppen, wenn ich es sowieso die Hälfte der Zeit auf
der Schulter trug, am Lenker führte oder mich von ihm in die
Botanik katapultieren ließ? Entsprechend seltener wurden die
Mountainbikeausfahrten. Ab da fristete Rock Hopper ein etwas
unterfordertes Dasein als improvisiertes Stadtrad in München,
wenn ich Petra besuchte. Mit Plastikschutzblechen und Batterieleuchten verunstaltet, blieben zu hohe Gehwege die einzige Herausforderung, und bald war die einzige Erhebung, die
mein armes Mountainbike noch erklimmen durfte, der Berg am
Laim.

Wie anders war da der erste Ritt auf Scotty. Er sollte meinen
Horizont öffnen für die Möglichkeiten, die ein gutes Mountainbike bieten kann. Dass es geliehen war, machte die Sache

nur noch aufregender. Dabei war dieser Schritt alles andere als geplant gewesen.

Wir waren eigentlich zum Klettern ins Grödnertal gekommen, aber dann hatte sich Petra beim Überqueren der Straße an der Bordsteinkante sehr schmerzhaft den Fuß vertreten und fiel ein paar Tage lang für größere Aktivitäten aus. Während sie im Café ihr Bein hochlegte und sich überlegte, wie sie den für eine Kletterin höchst peinlichen Unfallhergang in einem besseren Licht erscheinen lassen konnte, streifte ich auf der Suche nach alternativer Betätigung durch den Ort. Dabei stieß ich auf den Flyer des Fahrradladens in Wolkenstein, der Mountainbikes verlieh und geführte MTB-Touren anbot.

»Ahh, und Sie wolle mite große Körbchen?«, rief der Padrone gekünstelt anerkennend, als hätte ich das richtige Gericht von seiner Speisekarte gewählt, und zeigte mir wieder sein Zwinkern.

Na super, dachte ich, jetzt wusste der ganze Laden von meiner altmodischen Vorliebe für Körbchen, für diese kleinen Käfige an der Pedale, in denen man mit Spanngurten die Schuhe befestigen kann. Ein Kunde, der intensiv in den zum Verkauf stehenden Hochglanzmagazinen blätterte, schaute mich schräg von der Seite an.

Der Chef pfiff und rief dann grinsend seinem Mechaniker in der Werkstatt etwas in einem Kauderwelsch aus Italienisch und Ladinisch zu. Ich nahm an, dass es so viel hieß wie: »Louis, da ist wieder so ein romantischer Trottel, der Strapse an den Pedalen will.«

Mir war das ja selbst fast peinlich. Natürlich wusste ich um die viel moderneren und schickeren Klickpedale. Aber ich war das eben so gewohnt. Meine Reiseräder hatten immer Körbchen gehabt.

»Nicht, dass Sie denken, das wäre so eine Art Fetisch für mich«, erklärte ich dem Ladenbesitzer. Der war allerdings etwas abgelenkt, denn er versuchte gerade, seinem schon etwas betagten Multifunktionsdrucker den Leihvertrag abzuringen.

»Aber wenn man Körbchen hat, kann man mit einem einzigen Paar Schuhe auf Reisen gehen. Leichte Trekkingschuhe, mit denen man radeln, wandern und in der Stadt herumlaufen kann.«

»So, bitte unterschreibe.« Der Padrone legte mir endlich das ziemlich verknautschte Papier vor, das er aus dem Drucker gezerrt hatte. Ich unterschrieb auf einer leicht verschmierten Linie.

So stand ich eine halbe Stunde später mit etwa zehn anderen Bikern vor der Touristeninformation, dem Treffpunkt der Radlergruppe. Ich war nicht begeistert. Eigentlich mied ich ja größere Radlergruppen wie die Pest. Bei mehr als vier Teilnehmern ist eine einvernehmliche gemeinsame Fahrt praktisch ein Ding der Unmöglichkeit. Mir fiel eine Wochenendtour in Franken mit elf Leuten ein, zu der ich mich von Freunden hatte überreden lassen. Im Vorhinein hieß es, man wolle »gaaaanz entspannt« von Würzburg nach Bayreuth radeln. Die Tour endete am zweiten Tag mittags mit drei verfeindeten Lagern, die in verschiedenen Biergärten den weiteren Verlauf der Route diskutierten. Das war jedenfalls der Stand, als ich die Gruppen verließ und alleine heimfuhr. Soweit ich weiß, sind nur zwei Personen je in Bayreuth angekommen. Einer ist bis heute verschollen. Die meisten Teilnehmer reden seitdem nicht mehr miteinander. Wenn ich mich richtig erinnere, fing alles damit an, dass einer sagte: »Wieso hast eigentlich immer du die Karte?«

Ich hoffte, dass die Dynamik in einer geführten Gruppe anders war. Außerdem wollte ich ja hier das Mountainbiken richtig lernen und nicht mit anderen Leuten anbandeln.

Seit der Erfahrung mit der Tour aus dem Moserführer war ich ein gebranntes Kind und hatte deshalb eine leichte Tour gewählt, eine mit zwei von fünf Schwierigkeitspunkten. Dennoch waren alle, die auf den Tour-Guide warteten, sehr professionell ausgerüstet. Mir schwante nichts Gutes. Hatte ich mich schon wieder übernommen? Ich musterte die anderen vorsichtig. Alle hatten moderne Bikes dabei, hochwertige Radlklamotten, schnittige Helme und klappernde Radlschuhe.

Natürlich wurde auch ich taxiert, besonders weil ich nicht mit meinem eigenen Rad ankam – das große »Rent-a-bike«-Zeichen auf dem Rahmen ließ keinen Zweifel zu. Die meisten waren trotz unseres Guides, auf den wir warteten, mit elektronischen Tachos und sogar GPS ausgerüstet. Zwei Gruppenteilnehmer verglichen sofort ihre Höhenmessungen. Per GPS der eine, per Tacho mit eingebautem Barometer der andere.

»Also bei mir sind's 1520 Höhenmeter«, sagte der GPS-Mann.

»Und ich habe«, machte der andere eine kleine Pause, »auch 1520 Höhenmeter!«

»Na, dann haben wir ja 'ne ziemlich gute Chance, dass wir uns auf 1520 Höhenmetern befinden«, sagte ich unbedacht.

Die beiden schauten mich fragend an. Der Scherz war offensichtlich an ihnen vorbeigegangen. Vielleicht brauchte ich ja ein anderes GPS, ein Gag-Positionierungs-System. Jedenfalls beneidete ich die beiden um ihre elektronischen Geräte, denn mein hoch attraktives Leihrad hatte einen Mangel: Tacho Fehlanzeige. Manchmal frage ich mich, was Radler eigentlich früher gemacht haben, als es noch keine Multifunktions-Tachometer gab. In die Landschaft geguckt oder sich am Ende mit Mitradlern unterhalten? Ich habe daran keine genaue Erinnerung. Muss jedenfalls langweilig gewesen sein. Jetzt kann man sich bei einer ereignisarmen Flachetappe mit Durchschnittswerten, Höchstgeschwindigkeiten, Höhenprofilen und dem Überschlagen der Tagesausbeute beschäftigen, während sich die ewig gleiche Landschaft an einem vorbeischleppt. So ein Tacho ist immer ein Quell der Information und der Unterhaltung.

Endlich erschien der Guide und hielt eine kurze Begrüßung. Er hieß Norbert und war Skilehrer, Berg- und eben auch Mountainbikeführer – ein echter Alleskönner des vertikalen Gewerbes also. Bald blies er zum Aufbruch. Ich hatte nur wenig Zeit, mich an die noch ungewohnte Maschine unter mir zu gewöhnen, denn es ging gleich ins Gelände. Im Prinzip war es zunächst wie bei den anderen Exkursionen zuvor: hochtouriges Treten im Schotter, Steine, die ploppend zur Seite sprangen, hinten wollte das Rad beim Antritt durchdrehen, vorne brach die Gabel aus.

Dennoch war es anders. Ein freundlicher Gruppenteilnehmer wies mich bald in die Geheimnisse der Federungen ein, zeigte mir, wann es sinnvoll war, sie zu benutzen, und wann man sie blockieren sollte. Auch dass es durchaus normal war, anzuhalten und die Sattelposition je nach Gelände immer wieder zu verändern, war mir neu. Ich war zunehmend begeistert. Plötzlich schüttelte mich nicht mehr jede Bodenwelle durch, hatten meine Hände mit den Hydraulikbremsen viel mehr Ausdauer. Es war, als würde man auf einem Polstersofa über Baumwurzeln und Treppenstufen gleiten.

Die Zusammensetzung der Gruppe war, das stellte sich schnell heraus, ziemlich heterogen. Das ging von Anfänger bis Ass. Eine von den beiden Frauen in der Gruppe gehörte eher zu den ersteren. Petra hätte sich sicher wacker in diesem Feld geschlagen, und jetzt bedauerte ich, dass sie nicht dabei war.

»Da fahre ich nicht runter«, weigerte sich auch prompt die eine schon am ersten moderaten Trail. Vielleicht hatte sie ja auch einfach nur Angst, dass ihr neues schneeweißes Bike Dreckspritzer abbekommen könnte. Nobert versuchte sie mit seinem nassforschen Optimismus zu motivieren:

»Hopp! Geht scho!«

Aber sie weigerte sich hartnäckig und schob abwärts. Ihr Partner lächelte gequält. Er hätte offensichtlich ganz anders gekonnt, wenn er gedurft hätte. Aber er tat so, als machte es ihm total viel Spaß, ganz hinten in der Gruppe rumzulungern und seine Freundin die nächste Steigung wieder heraufzukomplimentieren: »Super, Schatz, weiter so, du machst das ganz toll, ist nicht mehr weit!«

Während vorne die Post abging, musste er sich das Gemaule der Liebsten anhören. »Ich fahr da nicht hoch« oder wahlweise auch »Ich fahr da nicht runter.«

Der Rest der Gruppe war erstaunlich geduldig. Immer wieder mussten wir auf die zwei Nachzügler warten. Aber wozu hatte man denn einen Tacho oder GPS?

»Solange man steht, macht man sich ja den Schnitt nicht kaputt«, murmelte einer der Statistikexperten bei einer Pause und scrollte sich durchs Tachomenü.

Unter uns sah und hörte man das Paar sich langsam die letzte Serpentine heraufdiskutieren: »Na, du wolltest doch mal mit-fahren. Mal 'nen Trail machen.«

»Ja, maaaal«, heulte sie fast, »aber doch nicht … so was!« Anklagend und ziemlich unbestimmt fuchtelte eine hand-schuhbewehrte Hand durch die Luft. »Du hast versprochen, dass es einfach ist.«

»Naja, aber in den Bergen geht es halt manchmal bergauf. Das ist ja irgendwie der Reiz.«

»Und soll ich dir mal sagen, was mich reizt? Deine beklopp-ten Sprüche …«

Den Rest verschluckte eine Fichtenanpflanzung.

»Und genau deshalb nehme ich meine Kleine zum Biken erst gar nicht mit«, sagte neben mir der freundliche Radler, der mir anfangs die Tricks mit der Federung gezeigt hatte, und deutete in Richtung des in der nächsten Biegung verschwundenen Paa-res.

»Ich will auch gar keine Frau, die versucht, mit mir und mei-nen Kumpels mitzuhalten. Packt sie eh nicht. Und dann muss ich wegen ihr ›underperformen‹? Immer warten und 'ne weni-ger coole Abfahrt nehmen? Das bringt doch keinem was. So eine geile Maschine, wie du sie da hast, mit all den Features, das können die meisten Mädels doch gar nicht richtig ausnut-zen. Viel zu vorsichtig.«

Ich lächelte freundlich unbestimmt, denn ich war mir nicht sicher, ob ich all die Features richtig würdigen konnte.

»Die meisten Frauen wüssten ja nicht mal, was ein Equali-zer ist.«

Ich schüttelte zustimmend den Kopf. Es war ja so viel Unver-stand in dieser Welt.

»Ich sag dir noch was«, setzte mein neuer Kumpel seine Philosophiestunde fort, denn das Paar war immer noch nicht in Sicht. Dabei rückte er sein Rad ein bisschen näher zu mir und lehnte sich weit aus seinem Sattel herüber: »Versteh mich jetzt nicht falsch, aber die paar Bräute, die wirklich was draufhaben beim Mountainbiken, sehen meist nicht gut aus. Beine wie Baumstämme und ein Kreuz wie 'ne Preisringerin.« In diesem Moment war ich heilfroh, dass Petra nicht dabei war.

Auf Vorschlag des Guides fuhren wir ein Stück mit der Seilbahn. Damit sparten wir uns den »sakrischsteilen Anstieg auf die Seiser Alm«. Das war wohl auch der Grund, weshalb die Tour nur zwei von fünf Sternen erhalten hatte.

Während der Fahrt mit der Gondel konnte ich mich einmal mehr davon überzeugen, was mir schon bei vielen Radtouren aufgefallen war: Egal ob in Südtirol, in den Pyrenäen, ob französische Alpen oder auch Schottlands Cairngorm Mountains, Skigebiete im Sommer sind nicht schön. Wie Lockenwickler auf einer Glatze stehen Schlepplifte und Schneekanonen tatenlos herum. Die Wärme enthüllt rostige Maschinenhallen, Blechdächer und Schotterpisten, die im Winter unter einer vorteilhaften Schneedecke verschwinden. Braungrüne Wiesen versuchen, sich in den viel zu kurzen Sommermonaten von den Strapazen der Wintersaison zu erholen, pflegen ihre aufgeriebenen Flanken, polstern ihre ausgeschabten Rücken neu aus. Breite Straßen winden sich ziemlich unterbeschäftigt zu Skistationen hinauf, riesige Parkplätze gähnen vor grauer Langeweile.

Sessellifte und Kabinenbahnen wenigstens dürfen sich im Sommer ein wenig die Zeit vertreiben, indem sie Bergsportlern die Zustiege verkürzen und faule Mountainbiker auf die Gipfel schaufeln.

Zufällig teilte ich mir die Seilbahnkabine mit der zweiten Frau in der Gruppe. Sie war offensichtlich erfahrener und fitter als das andere Mädel. Sie konnte zumindest in den Anstiegen mit ihrem Freund und den anderen Männern vorne mithalten.

»Die Männer überwiegen in diesem Sport mindestens fünf zu

eins«, meinte sie, »aber das ist mir egal. Mountainbiken macht Spaß, egal in welcher Konstellation.« Beim Aussteigen sagte sie noch: »Ich find deine Körbchen übrigens süß«, und erneut war ich alles andere als traurig, dass ich ohne Petra unterwegs war.

Nach der Bahnfahrt ging es weiter über Stock und Stein. Ich hatte die leise Hoffnung, dass es von hier aus vielleicht nur noch bergab gehen würde, denn ich spürte meine Beine schon ordentlich. Stattdessen fanden wir uns in einem Gelände mit Bodenwellen und ziemlich steilen Passagen, die uns einiges abforderten. Nach einer besonders giftigen Steigung und einer engen Biegung wollte das langsame Paar – trotz längerer Warte- zeit – gar nicht mehr wieder auftauchen. Wir meinten von Ferne ein heftiges Wortgefecht zu vernehmen. Auch Geräusche, als ob ein Fahrrad auf den Holzsteg gepfeffert würde, auf dem wir eben noch einen Bach überquert hatten, drangen an unser Ohr. Irgendwann drehte Norbert um und kam nach zehn Minuten alleine wieder. Er machte die typische italienische Handbewe- gung vor seiner Brust, als wollte er sagen: »Mamma mia!« Er habe ihnen eine Trennung vorgeschlagen. Ob er die beiden meinte oder das Paar und uns als Gruppe, ließ er offen, aber ab da fuhren wir ohne sie weiter. Sah so aus, als ginge da für ein weißes Mountainbike eine verheißungsvolle Karriere jäh und viel zu früh zu Ende. Da wäre ein Leihrad vielleicht besser gewe- sen, dachte ich noch, und tätschelte freundschaftlich meinen Lenker. Das verpflichtete zu nichts. Am Ende des Tages ging man einfach wieder auseinander, und das war's.

Nach dem Ausscheiden dieses Paares änderte sich die Marsch- geschwindigkeit spürbar. Plötzlich fand ich mich immer am Ende der Gruppe wieder. Jetzt musste ich sehen, wo ich blieb. Für eine Weile ging es noch eher flach zu, da nutzte ich mei- nen im Equalizer integrierten automatischen Windschatten- sucher, um mich hinter dem breiten GPS-Piloten einzuordnen und so einigermaßen Anschluss zu halten. Dann aber wurde es steil, sehr steil sogar, und ich schaltete runter, was das Zeug hielt. Als ich Scotty zum ersten Mal gesehen hatte, dachte ich noch, o mein Gott, sind das viele Gänge, dreimal neun, wer braucht die denn alle? Und so ein süßes kleines Ritzel da vorne, wann braucht man denn sowas? Beim ersten, noch moderaten Anstieg blieb ich mit der Kette auch stolz auf dem mittleren Ritzel und hoffte, dass es irgendjemand bemerken würde. Aber bald schon kam die Zeit, dass ich auf der letzten Rille fuhr und mich im kleinsten Gang wiederfand, dem Rettungsring. Es war so steil, dass ich mich ganz unnatürlich nach vorne legen musste, damit ich nicht nach hinten überkippte. Als ich in dieser ziemlich unbequemen und schmerzhaften Position auf der Kuppe angekommen war, musste ich feststellen, dass die anderen nicht gewartet hatten und schon weit voraus waren. Ich hatte gehofft, dass mein Equalizer die Leistungsunterschiede in der Gruppe vielleicht etwas egalisieren könnte, aber vergeblich. Ohne Pause ging es auch für mich weiter in wilder Fahrt.

Immer wieder scheuchten wir Wanderer aus dem Weg. Die meisten waren dabei erstaunlich freundlich. Ich hatte schon so viele Geschichten über Zusammenstöße zwischen Radlern und Bergsteigern gehört, aber hier blieb alles friedlich. Manche Gruppen bildeten in den engen Kehren des Trails sogar ein Spalier fast so wie Zuschauer an einer Rodelbahn, und gaben aufmunternde Kommentare ab. Geduldig warteten sie, bis auch ich als Schlusslicht vorbeigeschubbert war.

Es gibt verschiedene Möglichkeiten, hinter einer Gruppe herzufahren. Man kann sich durch das Tempo der anderen frustrieren lassen und immer schlecht gelaunt darüber sein, stets als Letzter anzukommen und gleich weiterfahren zu müssen. Man kann aber auch gute Miene zum bösem Spiel machen, immer ein paar spaßige Bemerkungen auf den Lippen haben und so tun, als sei das die lustigste Sache von der Welt, immer der Letzte zu sein. Ich wählte die dritte Option: nonchalantes Understatement getreu dem Motto: »Ich könnte natürlich schneller, aber ich will ja auch die Landschaft genießen ...«

Was nicht ganz gelogen war. Auf dieser – wie ich fand – anspruchsvollen Strecke fand ich für mein Gefühl viel zu wenig

Gelegenheit, auch nur den Blick zu heben und das phantastische Panorama der Seiser Alm zu bewundern. Sowohl bergauf als auch bergab galt es, ununterbrochen den Trail zu lesen, den günstigsten Verlauf der Strecke abzuschätzen und gleichzeitig nicht die Unebenheiten direkt vor mir zu übersehen.

Unser Tourguide dagegen – offensichtlich total unterfordert – spritzte immer von vorne zu mir zurück und dann wieder an die Spitze, umkreiste uns wie ein Schäferhund seine Herde und telefonierte dabei ständig. Auch bei den Anstiegen fuhr er oft einhändig, das Handy am Ohr, laut redend, ohne ins Schnaufen zu kommen, als würde er durch einen asphaltierten Stadtpark rollen. Damit pulverisierte er meine selbstgefällige Einschätzung, ich sei recht fit, erst recht. Denn ich befand mich kurz vor dem totalen Stromausfall und versuchte hechelnd, notdürftig Anschluss zu halten. Besonders die Abfahrten in diesem Streckenabschnitt hatten es in sich. Trotz des bestens ausgestatteten Scotty stand ich fast die ganze Zeit in den Pedalen und federte die Erschütterungen ab, die die Dämpfer an den Rahmen weiterleiten. Zwar bremste ich mich im Vergleich zu den anderen viel zu vorsichtig den Weg hinab. Aber immerhin, ich hatte trotzdem Spaß, fühlte mich ein wenig wie ein Cowboy, der ein wildes Pony zuritt. Dabei konnte ich mir allerdings nicht die geringste Unaufmerksamkeit leisten.

Ich schaute gerade, in welcher Schalterstellung der Dämpfer sich befand und Patsch! fuhr ich durch eine fette Pfütze. Ich warf einem überholten Fußgänger nach hinten ein paar Dankesworte zu, und Zack! haute es mir ein paar Zweige ins Gesicht. Ich riskierte nur ganz kurz einen Blick auf die großartige Landschaft um uns herum, und Wumms! hatte es mich schon vom Rad geworfen. Immerhin konnte ich in dem Gebüsch, aus dem ich mich unbeschadet aufrappelte, aus dem Augenwinkel einen Hirschkäfer beobachten. Da hatte ich mein Naturerlebnis. Ich bekam langsam Verständnis dafür, warum immer mehr Radler dazu übergingen, sich kleine Videokameras an den Lenker zu schrauben, und ihre Touren filmten. So hatte man wenigs-

tens zu Hause die Möglichkeit, die Landschaft in Ruhe anzuschauen, durch die man live lediglich hindurchbretterte, ohne
sie eines Blickes würdigen zu können.

Endlich erreichten wir die anvisierte Hütte und machten Rast.
Wir waren bei Weitem nicht die einzigen Mountainbiker. Im
Gegenteil. Es wimmelte hier von dieser Spezies. Am Nachbar-
tisch saßen zwei Helden, die lautstark ein kryptisches Gespräch
führten:

»In meinem Alutec-Fanes habe ich derzeit meinen alten LRS
aus 2006 Canyon Nerve verbaut. Aber ich glaube, ich bräuchte
was Neues. Was Leichteres.«

»Was hast'n für 'ne Felge?«

»SunRingle Equalizer 27, die wiegt 482 Gramm«, sagte der
Erste, während er sich ein Schnitzel mit Pommes frites rein-
schob, das wahrscheinlich mehr als 482 Gramm auf die Waage
brachte, und damit seinen schon ganz ansehnlichen Bauch
füllte.

»Und Dirty Jumping Flea Naben, die haben hinten weniger
als 300 Gramm«, schob er noch nach.

Ich fragte mich, was für ein Kauderwelsch die denn da rede-
ten. Offenbar wollten die beiden gestandenen Kerle ein paar
Gramm an Felge und Narbe sparen? Da sollten sie lieber zwei
Pommes frites weniger essen.

»Warum nimmst du nicht die Notubes ZTR Flow Ex? Die
haben weniger als 500 Gramm. Du wirst ein Aha-Erlebnis
haben, selbst auf deinem Hardtail, wenn du die 2,4er-Rubber-
queen mal mit passenden Felgen und 1,6 bis 1,9 Bar fährst.«

Hardtail? Rubberqueen? Vielleicht war es doch eher was
Sexuelles? Zwei Perverse, die eine besonders ausgeklügelte
Praktik diskutieren?

»Die neue Velocity DL 31 und die neue Flow EX sind aber auch
ganz heiße Teile. Die kannste schlauchlos fahren, haben um 25
Millimeter Maulweite und haben auch so 'nen knappes Pfund.
Von der Performance unschlagbar.«

Performance! Unschlagbar! Jetzt dämmerte es mir: Das

waren Dopingexperten! Wahrscheinlich waren das alles Codewörter. »Felge« steht für Zimmer, »Bar« für Uhrzeit und Maulweite für orale Einnahme, und dann war die Nachricht, die sie da ausgetauscht hatten, ungefähr folgende: »Du gehst auf Zimmer 27 zwischen 16 und 19 Uhr, da wartet der Doktor mit dem Decknamen Rubberqueen. Du sagst deine Nummer auf der Dopingliste, also 31, und dann kriegst du 25 Milliliter Flow EX oral zugeführt. Da wirst du nachher ein echtes Aha-Erlebnis haben. Performancemäßig bist du dann unschlagbar.«

»Und eh? Hatte gefallen?«, fragte der Besitzer, als ich ihm sein Leihrad zurückbrachte. Er ging mit keiner Silbe auf den ziemlich üblen Zustand von Scotty ein. Auch dass ich eher mitgenommen aussah, schien er nicht zu bemerken. Die Abfahrt von der Seiser Alm war ein echtes Brett gewesen. Mir tat alles weh. Der Padrone winkte seinem Mechaniker, der das Rad achtlos in die Werkstatt führte.

»Naja«, sagte ich, während ich ihm nachsah, »ziemlich stressig das Ganze und ganz schön hart.«

»Na, Sie werde sehen, bei die nächste Mal Sie könne noch mehr genießen.«

»Ich bin mir gar nicht sicher, ob es ein nächstes Mal gibt.« Alles war wie ein wilder Rausch gewesen, der mich vollständig erschöpft hatte.

»Ich bin total entsaftet«, hatte ein Mitradler kurz vor unserer Ankunft in Wolkenstein gestöhnt. Ich fand das ein passendes Bild. Meine Schultern schmerzten vom Aufstützen, die Hände vom Bremsen, die Oberschenkel waren wackelige Säulen, auf denen man eben gerade noch so stehen konnte, die Waden befanden sich kurz vor dem Krampf. Sicher, der Kick zwischendurch war grandios gewesen. Hätte nicht gedacht, dass ich so viel Spaß haben würde. Aber jetzt war die Begeisterung verflogen und einer bleiernen Müdigkeit gewichen.

»Sie werde sehen, Sie komme wieder«, beharrte der Verleiher, »sie komme alle wieder.«

Und natürlich hatte er recht. Es dauerte eine Weile, ein paar Monate tat sich nichts, ich dachte schon, ich wäre geheilt, aber dann begannen die Träume. Beinahe jede Nacht hatte ich Visionen von einstellbaren Federbeinen, hydraulischen Bremsen und prallen Reifen. Da wusste ich: Ich musste wieder in die Berge. Ich war wie getrieben. Zwangsgesteuert, wie der Hintermann auf einem Tandem, auf dem vorne der Teufel reitet.

Und dann fuhr ich wieder los. Für ein langes Wochenende, über ein paar Brückentage reiste ich ins Grödnertal, ging in diesen Laden und lieh mir das geile Mountainbike. »Ah, Signor Koeniger, *come sta*, ist es mal wieder so weit?«

Natürlich habe ich bald gemerkt: Auf Dauer wäre das wahrscheinlich nichts für mich, so ein Mountainbike. Wir hatten zu wenig gemeinsam. Auf die Dauer wäre es mir zu stressig, dieses ständige hochtourige Kurbeln, und zu anstrengend, in dieser Beziehung immer eher die tragende Rolle zu spielen. Man konnte es ja an anderen Radlern sehen, den sogenannten »Bergflöhen«: So ein Fahrrad zehrt.

Langfristig bevorzugte ich eher die Ruhe und Verlässlichkeit eines Reiserads, die Regelmäßigkeit, das einfache Radeln mit einem stinknormalen Stadtrad. Aber manchmal war mir danach, auszubrechen und so richtig dreckig zu sein, die Sau rauszulassen, alle Stellungen der Dämpfer auszuprobieren, bis ich erschöpft und verschwitzt, aber total zufrieden in die Federung sank. So ein Rad wie Scotty ließ das einfach alles mit sich machen. Das wollte ordentlich rangenommen werden. Es kam erst richtig auf Touren, wenn man es trat, wenn es hart und schmutzig wurde. Und es erschloss mir Wege und Geländeabschnitte, von denen ich nie gedacht hätte, dass man sie auf zwei Rädern bewältigen konnte. Ich machte Erfahrungen, die ich mit keinem anderen Rad hätte machen können. Als dauerhafter Partner war mir so ein Rad wohl zu anspruchsvoll. Aber als Abenteuer zwischendurch: perfekt!

Bei so einem Leihrad erlebte man auch nie schwierige Zeiten. Das Saubermachen, Reparieren, Dämpfer einstellen und

Nachjustieren, all das sind Arbeiten, die einem jede Illusion über ein Rad nehmen können. Es dauerte auch sicher eine Weile, bis das Mountainbike wieder einigermaßen ansehnlich war für den nächsten *freeride*. Das Rad selbst war übrigens alles andere als ein *freeride*, aber die 35 Euro am Tag war es allemal wert.

Jedesmal nach so einem Wochenende war ich sicher, das war's, ich brauche das nicht mehr. Den Dreck, den Stress, den Schmerz, den Adrenalinkick. Dieses pubertäre Gestrampel, dieses narzisstische Verhalten, dieses unsoziale Befahren und Zerstören von Wanderwegen. Und für eine Weile glaubte ich das auch immer. Bis ich wieder anfing zu träumen.

Beim letzten Mal aber überraschte mich der gegelte Ladenbesitzer dann mit einer großen Enttäuschung. Da rief er schon, als ich zur Tür hereinkam: »Signor Koeniger, tute mir ganze srecklich leid. Scotty isse nix mehr da! Habe verkauft. War schon vier Jahre alt. Wollte keiner mehr ausleihen.«

»Aber was ist mit mir, da hätten Sie mir doch mal ...«

Weiter kam ich nicht, denn der Padrone brach in ein wieherndes Gelächter aus. »Habe doche nur Spass gemacht.«

Sich die Tränen aus den Augen wischend, rief er dann seinem Mechaniker etwas zu, der kurz darauf mit Scotty hereinkam. »Du wolle kaufen? Isse wirklich langsam alt. Und iche weiß, dass du es magst.«

»Alt?«, rief ich empört. »Vier Jahre ist doch nicht alt! Das ist doch im besten Mountainbikealter.«

Schnell einigten wir uns auf einen Preis. Total happy machte ich meine erste Tour als Besitzer von Scotty. Alles war wie immer, und doch ... Bei dem ersten Schlammloch, in das ich normalerweise mit Karacho hineingerauscht wäre, zögerte ich plötzlich. Ich dachte an die Sauarbeit, die es kosten würde, all den Dreck wieder aus den komplizierten Ecken zwischen Rahmen und dem wahrscheinlich empfindlichen Equalizer herauszukratzen, und balancierte dann lieber vorsichtig um den Pfuhl herum. Bei einer besonders ruppigen Abfahrt, die ich normalerweise im Freerider-Stil heruntergeschruppt wäre, dachte ich plötzlich an die mir auf einmal sehr filigran erscheinenden Rahmenteile aus Carbon und nahm das Tempo heraus. Ich wollte ja nicht gleich am ersten Tag einen Rahmenbruch riskieren. Plötzlich schien mir auch die Einstellung der Dämpfer, um die ich mich vorher nie gekümmert hatte, nicht optimal, und ich versuchte immer wieder, sie besser zu justieren. Bei langen Abfahrten dachte ich an den Verschleiß der Bremsen und wann ich wohl die Scheiben wechseln müsste. Und machte die Kette nicht ein komisches Geräusch? Der Umwerfer arbeitete auch nicht mehr so perfekt, schien mir. Außerdem wäre ich zukünftig jetzt auch immer für den Transport des Rads verantwortlich.

Es war einfach nicht mehr dasselbe, es fehlte die Sorglosigkeit, das unbeschwerte Aufeinander-Abfahren. Bald schien mir das ganze Drumherum anstrengender als die MTB-Tour selber. Und das bisschen Radeln war irgendwie auch nicht den Aufwand wert. Auch die reizvollen Träume blieben nun dauerhaft aus. So stand Scotty bald die meiste Zeit auf seinen langsam schlapper werdenden Flow Ex-Reifen neben GT im Keller und blies Trübsal aus seinen Ventilen.

Nur manchmal überwand ich noch meinen inneren Schweinehund und verbrachte mit ihm einen Tag im benachbarten Spessart oder in den Hassbergen. Dann stellte ich zufrieden fest, dass ich fitter war, als ich dachte, und es doch Spaß machte, wenn man wieder auf dem Sattel saß. Aber dann überholte mich eines Nachmittags auf einem steilen Wirtschaftsweg ein rüstiger Mitsechziger mit einem freundlichen Gruß. Während ich schwitzend bergauf schlich, schien ihm der Anstieg keinerlei Mühe zu machen. Erst beim zweiten Blick auf seinen seltsam kräftigen Rahmen erkannte ich, dass er auf einem E-Mountainbike saß. »Rent a Pedelec«, stand auf seinem Rahmen. Es durchfuhr mich wie ein Blitz. Was für ein geiles Rad! Und plötzlich war er wieder da der Hunger nach Abwechslung, nach Abenteuer, nach etwas Neuem.

VOLL UNTER STROM

Das Motor-Fahrrad ist aus dem Fahrrad entwickelt worden und soll all jenen dienen, die an die Benutzung des Fahrrades gewohnt sind, aber auf bequemere und schnellere Art sich fortbewegen möchten.

WERBUNG FÜR MIELE MOTOR-FAHRRÄDER 1932

Was für ein herrlicher Moment! Mein Fahrrad bewegte sich wie von selbst, es schien nicht einmal Berührung mit dem Straßenbelag zu haben, so schwerelos glitt es dahin. Das war ja auch gar keine Straße, auf der ich mich bewegte, das war ein Riesenradweg, breit wie eine Autobahn, ich hatte unendlich viel Platz. Die Sonne schien strahlend vom Himmel, wärmte mich, ohne zu heiß zu sein, Vögel zwitscherten in den Bäumen. Einer flog sogar auf mich zu. Ein Kolibri war das, der mit seinem langen Schnabel alle sich bewegenden Teile mit einem himmlischen Nektaröl benetzte, während ich weiter auf diesem wunderschönen Radweg durch die Landschaft schwebte. Ich erklomm mühelos schwindelnde Pässe. Ich spürte keine Anstrengung. Der Radweg wurde immer breiter, er teilte sich sogar auf in mehrere Spuren. Mütter mit schweren Kinderanhängern hielten sich rechts, links von mir sausten superschnelle Rennräder vorbei. Man munterte sich gegenseitig durch freundliches Klingeln auf. Fußgänger standen auf ihrem ebenfalls komfortablen Bürgersteig, winkten uns zu und riefen fröhlich »Gute Fahrt!« oder erklärten ihren Kindern »Des is fei a Radweech!«

Ampeln tauchten auf, die große Fahrradsymbole aufwiesen, sich wundersamerweise meinem Tempo anpassten und mir grüne Welle gaben. Sie zwangen von links und rechts kommende Autos zum Anhalten. Geduldig warteten die auf ihren schmalen, schlecht asphaltierten Autowegen darauf, dass ihnen die kleinen, speziell für sie angebrachten Autoampeln freie Fahrt gaben. Das passierte nur selten.

Ich erreichte den Stadtkern, wo Radfahrer und Fußgänger sich friedlich den Raum teilten. Obwohl immer mehr Menschen unterwegs waren, schafften es alle wie durch ein Wunder, sich elegant und mühelos aneinander vorbeizubewegen. Niemand musste bremsen oder wurde aufgehalten, niemand war in Eile. Im Gegenteil, man hatte noch Zeit, sich aufmunternde Worte zuzurufen. Dazu hie und da ein freundlicher Klaps auf den Gepäckträger, da im Vorbeifahren ein Wuscheln durch den Haarschopf eines Kindes. Autofahrer hupten von ferne und lächelten neidisch aus der dunklen Unterführung heraus, in die sie sich frei-

willig zurückgezogen hatten, um das Idyll nicht zu stören. Während ich weiter wie von unsichtbarer Kraft geschoben dahinglitt, hupten Autos. Das hörte sich nicht mehr so freundlich an. Sie hupten immer weiter, sie fingen an zu nerven, was ...?

Orientierungslos blickte ich mich um. Ich erkannte unser Schlafzimmer. Mühsam versuchte ich aus den roten Zahlen meines Digitalweckers irgendwie Sinn zu machen. Drei, vier, acht, drei, vier, acht – es dämmerte mir langsam: 3 Uhr 48. Es war noch etwas Zeit bis zur Dämmerung. Ich könnte mich also eigentlich wieder hinlegen. Wenn ich mich beeilte, erwischte ich vielleicht ja noch einen Zipfel des schnell verblassenden Traums und könnte mich noch ein Stück darin herumtreiben.

Aber da war dieses Geräusch. Nicht eigentlich ein Hupen, eher ein Piepen, das in regelmäßigen Abständen die Stille der Wohnung durchschnitt. Leise war es, aber beharrlich wie ein Wecker, und es zerstörte jede Hoffnung auf einen wie auch immer gearteten Traum.

Neben mir stöhnte Petra ärgerlich auf, drehte sich dann um und schlief weiter. Wahrscheinlich übernahm sie gerade meinen Part im Radlerparadies. Blind fischte ich mein Handy aus meiner neben dem Bett liegenden Hose. Dabei verfluchte ich meine Nachlässigkeit, es gestern Abend nicht ausgeschaltet zu haben. Vom Jeansstoff befreit, sah ich aber, dass mein Telefon genauso friedlich schlief, wie ich es eben noch getan hatte. Der Piepton aber war weiterhin hörbar. Das Festnetz vielleicht? Aber wer ruft mich mitten in der Nacht an? Außerdem klang das doch ganz anders.

»Jetzt geh halt ran!«, murmelte Petra genervt und boxte mich in die Seite. Nach vielen Jahren Wochenendbeziehung hatte sie sich entschlossen, »versuchshalber« zu mir zu ziehen. Seitdem war der Ton unter uns manchmal etwas ruppiger geworden.

Ich gab auf. Seufzend quälte ich mich aus dem warmen Bett und ging auf die Suche nach der Quelle des Geräuschs. Ich musste nicht weit laufen.

Im Flur stand mein neues Elektrofahrrad und piepste. Es erinnerte mich an die Zeiten, in denen ich mitten in der Nacht aufgestanden war, um meinem Sohn Johann die Flasche zu geben. Damals aber gab es eine Routine, die ich im Halbschlaf ausführte. Flasche aufwärmen, füttern, Windeln wechseln. Und wieder ab ins Bett. Am nächsten Morgen war ich manchmal nicht ganz sicher, ob ich das überhaupt gemacht hatte. Aber jetzt war völlig unklar, was hier zu tun war.

Versuchshalber zog ich den Stecker raus, mit dem ich den Akku des Fahrrads über Nacht hatte aufladen wollen. Immerhin, das Piepen erstarb. Zufriedenes Rascheln der Bettwäsche im Schlafzimmer. Mit dem Stecker in der Hand stand ich etwas ratlos vor meinem Pedelec. So war das ja nicht gedacht... Ich wollte das Rad ja mit Energie versorgen. Also stöpselte ich es wieder ein. Und tatsächlich blieb das Piepen jetzt aus. Aber da war noch ein anderes Geräusch...

Kurz darauf kniete ich vor meinem Elektrofahrrad, Petra stand in der Schlafzimmertür, und wir horchten.

»Stimmt, da ist ein Geräusch«, gab sie zu. Es hatte mich einige Mühe gekostet, sie aus dem Bett zu bekommen. Im voll hochgedimmten Licht des Kronleuchters im Flur sah sie blass aus. Ihre schlanken Arme hatte sie frierend um den Körper geschlungen.

»Gell, du hörst es auch?«

»So ein Brizzeln.«

»Findest du das normal?«

»Keine Ahnung, wie ein Rad klingt, wenn man es auflädt. Meine Räder brauchen das nicht.« Mit einem Gähnen fügte sie hinzu: »Aber *mein* Akku braucht dringend etwas Ruhe.«

»Ja, aber wenn du dein Telefon auflädst«, hakte ich nach, »dann brizzelt es doch auch nicht.«

»Aber das ist ja auch ein E-Bike und kein I-Bike.«

»Haha.«

»Zieh einfach den Stecker wieder raus, dann kann nichts mehr passieren.«

»Aber dann lädt sich der Akku nicht auf.«

»Ja mei, dann radelst du morgen halt einfach mal so.« Petra wollte zurück ins Schlafzimmer, aber ich hielt sie auf.

»Spinnst du? Das Ding wiegt über zwanzig Kilo, ich will mir ja das Radeln erleichtern und nicht mit Bleigewichten erschweren. Dann kann ich ja gleich ein Hollandfahrrad nehmen. Ich kauf mir doch nicht für dreitausend Euro ein sündhaft teures Teil, um dann den schweren Motor und die Batterie spazieren zu fahren. Nein, nein, aufgeladen oder gar nicht.«

»Wie du meinst. Gute Nacht«, sagte sie und trollte sich kusslos an mir vorbei in die Dunkelheit unseres Schlafzimmers zurück.

Früher hätte sie das nie gemacht. Ins Bett gehen, ohne sich von mir mit einem Kuss zu verabschieden. Aber in letzter Zeit war das öfter vorgekommen. Gut, wenn wir Streit hatten, konnte es schon mal sein, dass einer von uns für eine Nacht im Gästezimmer schlief. Auf Reisen hatte sie ebenfalls ein wenig subtiles Signal, mir ihre schlechte Laune kundzutun. Dann verzichtete sie am Abend darauf, unsere Schlafsäcke miteinander zu verkoppeln. Wo sie sonst immer klaglos die langen Reißverschlüsse zusammengefummelt hatte – nicht ganz uneigennützig natürlich, immerhin war sie eindeutig die Nehmerin im Wärmeenergie-Ausgleich zwischen den beiden Schlafsäcken. Schon deshalb war es bemerkenswert, wenn sie auf Tour eine separierte Nacht vorschlug. Aber ohne Gutenachtkuss? Es hatte sich einiges verändert in letzter Zeit. Während ich weiter auf die Ladezustandsanzeige starrte, überlegte ich, wann das angefangen hatte.

Mir fiel der Unfall in Edinburgh im vergangenen Sommer wieder ein. Die Sache mit der Autotür. Nach so vielen Jahren im Sattel mein erster schwerer Unfall. Wie durch ein Wunder hatte er kaum Spuren hinterlassen. Im kühlen Flur sitzend, erinnerte ich mich. Nur schemenhaft an den Transport ins Krankenhaus und die zum Glück ergebnislosen Untersuchungen, sehr lebhaft an das Zusammentreffen mit meinen von der Polizei alarmierten Freunden im Behandlungszimmer, die als Erstes lautstark und kontrovers die Lage der nächsten Toilette diskutierten, bevor sie sich nach meinem Befinden erkundigten. Schmerzhaft an die Nachricht, dass mein Rad nicht so viel Glück gehabt hatte wie ich. John lieferte noch die technischen Details: »Gabelbruch vorne, und der Rahmen ist total verzogen. Ich glaube, das wird nichts mehr.«

»Wie, das wird nichts mehr,« Ich war absolut fassungslos. »Ihr macht Scherze!«

Die drei schüttelten die Köpfe.

Der Rückflug nach Deutschland war eine traurige Angelegenheit gewesen. Ich hatte mich entschlossen, wenigstens den Rahmen und das unversehrte Hinterrad meines Rabe-Rades mit in die Heimat zunehmen.

»Immer noch dreißig Pfund wollen die haben?«, rief John am Flughafen empört, als ich von meinen Verhandlungen mit der Fluggesellschaft zurückkam und ihnen stolz den ausgehandelten ermäßigten Peis mitteilte. »Für einen wertlosen Schrotthaufen?« Sarah boxte ihn in die Seite. »Aua!«

»Dieser Schrotthaufen«, sagte ich, mich mühsam beherrschend, »hat mich in den letzten fünfzehn Jahren auf zig großen und kleinen Radtouren über Stock und Stein und bei Wind und Wetter getragen, ohne auch nur das geringste technische Problem. Dieser Schrotthaufen hat den größten Respekt verdient. Der wird nicht einfach einem schottischen Altmetallstapel übergeben, wo er ständig diesem Sauwetter ausgesetzt ist. Nein, ich kann ihn nicht zurücklassen.« Während dieser Brandrede hatte Petra noch meine Hand gehalten und John missbilligend angeschaut ob seiner Herzlosigkeit.

In Deutschland angekommen, ließ ihre Unterstützung bald nach. Ich tat mich aber auch sehr schwer damit, ein neues Fahrrad zu kaufen. Das wurde ihr bald zu viel. Auch wenn Lothar, mein Fahrradhändler, mich mit Katalogen und Materiallisten zudeckte: Keines der reizvoll fotografierten Modelle konnte mich zufriedenstellen. Immer fand ich irgendeinen Fehler, der es mir unmöglich machte, mich für eines zu entscheiden. Einmal schien mir der Preis zu hoch, mal behauptete ich, Nabenschaltungen könne man nicht unter Last schalten, ohne auch nur eine Probefahrt gemacht zu haben. Alurahmen waren mir zu steif. Federungen schienen mir zu labberig.

Petra hatte irgendwann aufgehört, mich in die verschiedenen Radläden zu begleiten, die ich aufsuchte, weil mir Lothars Auswahl nicht groß genug erschien. Sie habe keine Lust mehr, mir dabei zuzuschauen, wie ich auch dort jedes der mir präsentierten Räder einfach niedermachte, hatte sie mir erklärt. Dabei beschlich mich langsam das Gefühl, dass bei ihr da mehr dahintersteckte. Ich spürte, dass sie mir den Unfall in Schottland persönlich vorwarf. Da sei eine gewisse Enttäuschung, bestätigte sie mir dann schließlich auf Nachfrage. Ich hätte nicht aufgepasst und so durch meine Dusseligkeit unsere schöne Einheit zerstört, die wir beide mit unseren zwei Rädern gebildet hätten. Indem ich meinen Raben mutwillig kaputtgemacht hätte, sei auch in ihr etwas zerbrochen. Außerdem fände sie, sei ich seit dem Unfall irgendwie nicht mehr der Alte. Ich wirke unkonzentriert, nicht richtig geerdet.

»Nach dem Flug ist das ja wohl auch kein Wunder«, witzelte ich. Aber an dem, was sie sagte, war sicher etwas dran. Der Unfall wirkte bei mir noch nach. Ich war verunsichert.

Vielleicht war das Thema Radreisen ja ausgereizt, dachte ich manchmal, wenn ich wieder einmal unverrichteter Dinge aus einem Bikeshop zurückkam. Und dann bräuchte ich gar kein neues Reiserad mehr zu kaufen. Das wurde auch das wiederkehrende Gesprächsthema mit Lothar, zu dessen Laden ich irgendwann reumütig zurückgekehrt war, und sei es auch nur wegen seines exzellenten Kaffees, den seine Maschine zwar nur widerwillig und in homöopathischen Mengen ausspuckte, der aber für meinen Geschmack unübertroffen war.

»Will ich denn bis ans Ende meiner Tage vier Satteltaschen durch die Gegend schleppen, abends auf dem Boden herumkriechen und mein Zelt aufbauen, auf offenem Feuer bis zur Unkenntlichkeit eingeschwärztes und damit ungesundes Essen verzehren?«, war eine der schwerwiegenden Fragen, die ich mit der Espressotasse in der Hand aufwarf, während er an einem Bike herumbastelte. »Und dann am Morgen das ganze Gerödel wieder einpacken, Zelt ausschütteln, Schlafsack zusammendrücken, Isomatten entlüften, und und und ... Manchmal fühlt sich das an, als wäre ich nicht im Urlaub, sondern bei der Arbeit.«

Vielleicht war ich auf den letzten Reisen ja auch ein bisschen frustriert gewesen, dass ich die steilen Anstiege zum Beispiel in Schottland nicht ganz so leicht heraufgekommen war, wie ich mir das vorgestellt hatte. Ich war gerade 50 geworden, und vielleicht spürte ich ja die ersten Vorboten des Alters. Als ich daran dachte, musste ich mich erst mal setzen, denn meine Beine fühlten sich so müde an.

»Manchmal glaube ich, ich bin langsam zu alt für diese Abenteuerurlaube.«

»Weißt du, was ich glaube?«, fragte Lothar ruhig, während er eine Schraube festzog. »Ich glaube, du machst grad eine Phase durch, die viele Männer deines Alters kennen. Du hast die Midbike-Crisis.«

»Jetzt red kein Blech, Lothar, ich mein es ernst.«

»Ich auch. Meinst du, du bist der Erste, der hier in den Laden kommt, sich meinen Kaffee reinschüttet und mir die Ohren vollsülzt, wie schwer ihm das Radeln in letzter Zeit falle und dass früher alles besser gewesen sei, all den Quatsch?«

Er putzte sich die Finger sauber und machte sich nun selber einen Espresso. »Ich hätte meinen Laden damals vielleicht doch nicht ›Bike und Beans‹ nennen sollen, sondern doch ›Radschlag‹, und gleich ’nen Psychologen einstellen sollen, einen Seelenschrauber.«

Er bezog sich damit auf frühere Gespräche zwischen uns, weil ich ihm halb im Spaß vorgeschlagen hatte, den Namen seines Shops zu ändern. Immer wieder waren mir Friseurläden aufgefallen, die höchst kreative Wortspiele für ihre Läden fanden, wie zum Beispiel »vor Hair – nach Hair«, »hairlich« oder, erst beim zweiten Lesen zu verstehen, »Hair-cooles«. Immer wieder war ich mit neuen Namensvorschlägen in Lothars Laden gekommen. In Flensburg sah ich einen Laden namens »Fahrradies«, in Berlin hieß einer »Rad-Core« oder in Schottland einer

»Bikery«. Aber er hatte immer abgewunken. Auch jetzt hielt er sich nicht lange mit seiner Idee auf. Stattdessen legte er mir einen schicken Katalog hin.

»Du brauchst 'nen neuen Kick? Irgendetwas, das dich wieder motiviert, dich auf den Sattel zu setzen? Da hab ich genau das Richtige für dich: ein Pedelec.«

Natürlich war dieser Vorschlag von ihm nicht ohne Eigeninteresse, immerhin hatte er vor nicht allzu langer Zeit diese E-Bikes in sein Sortiment aufgenommen. Zuerst widerwillig, war er bald zum engagierten E-Bike-Gläubigen konvertiert. Ein gewisses Misstrauen war also angebracht. Es war ja auch nicht so, als hätten wir noch nie über dieses Thema gesprochen.

»Nicht, dass ich prinzipiell dagegen bin«, hatte ich Lothar damals erklärt, als er mir seinen Plan erläuterte, »wenn das Pedelec jemanden dazu bringt, das Auto stehen zu lassen, dann begrüße ich das. Oder wenn es ältere Semester dazu motiviert, sich an der frischen Luft zu bewegen – super! Aber wenn jemand sowieso schon radelt und in der Lage ist, die Kurbeln selbst zu drehen, dann, finde ich, ist es unnötige Energieverschwendung.«

Ein halbes Jahr später und mit einem Rad weniger fand ich seinen Vorschlag schon wesentlich interessanter. Früher oder später kann ich mich dem elektrischen Reiz wahrscheinlich eh nicht mehr entziehen, redete ich mir ein, und dann ärgere ich mich vielleicht, dass ich kurz vorher noch mal ein teures »analoges« Rad gekauft habe. Und seit der ältere Herr beim Mountainbiken in den Bergen ganz lässig an mir vorbeigezogen war, war mein Interesse für die elektrisch getunten Räder schon geweckt worden.

So hatte ich mir nach mehreren schlaflosen Nächten und langen Diskussionen mit Petra, die total dagegen war, tatsächlich so ein Pedelec gekauft. Zunächst mal für einen Monat auf Probe, wie ich mit Lothar vereinbart hatte. Aber bald schon war es für mich keine Frage mehr, dass das gute Stück die Probezeit mühelos überstehen würde. Denn ich war begeistert.

Ich stellte fest, so ein Pedelec half mir nicht nur bei den Strecken, die ich sonst auch unverstärkt bewältigt hätte. Es erweiterte auch meinen Aktionsradius«. Jetzt stand es plötzlich nicht mehr außer Frage, für einen Termin in 30 oder 50 Kilometer Entfernung das Rad zu nehmen. Strecken, für die ich sonst ins Auto gestiegen wäre. Gleichzeitig gab mir das Pedelec tatsächlich einen Kick, wie Lothar angekündigt hatte. Ich fühlte mich wieder jung, agil und kräftig, denn natürlich vermittelte mir das Rad den Eindruck, dass ich das alles mit eigener Kraft gefahren war. Mein radlerisches Selbstvertrauen stieg wieder. Darüber hinaus war das E-Bike unheimlich effizient. Mit derselben Menge Schweiß konnte ich wesentlich weiter fahren. Oder schneller. Oder beides. Mein durchschnittlicher Verbrauch sank nach meinen Berechnungen auf lächerliche 2,2 Brotzeiten pro 100 Kilometer. Gut, stattdessen musste ich halt das Rad öfter aufladen. Aber auch da konnte ich viel sparen, denn wenn ich das geschickt anstellte, fand sich immer irgendwo eine Steckdose, die nicht die meine war. Allerdings nicht immer.

Und deshalb hatte ich das E-Bike am gestrigen Abend zwei Stockwerke hochgeschleppt und in den Flur unserer Wohnung gestellt. Ich wollte morgen auf eine längere Tour, da sollte es vollgetankt sein. Petra hatte geschimpft, als ich mit dem schweren Teil keuchend durch den Eingang gepoltert war. Sie fand es sowieso absolut blödsinnig, sich so einen elektrischen Rollstuhl, einen »Rollhocker«, zu kaufen, wie sie das nannte. In der Wohnung wollte sie ihn schon gar nicht haben.

Aber sie hatte ja auch gut reden. Sie hatte ja auch ihr Rabe noch. Das war mehr und mehr zum Problem für mich geworden. Ich konnte es einfach nicht mit ansehen, wenn sie auf ihrem fuhr, während ich ihr auf dem alten GT hinterherhechelte und die Vor- und Nachteile verschiedener neuer Modelle kontemplierte. Und wie um mich zu quälen, schien sie in letzter Zeit ihr Rabe viel öfter auch im Alltag zu benutzen als früher. Nachdem ich sie mehrmals mit dieser Tatsache konfrontiert hatte, schien sie mir auszuweichen und Gelegenheiten zu finden, unbemerkt aus der Wohnung zu verschwinden und

alleine mit ihrem schwarzen Flitzer herumzufahren. Ich saß dann zu Hause und wälzte Kataloge oder befragte das Internet. Ich spielte endlos lange mit Konfiguratoren verschiedener Fahrradhersteller herum, stets auf der Suche nach dem ultimativen Modell, nur um nach Stunden, wenn sie endlich wieder erschien, unbefriedigt die Maus ins Korn zu werfen.

»Na, hast du wieder Bike-Porn angeschaut?«, fragte sie angewidert, wenn ich schuldbewusst den Computer ausschaltete.

Ich ließ mich auf den harten Strohläufer von Ikea plumpsen, der den Boden unseres Flures bedeckte. »Wir warten jetzt, bis die Ladezustandsleuchte auf Grün springt, erst dann ziehe ich den Stecker raus. – Und du solltest mich unterstützen, mich wachhalten zum Beispiel.«

»Vergiss es«, brummte Petra aus dem Schlafzimmer und zog sich die Decke wieder über die Ohren.

Ich erhob deshalb meine Stimme: »Denn wenn man das Rad zu lange auflädt, dann kommt es zu einer Tiefenentladung, und dann haben wir ein richtiges Problem.«

»Na, leerer als jetzt kann der Akku ja auch nicht sein«, rief sie jetzt auch recht laut zurück, und mit Blick auf die kleine Digitalanzeige, die null Prozent verkündete, musste ich ihr recht geben. »Außerdem haben nicht wir, sondern du hast ein Problem. Und das ist in deinem Kopf.«

Mit einem Glas Wasser saß ich also bald alleine vor dem Rad, übernächtigt wie ein Vater, der auf die Geburt seines Sohnes wartet. Drinnen im Schlafzimmer schlummerte Petra sich wieder meiner Traumstadt entgegen. Ich spürte, wie die nächtliche Kühle vom Boden durch meine dünne Schlafanzughose drang und an mir hochkroch. Ich hatte den Eindruck, dass der kalte Hauch direkt aus dem Schlafzimmer kam. Seit Pedelec im Haus war, hatte sich unser Verhältnis deutlich verschlechtert.

»Das ist genau das, was wir gerade noch brauchen«, giftete sie immer wieder, »dass angesichts von Fukushima noch mehr Strom verbraucht wird, mit diesen silbernen Elektrorad-Stühlen. Dauert nicht mehr lange, dass diese faulen Leute die Radwege verstopfen und das bisschen Kurbeldrehen auch noch für Sport halten. Ein E-Bike ist doch nur ein Rollstuhl für Leute, die noch gerade sitzen können.«

Meine etwas pragmatischere Haltung zu den neuen Verkaufsrennern hatte sie immer als butterweich gegeißelt. Als ehemalige Leistungssportlerin wollte und konnte sie das E-Bike einfach nicht gut finden. Das sei irgendwie unecht, ein künstliches Hilfsmittel wie Doping. Bei Rennradfahrern gäbe es ja auch inzwischen den Verdacht, dass manche ihre Rennen mit getarnten E-Bikes fahren. Motor und Akku seien so klein, dass sie unauffällig in den Alurahmen passten. Unten, vor dem letzten Anstieg, schnell mal das Rad getauscht, und schon habe man den nötigen Schwung für die letzten Höhenmeter oben am Berg. Veranstalter überlegten schon, Röntgengeräte einzusetzen, so eine Art Nacktscanner, um den Rädern bis in die Eingeweide schauen zu können.

»Daran sieht man doch schon, dass so ein E-Motor genauso ein Betrugsmittel ist wie Epo«, lautete ihre, wie ich fand, etwas kühne Schlussfolgerung.

Als aktives Greenpeace-Mitglied hatte sie ebenfalls eine klare Meinung zur Umweltverträglichkeit so eines Pedelecs.

»Das E-Bike bleibt ein Motor-Rad, auch wenn der Motor elektrisch ist.« Das Faszinierende am Fahrrad sei ja, dass es mit reiner Muskelkraft betrieben werde und deshalb ökonomisch wie ökologisch vertretbar sei.

»Ich weiß, ich bin nicht der beste Radler der Welt«, rief ich jetzt Petra ins Schlafzimmer zu, eine unserer vielen Diskussionen wieder aufgreifend, »aber es gibt mir das Gefühl, total gut drauf zu sein, denn ich bin schneller als alle anderen. Du empfindest eine Leichtigkeit, das Treten ist nie anstrengend, also es ist ein Traum, sag ich dir.«

Mir fiel mein Traum wieder ein, dann mein Bett, mir fielen langsam die Augen zu. Aber die Ladezustandsanzeige war unbarmherzig. Sie leuchtete immer noch rot. Außerdem hatte das Brizzeln wieder angefangen.

»E-Bikes sind die Zukunft«, rief ich, mehr um mich wachzuhalten, als in der Hoffnung, Petra endlich überzeugen zu können. Die schlief wahrscheinlich sowieso schon wieder. »Die Zeit lässt sich nicht von spaßfernen Puristen und Muskelschleichern aufhalten.«

Ich stand auf und lief im Flur auf und ab. »Als die erste Eisenbahn von Nürnberg nach Fürth gefahren ist, da gab es auch genug Zweifler und Ewiggestrige. Wo sind die heute?«

»Die stehen in Fürth auf dem Bahnsteig«, antwortete Petra gähnend, die plötzlich wieder im Türrahmen stand, »und warten immer noch auf ihren Anschlusszug, der leider nicht warten konnte.«

»Sehr witzig, das ist übrigens mein Scherz.«

»Sag mal, willst du nicht ins Bett kommen?« Früher wäre da ein verführerischer Unterton gewesen. Jetzt sagte sie lapidar: »Wie soll ich schlafen, wenn du hier draußen Monologe hältst?«

»Wenn man älter wird, braucht man nicht mehr so viel Schlaf.«

»Wo wirst du denn älter? So ein Quatsch!« Entnervt lehnte sie sich seitlich in den Türrahmen und rutschte langsam zu Boden. »Ja, und du meinst wirklich, dieses Pedelec hilft dir, die Beschwerden des Alters zu mildern?« Sie sagte das spöttisch und hob dabei die Hände, um mit den Fingern die Anführungszeichen in die Luft zu zeichnen, die sie um das Alter drapiert hatte. »Das Gegenteil ist doch der Fall: Mit richtigem Radeln hältst du dich jung. Sowohl den Körper als auch den Geist. Gibt's doch massenhaft Untersuchungen drüber. Radeln hält fit und ist gut fürs Hirn.«

»Wenn Radeln so toll für meine grauen Zellen ist, wie du sagst, wieso hab ich dann in den letzten fünf Jahren mindestens zehn sündhaft teure Sigg-Flaschen auf Autodächern, Brunnenrändern oder in Campingplatz-Waschräumen vergessen? Wieso kann ich mir dann – sehr zu deinem Missfallen übrigens – nur die Anfangsbuchstaben der Orte merken, die wir eben erst durchradelt haben?« Wie oft hatte ich schon die zungenschnalzende Ungnade gespürt, wenn ich abends von dem A-Ort geredet hatte, wo wir rechts abgebogen waren, oder dem C-Dorf, wo wir so nett zu Mittag gegessen hatten.

»Aber wenn du mal anfängst, dein Bewegungspensum herunterzufahren«, antwortete Petra unbeirrt, »dann wird das sicher nicht besser, im Gegenteil, dann geht's nur noch bergab. Ich sage dir, vom E-Bike zum Rollstuhl ist es nicht mehr weit. Wer einen Hilfsmotor braucht, braucht auch bald einen Herzschrittmacher!« Da könne ich ja gleich die weiße Fahne hissen, mich auf den Friedhof stellen und warten, bis ich an der Reihe sei. »Und was deine Überlegungen angeht, das Ding mit auf Reisen zu nehmen: Da sage ich nur: das Rad oder ich.«

Das war für ihre Verhältnisse eine verdammt lange Rede. Unerhört lang, wenn man die frühe Tageszeit bedachte. Ich wollte etwas erwidern, zum Beispiel, dass sie ja beneidenswerte acht Jahre jünger sei als ich, und deshalb gar nicht mitreden könne, wenn es um die Beschwerden des Alters gehe, aber sie war noch nicht fertig.

»Hör mal, du bist ja gerade erst fünfzig und noch nicht achtzig«, erriet sie meine Gedanken. »Ich vermisse deinen Punch, deine Power«, sagte sie ganz leise und traurig, und mir wäre lieber gewesen, sie hätte es genauso laut und ärgerlich rausposaunt wie die anderen Sachen vorher.

»Na, deswegen habe ich ja so ein Rad, das gibt mir die Power zurück«, versuchte ich ihre Worte in eine Vorlage für meine Interessen umzuwandeln. Dabei fuhr ich mit der Hand zärtlich über den Akku. Erschrocken zuckte ich zurück.

»Der ist ja ganz heiß!«

Ich zog nun doch vorsichtshalber den Stecker raus, auch wenn die Ladezustandsanzeige immer noch hartnäckig behauptete, der Akku sei leer.

Petra deutete darauf. »Na, das sieht mir aber nicht nach großer Power aus.«

»Weißt du, es ist sehr temperaturempfindlich, praktisch wie eine Frau.« Diese bewusste Provokation war Teil eines alten Rituals zwischen uns beiden: Ich mache eine tendenziell frau-

enfeindliche Äußerung, worauf sie mich lachend tritt oder theatralisch schnaufend die sofortige Trennung verlangt. Diesmal schwieg sie einfach nur. Kein gutes Zeichen.

»In der Bedienungsanleitung steht, beim Parken im Hochsommer sollte man es nicht in der prallen Sonne abstellen.«

»Aber Kälte ist auch blöd, nicht wahr?«

»Ja, die geht auf die Lebensdauer, und die Akkuleistung lässt nach«, bestätigte ich etwas kleinlaut, während ich mit einem feuchten Lappen die Batterie zu kühlen versuchte.

»Und bei Minustemperaturen sollte man gar nicht mit dem E-Bike vor die Tür, oder?« Ich nickte. Offensichtlich hatte Petra irgendwann ziemlich ausführlich in die Gebrauchsanweisung gespitzt.

»Insofern wäre ich aber vorsichtig mit dem feuchten Lappen, vielleicht ist der ja zu kalt für dein empfindliches Schätzchen.« Unwillkürlich zuckte ich zurück, bevor ich merkte, dass sie mich hochnahm.

»Jetzt mal im Ernst. Findest du nicht, das sind 'ne Menge Einschränkungen? Huuuch, bloß nicht in die Sonne, das ist schlecht für den Teint. Und bei Kälte krieg ich 'nen Schnupfen«, äffte sie mich nach. »Da hast du aber eine ziemlich kapriziöse Bekanntschaft gemacht. Vielleicht solltest du …«

»Ah, jetzt hab ich die Lösung«, unterbrach ich sie plötzlich, denn mir fiel etwas ein. Ich steckte den Stecker wieder in die Dose. Danach drehte ich das Fahrrad auf den Kopf. Ich hatte nämlich irgendwo gelesen, bei einem tiefenentladenen Akku solle man das Rad verkehrt herum auf Lenker und Sattel stellen und die Pedalen drehen, während der Akku am Ladegerät hängt. Dann würde der Ladevorgang wieder einsetzen. Gesagt, getan. Hoffnungsvoll kurbelte ich an dem auf dem Kopf stehenden E-Bike. Die Ladezustandsanzeige blieb aber von der Turnübung völlig unbeeindruckt. Dafür löste sich der Korb von seinem Gepäckträger und schlug lärmend eine Schramme ins Parkett.

»Oh Mann, ey, du ruinierst mit deinen Wiederbelebungsversuchen noch die ganze Wohnung!« Entnervt sprang Petra auf.

»Sieht so aus, als müsstest du heute wieder die gute alte Strampelmethode anwenden.« Offensichtlich hatte sie die Hoffnung auf Schlaf aufgegeben, denn sie zog sich einen Bademantel an. Wütend stürmte sie in die Küche.

Plötzlich ertönte ein anderes leises Piepen, das irgendwo aus der Elektronik des Rads kommen musste. Ich sprang erschrocken auf, stellte das Fahrrad wieder auf seine Räder und fingerte an der Lithiumbatterie herum. Tatsächlich gab das Rad wieder Ruhe. »Wackelkontakt«, rief ich in die Küche, aus der zur Antwort nur ärgerliches Geschepper erklang, »kein großes Ding.«

»Wie oft ist das Rad eigentlich schon kaputt gewesen?« Petra erschien mit einer Tasse Instantkaffee in der Tür. Mir hatte sie keinen gemacht.

»Gar nicht soo oft«, verteidigte ich meine elektrische Eroberung. »Das sind doch alles nur typische Kinderkrankheiten, kein Grund zur Besorgnis.«

Zuerst hatte es Softwareprobleme gegeben. Dadurch war immer wieder die Tretunterstützung ausgefallen.

»Das ist nicht ungewöhnlich bei so einer fortschrittlichen Steuerung«, hatte Lothar gemeint. Und eine gute Woche herumprogrammiert, bis alles wieder lief.

»Dann war eine Koaxial-Steckerbuchse kaputt«, erklärte ich Petra, »das kann ja mal passieren, oder?« Bis zu dem Zeitpunkt hatte ich noch nicht mal das Wort gekannt. »Dann war eine interne Sicherung durchgebrannt – das ist ein ganz normales Verschleißteil –, und dann hatte ich 'nen Platten.« Ich hob die Schultern, um zu signalisieren: Was willste da machen?

»Bei dieser langen Fehlerliste wird mir langsam klar, warum ich für meinen Frühjahrscheck für Rabe bei Lothar einen Termin drei Wochen im Voraus machen musste. Wenn ständig jemand mit seinem E-Bike in der Tür steht und seine Softwareprobleme mit ihm besprechen will oder eine Koital-Steckerbuchse austauschen möchte …«

»Koaxial«, verbesserte ich sie, aber sie wedelte nur ungeduldig mit der Hand.

»…dann hat er jedenfalls kaum noch Zeit für seine Stamm-

kunden. Selbst mein Zahnarzt hat kürzere Wartezeiten als unser Fahrradfritze. Außerdem musste ich ihm versprechen, das Rad am selben Tag wieder abzuholen, sonst müsse er eine Übernachtungsgebühr von fünf Euro erheben.«

»Ich bin halt ein wichtiger Kunde für ihn«, versuchte ich halbherzig meine Vorzugsbehandlung bei Lothar zu verteidigen. Gleichzeitig blätterte ich etwas ziellos durch die telefonbuchdicke Bedienungsanleitung auf der Suche nach einem Hinweis auf das Problem.

»Ja, besonders was seinen Kaffeeumsatz angeht.«

»Haha«, höhnte ich und überschlug die dänische Anleitung, in der Hoffnung, danach auf die deutsche zu stoßen.

»Aber sag mal, wenn du einen Plattfuß hattest, hat dein superschlaues Wunderding eigentlich auch ein automatisches Flickprogramm mit elektronischer Leckfindung und Pumpfunktion?«

»Mach du dich nur lustig, bei der nächsten Bergtour wirst du neidisch meinen Reflektoren nachschauen, wenn ich dir davonziehe.« Ich hatte mich inzwischen in die slowenische Version der Gebrauchsanweisung verirrt. Wo war denn nur die deutsche?

»Wenn sich dein Rad bis dahin entschließt zu funktionieren.«

»Wenn's fährt, isses ein Traum.«

»*Wenn* es fährt«, sagte sie und ging ins Bad.

»Vielleicht liegt der Fehler auch bei der individuellen Parametrisierung.«

»Der individuellen was?«

Ich las ihr durch die geschlossene Badezimmertür vor: »Du kannst die Motorcharakteristik über die Software ganz individuell nach deinen Bedürfnissen einstellen. Wann du wo und wie viel Unterstützung haben willst. Versuch das mal bei einer Frau! Den Charakter verändern.«

»Haha«, kam es jetzt von ihr. Immerhin funktionierten die alten Reflexe noch. Dann warf sie die Dusche an. Ratlos stand ich vor dem Bad. Eigentlich müsste der Akku schon längst voll sein. Herzhaft gähnend ging ich zurück zum Bike und überprüfte zum x-ten Mal den Ladezustand. Immer noch nichts. Wieder setzte ich mich auf den Sisalteppich, ohne genau zu wissen, worauf ich eigentlich noch wartete.

Dabei dachte ich, dass es wahrscheinlich gar nicht mehr so lange dauern würde, bis es wirklich ein I-Bike gab, ein intelligentes Fahrrad, nicht nur mit Elektroantrieb, sondern auch mit Computersteuerung im wahrsten Sinne des Wortes: Du setzt dich drauf, gibst dein Ziel laut ins Spracherkennungsprogramm ein, und schon rollt es los. Unterwegs gibt dir eine App Updates über die Sehenswürdigkeiten am Rande des Wegs, während ein Analysetool im Backgroundbetrieb den Ladezustand der Batterie, den Schmierungsgrad der Kette und den Luftdruck der Reifen checkt und gegebenenfalls Wartungsarbeiten auslöst. Wie beim Smartphone, bei dem das Telefonieren immer mehr in den Hintergrund tritt, wird beim I-Bike das Radeln immer unwichtiger. Es tritt drahtlos mit dem Kühlschrank in Kommunikation und transportiert dich in den Supermarkt, wo dir die online bestellten Artikel ausgehändigt werden. Es gleicht alle deine Termine ab, um dich rechtzeitig im Büro abzusetzen oder bei der Verabredung mit der Liebsten, die dich in ihre Arme schließt, sie schaut dich liebevoll an, zieht dich ins Schlafzimmer und sagt: ....

»Sag mal, schläfst du?« Petra schüttelte mich.

»Nein, nein, ich dachte nur ...«

»Ich fasse es nicht. Erst raubt der Herr mir den Schlaf, und dann macht er selbst ein schönes Nickerchen.« Mit einem Handtuch um den Kopf und im Bademantel flip-flopte sie wieder in die Küche und schepperte unwirsch mit dem Geschirr.

Im Flur gab das Rad immer noch dieses verdächtige Brizzeln von sich. Es war trotz des Lärms zu hören. War es lauter geworden? Auf der Suche nach einem Hinweis blätterte ich hektisch in den E-Bike-Fachmagazinen, die neben mir auf dem Fußboden verstreut lagen.

»Wahrscheinlich muss ich nur einen Platinen-Reset

machen«, kam mir plötzlich ein Geistesblitz. Triumphierend schlug ich mit dem Handrücken auf die aufgeschlagene Seite. »Hätte ich auch selbst draufkommen können.« Das war natürlich übertrieben. Das war das erste Mal, dass ich davon hörte. Aber ich wollte mir vor Petra keine Blöße geben.

»Hier steht, da nimmst du nur eine Büroklammer, biegst sie dir richtig zurecht und schließt den Platinen-Stromkreis kurz ...« Ich lief zu meinem Schreibtisch, um mir das Werkzeug zu besorgen.

»Ich weiß nicht, ob das so eine gute Idee ist«, wandte Petra von der Küche aus ein.

Ich beruhigte sie: »Wenn man das richtig macht, dann fährt sich das ganze System wieder hoch.« Noch im Gehen bog ich mir das Drähtchen zurecht.

»Sag mal, sollten wir nicht vorher den Stecker ...«

Ich beugte mich wieder über die Steuereinheit. »Ach, Unsinn, ich komme ja mit dem Stromkreis gar nicht ...«

Plötzlich schoss eine bläuliche Stichflamme aus der Batterie, begleitet von einem »Puffff«, wie bei einem Tischfeuerwerk. Ich spürte einen heißen Luftzug in meinem Gesicht, wie bei einem viel zu hoch eingestellten Föhn. Die Batterieverkleidung des E-Bikes wurde abgesprengt, flog an meinem Kopf vorbei und fiel scheppernd erst gegen die Wand und dann auf den Parkettboden neben den Fahrradkorb. Ich wurde von der Explosion zur Seite geworfen, fiel auf meinen Hosenboden. Es gelang mir aber, mich aufzurappeln und mit einem Hechtsprung die Steckdose zu erreichen und das Kabel aus der Wand zu ziehen. Petra griff sich geistesgegenwärtig eine der Plastiktrinkflaschen, die ich vor dem Auf-den-Kopf-Stellen des Rades aus der Halterung genommen hatte, und löschte die kleinen bläulichen Flammen, die auf dem Akku tanzten, erfolgreich mit Energydrink.

Erschrocken schauten wir uns an. Was war das denn gewesen? Der Schock stand ihr noch ins Gesicht geschrieben, aber ansonsten hatte sie das Feuer unbeschadet überstanden. Ich aber war näher dran gewesen. Die Haare auf meinen Händen und Unterarmen waren weggesengt, meine Augenbrauen fühlten sich seltsam an. Es roch nach verschmortem Plastik und verbrannten Haaren. Die aufsteigenden Dämpfe reizten zum Husten, aber sonst fühlte auch ich mich o.k.

Das Bike hatte leider mehr abgekriegt. Schwacher Rauch stieg aus der vor klebrigem Energiedrink triefenden Batterie. Der weiße Rahmen war rußgeschwärzt. Die Ladezustandsanzeige, die mich die ganze Nacht zum Narren gehalten hatte, starrte uns nun aus leeren Dioden an.

»Jetzt weiß ich, warum bei der Bedienungsanleitung eine Explosionszeichnung des Motors dabei ist«, sagte ich cooler, als mir zumute war. »E-Bike steht für Explosions-Bike.«

Schweigend sah Petra mir zu, wie ich Normalität zu verbreiten suchte und lächelnd mit der Hand den Rauch ein wenig wegfächelte. Die Flurtapete über dem Rad war verkohlt, der Teppich mit Rußpartikeln bedeckt.

»Bring sofort dieses Ungetüm aus meiner Wohnung«, zischte sie endlich.

»Deine Wohnung? Das ist eigentlich meine Wohnung.«

»Bringst du es jetzt raus? Mir hat das Rad von Anfang an nicht gefallen. Du hast es trotzdem hier reingeschleppt.« Sie rückte eines der an der Wand hängenden Fotos von unserer USA-Reise wieder gerade, das durch die Explosion in Schieflage geraten war. »Also was ist? Ich meine es ernst. Ich habe es dir schon einmal gesagt: das Ding oder ich.«

»Moment, ich muss ja erst mal schauen, was jetzt überhaupt kaputtgegangen ist.«

»Gut«, sagte sie, »dann geh halt ich.« Und stürmte ins Schlafzimmer. Unverzüglich begann sie mit theatralischem Gepolter, ein paar Sachen zu packen. Ich konnte das nicht so recht ernst nehmen. Ich folgte ihr und sah ihr eine Weile zu.

»Du willst doch wohl jetzt nicht aus so einer kleinen Verpuffung einen riesigen Furz machen?« Das war jetzt kein wirklich astreines Bild, aber es war auch erst sechs Uhr in der Frühe.

»Nein, ich mache auch keinen Furz daraus.« Höhnisch wackelte sie bei »Furz« mit dem Kopf. »Das ist nur ein Tröpfchen, ein ganz kleines Tröpfchen, das das Fass zum Überlaufen

bringt. Du hast dich immer mehr verändert, mein Lieber. Seit Schottland bist du einfach nicht mehr der Alte. Da bist du wohl ein bisschen zu hart aufgeschlagen. Seitdem hast du ein Rad ab. Und gerade eben noch einmal eindrucksvoll bewiesen, dass du außerdem einen Knall hast!«

Mit einem Koffer in der Hand und einem Rucksack über der Schulter stürmte sie kurz darauf an mir vorbei Richtung Wohnungstür. Als sie sie öffnete, standen drei Feuerwehrmänner in voller Montur, mit Hacke, Batterieleuchte und Handfeuerlöscher vor ihr. Einer hatte bereits seinen Zeigefinger in Richtung unserer Wohnungsklingel ausgestreckt, die anderen beiden verschwendeten keine Zeit und drängten sich ohne weitere Umstände an Petra vorbei. Ihr herannahendes Tatü-tata hatten wir gar nicht mit unserem kleinen Vorfall in Verbindung gebracht. Eine Frühaufsteherin aus der Nachbarschaft habe den Blitz gesehen, den Knall gehört und sie per Handy alarmiert, erklärte der Gruppenführer, nachdem die drei sich ziemlich ruppig Zugang zu allen Räumen verschafft und festgestellt hatten, dass es für sie nichts mehr zu löschen gab. Er lobte uns für unsere Umsicht, das Aufladen des Rades überwacht zu haben. Ich sah mich triumphierend um, um sicherzugehen, dass Petra das Lob auch gehört hatte, aber sie war schon durch die Wohnungstür verschwunden. Ich wollte ihr nacheilen, aber der Feuerwehrmann stoppte mich. Er hielt mir sein Klemmbrett hin, auf dem ich den Unfallhergang erläutern und den Feuerwehreinsatz per Unterschrift bestätigen sollte. Nicht alle seien so vorsichtig wie wir, redete er weiter, während ich schrieb. Letztens sei in der Nähe von München ein E-Bike mitten in der Nacht im Wohnzimmer unbeaufsichtigt explodiert, und das nachfolgende Feuer habe erheblichen Schaden an der Einrichtung verursacht. Ich fragte mich noch, was ein Fahrrad im Wohnzimmer machte, war aber zu groggy, um das mit diesem Fachmann zu erörtern. Ich streckte mich auf dem Ledersofa im Wohnzimmer aus und war schon in ein traumloses Koma gefallen, bevor die Feuerwehrmänner auch nur die Wohnungstür hinter sich geschlossen hatten.

Bei den langen Telefonaten mit Petra während der nächsten Tage schwor ich – übrigens wahrheitsgemäß – Stein und Bein, die Platine mit der Büroklammer noch gar nicht berührt zu haben, als es zur Explosion kam. »Das Bike ist von selbst in die Luft geflogen!« Sie hielt das für eine lahme Ausrede. Auch dass ich eine Schadensersatzklage beim Hersteller angestrengt hatte, beeindruckte sie nicht die Bohne.

»Das ist doch jetzt auch schon egal«, meinte sie resigniert. Sie war bei einer Freundin untergeschlüpft und weigerte sich zurückzukommen.

»In unserer Beziehung ist ein ganz schöner Achter drin«, meinte sie, »ich weiß nicht, ob sich das wieder true-en lässt.« Ich musste an all die Situationen denken, in denen sie in den USA unsere schiefen Felgen wieder gerichtet hatte, und musste fast heulen. Ich hätte ohne nachzudenken alle meine Räder sofort hergegeben, wenn sie nur zurückgekommen wäre.

Als sie aufgelegt hatte, stand ich etwas verloren in der für mich alleine eigentlich viel zu großen Wohnung. Jetzt hätte ich reichlich Platz gehabt für mehr als nur ein E-Bike. Und niemand hätte gemeckert. Aber jetzt war mir nicht mehr danach. Ich fühlte mich selbst wie unter Strom. Mein neues, total ungewohntes und, wie ich hoffte, nur vorübergehendes Singledasein erfüllte mich mit einer rastlosen, ungesund hochtourigen Energie, die ausreichte, jedes herkömmliche Rad mit einem zusätzlichen Schub zu beschleunigen. Eine weitere Stromquelle hätte bei mir nur zu einem Durchbrennen aller Sicherungen geführt. Außerdem: Was, wenn Petra sich entschlösse, es noch einmal mit mir zu versuchen, und als Erstes würde sie ein neues E-Bike angrinsen? Nein, für mich war klar: Ein E-Bike kommt nicht mehr infrage. Für die nächsten 20 Jahre jedenfalls.

SINGLE-SPEED

Feine Leute radeln heute.

WERBESPRUCH DES FAHRRADHERSTELLERS
PROPHETE, 1950ER-JAHRE

»Lässt du mich mal fahren?«

Das blonde Mädchen verzog ihr hübsches Gesicht. Sie schien von meiner Bitte nicht begeistert zu sein.

»Ist wahrscheinlich zu klein für dich«, antwortete sie zögernd. »Ist ja 'ne Damengröße.«

»Na und? Soo groß bin ich ja nun auch wieder nicht.«

»Aber das is'n Fixie, das ist nicht so einfach, wenn man das nicht kennt ...«

»Hab ich gemerkt. Da kann das mit dem Bremsen schon mal in die Hose gehen«, vervollständigte ich ihren Satz. Sie lächelte gequält und schaute auf mein Hosenbein, das deutliche Spuren ihres Vorderreifens trug.

Ich hatte mit Wheeler an einer Ampel auf einem Radweg in der Würzburger Innenstadt gestanden, und plötzlich erschallte hinter mir der Ruf: »Achtung! Aus dem Weg, ich kann nicht bremsen!« Diese Warnung kannte ich sonst eigentlich nur von der Skipiste. Und normalerweise war das dann mein Text. Bevor ich mich aber auch nur halb umdrehen konnte, um zu sehen, wer da rief, rumpelte schon jemand mit seinem Fahrrad zuerst in Wheelers Schutzblech, traf den Einkaufskorb und drückte dann ein Vorderrad ziemlich schmerzhaft in meinen Oberschenkel.

»Sag mal, du Volltrottel, kannst du nicht ...« Weiter kam ich nicht, denn ich hatte mich dabei umgedreht und sah zwei blonde Zöpfe unter einer verwegen auf dem Kopf sitzenden Fahrradkurier-Kappe hervorlugen. Zwei große graue Augen starrten mich erschreckt an.

»Oh, sorry, sorry«, nutzte sie meine kleine Pause, »das war mein Fehler, tut mir leid. Haben Sie sich wehgetan?«

Eilfertig war sie von ihrem schicken Rad gesprungen und hatte fahrig versucht, mit ihrem Handschuh den Dreck von meinem Oberschenkel zu putzen. Als sie merkte, dass das ein bisschen komisch wirkte, begann sie unbeholfen, unsere beiden Räder voneinander zu trennen. Das stellte sich als ziemlich schwierig heraus, denn das Körbchen einer ihrer Pedalen

hatte sich in den Speichen meines Hinterrads verfangen. Wir mussten gemeinsam zu Werke gehen. Trotzdem gab eine Speiche ein empörtes »Ping«! von sich, als wir endlich, nicht ganz ohne Gewalt, die beiden Teile voneinander lösen konnten. Das erzeugte eine neue Welle von Entschuldigungen.

»Normalerweise passiert mir das nicht, aber ich habe einen Moment nicht aufgepasst ...«

Geistesgegenwärtig nutzte ich meinen Opferstatus schamlos aus: »Also gut, ich könnte mich dazu durchringen, von einer Anzeige abzusehen, wenn du erstens zur Strafe einen Kaffee mit mir trinkst und mich zweitens nicht mehr siezt.«

Im Café hatte ich sie dann gleich, kaum dass wir saßen, um eine Probefahrt auf ihrem außergewöhnlichen Rad gebeten. Sozusagen als weitere Wiedergutmachung für den von ihr verursachten Unfall, der mir, wie ich durch übertriebenes Humpeln angedeutet hatte, noch lange Schmerzen bereiten würde.

Ich wusste zwar nur vage, was ein Fixie war. Aber erstens sah dieses schutzblech- und bremsenlose Ding irgendwie interessant aus, und zweitens wollte ich verhindern, dass das blondbezopfte schöne Wesen mit seinem Leichtrad mir allzu bald wieder davonflog. Es konnte ja kein Zufall sein, dass sie soeben in mich reingerasselt war. Aber meine Taktik schien nicht ganz aufzugehen.

»Hör mal, ich fahr schon mein Leben lang Fahrrad«, versuchte ich sie zu beruhigen, »da werde ich doch wohl so 'ne Mühle beherrschen.«

»Also, ich weiß nicht.«

»Na, du kannst ja mitfahren, wenn dir das zu unsicher ist.«

»Mitfahren? Wie das denn?«

»Auf der Stange! Erzähl mir nicht, dich hat noch niemand auf der Stange mitgenommen.«

Sie schüttelte ihre Zöpfe. »Tut das nicht weh?«

»Nicht, wenn der Richtige am Lenker sitzt!«, blies ich mich auf. Aber auch das schien sie nicht zu überzeugen. Ich sollte sie vielleicht nicht zu sehr drängen.

»Jetzt trinken wir erst mal den Kaffee, und dann überlegst du dir's nochmal.«

»Nimm das bitte nicht persönlich«, entschuldigte sie sich. Immerhin hatte sie sich entschlossen, mich zu duzen. »Meine Mama hat immer gesagt, ich soll Räder nicht verleihen.« Und mit einem Lächeln fügte sie hinzu: »Genauso wenig wie Rasierer, Ringe und Regenschirme.«

Ich traute meinen Ohren nicht. »Das hat deine Mutter gesagt? Hat sie in ihrer unendlichen Weisheit zufällig auch eine Meinung zu Füllern und Frauen?«

»Nö, warum?«

»Ach, nur so«, sagte ich betont beiläufig.

Aber in mir war Aufruhr. Das musste ein Zeichen sein. Vielleicht läutete ja dieses Zusammentreffen das Ende der letzten schwierigen Monate ein. Vielleicht ging es ja jetzt wieder aufwärts.

Petra wohnte immer noch bei ihrer Freundin. Sie brauche eine Auszeit, hatte sie mir gesagt. Die dauerte jetzt schon über ein halbes Jahr. Alle Versuche, sie wieder zu einer Rückkehr zu bewegen, scheiterten bisher. Ich hatte ihr Blumen geschickt, eine wasserdichte Fahrradtasche mit Computerfach in ihrer Lieblingsfarbe und einen neuen Lenkervorbau für ihr Rabe geschenkt. Ohne Erfolg. Sie müsse nachdenken, hatte sie gesagt, Abstand gewinnen. Emotional fuhr ich seitdem auf ziemlich platten Reifen. Ich fühlte mich abgehängt, verloren und antriebslos, als wäre meine Kette abgesprungen. Wenigstens musste ich jetzt kein schlechtes Gewissen haben, weil ich hier mit einer attraktiven Fahrradenthusiastin Kaffee trinken war.

Sie hieß übrigens Prisca. Ein Name, der für mich irgendwie nach Billig-Fahrradmarke aus einem Baumarkt klang. Aber das behielt ich für mich. »Wow, schöner Name«, sagte ich stattdessen lahm.

»Wenn du willst, kannst du ja im Austausch auch mal auf meinem Hightech-Produkt fahren«, witzelte ich, »da wirst du auch ein ganz neues Fahrgefühl bekommen.«

»Damit?« Mit einem Blick, den ich nicht recht deuten konnte, schaute sie durchs Fenster auf Wheeler, der im Innenhof des Cafés stand und sich schützend vor das Fixie meiner Begleiterin gelehnt hatte. Denn sie hatte aus Gewichtsgründen kein Schloss dabei. Das würde ja doof aussehen, meinte sie.

Ich folgte ihrem Blick und musterte unsere Fahrräder. Dabei fiel mir auf, dass das ihrige auch nicht gerade gestern aus der Fabrik geschlüpft war. Der Rahmen hatte ganz offensichtlich schon einige Jahre auf dem Buckel. Die Schutzbleche waren wohl irgendwann verloren gegangen, ebenso wie die Lichter und – wie ich schmerzhaft erfahren hatte – die Bremsen. Sein Anblick erinnerte mich eher an das Röntgenbild eines Rades.

»Cooles Bike hast du da«, urteilte sie wider Erwarten anerkennend über meinen alten Knochen. »Ich liebe ja diesen *vintage look*, die Gebrauchsspuren am Rahmen sind voll authentisch. Und dann die krasse Fünfgang-Schaltung, die ist ja voll selten.«

»Da gibt's ja auch 'nen Grund für: Die hat noch nie einwandfrei funktioniert.«

Sie lächelte und schaute weiter aus dem Fenster. Das gab mir ausreichend Gelegenheit, ihr schönes Profil zu bewundern.

»Sind das eigentlich noch die Originalfelgen?«, fragte sie nach einer kurzen Pause, meine Bewunderung scheinbar nicht bemerkend.

»Hinten schon. Vorne bin ich mal in eine Straßenbahnschiene eingefädelt – Oiiiink!« machte ich und zeigte ihr mit den Händen, wie sich das Rad verbogen hatte. Sie fand das wahnsinnig komisch.

Trotz ihres Lobs: Ich fand, dass Wheeler nach über 20 Jahren Stadtraddasein schon arg mitgenommen wirkte. Seine Schutzbleche waren verbogen von unzähligen Stürzen und vielen Hakeleien an übervollen Radständern. Der Korb war abgestoßen und fleckig von einem undichten Farbbehälter, den ich mal mit ihm transportiert hatte. Die Kette schrie nach Öl, weil der Regen, dem Wheeler ständig ausgesetzt war, alles viel zu schnell wegwusch. Seine Reifen waren ausgeblichen und brüchig. Aus Protest über diese vielfältige Vernachlässigung machte Wheeler immer mehr Geräusche. Er stöhnte und ächzte aus Kette und Tretlagern. Die Schutzbleche klapperten, eine Pedale scheuerte am Kettenschutz. Die Handbremse war nur ein Schatten ihrer selbst. Sie streichelte die Felge mehr, als dass sie sie ernsthaft in die Zange nahm. Und selbst das tat sie nur, wenn ich mit aller Macht am Bremshebel zerrte, denn der Zug bewegte sich nicht mehr gern.

Jetzt, wo der Blick dieser jungen Radlerin auf Wheeler ruhte, schämte ich mich für seinen Zustand. Aber schön und neu darf so ein Alltagsfahrrad ja nicht sein. Wir wären sonst nicht so lange zusammen. Denn ein gut aussehendes Bike weckt Begehrlichkeiten. Colnago war mir damals gestohlen worden, Wheeler dagegen war mir geblieben. Er hatte schon unabgeschlossen eine Nacht am Bahnhof überlebt und, geduldig an eine Hauswand gelehnt, meine Rückkehr von einem dreiwöchigen Urlaub abgewartet, ohne Schaden genommen zu haben. Gesichert mit einem Schloss, das so lächerlich einfach zu knacken war, dass wahrscheinlich alle mit Seitenschneider und Vereisungsspray bestückten professionellen Raddiebe beleidigt abdrehten, um sich lohnendere Opfer zu suchen. Weil ich schon vor Jahren den Schlüssel verloren hatte, war das Ringschloss zu allem Überfluss auch nur einfach lose zusammengesteckt.

In den vielen Jahren unseres Zusammenseins hatte sich eine innige Vertrautheit eingestellt. Ich hatte mich daran gewöhnt, wie sich das Fahrrad in der Kurve verhielt, ich wusste, wie schnell oder, besser wie träge die Bremsen griffen. Ich hatte nach vielen Versuchen herausbekommen, dass man vor steilen Anstiegen mit einer kurzen Rückwärtsbewegung der Tretkurbel bei gleichzeitigem starken Zupfen am Schaltzug, der sich am Rahmen entlang zur Hinterachse spannte, tatsächlich den ersten Gang eingelegt bekam. Ich lernte die vielen Schwächen meines Gefährts zu akzeptieren, mehr noch, sie zu mögen. Ich betrachtete sie als fast lieb gewonnene Eigenschaften, die das Erlebnis Fahrradfahren noch intensivierten: Dass der Dynamo bei starkem Regen zum Durchrutschen neigte und mich so im Stadtverkehr unsichtbar machte, dass der Sattel sich gerne voll Wasser saugte und auch nach zwei Tagen Trockenheit noch feucht war und helle Hosen an unvorteilhaften Stellen dunkler färbte, oder dass die Vorderlampe aus unerfindlichen Gründen immer nur flackernd leuchtete, während das Rücklicht in viel zu kurzen Abständen durchbrannte. Natürlich ärgerte ich mich anfänglich über diese Fehler und versuchte auch, sie abzustellen. Aber manche tauchten immer wieder auf. Irgendwann sah ich ein, dass man nicht versuchen sollte, sein Gefährt zu verändern, sondern es so zu nehmen, wie es war. Ein Fahrrad hatte eben nicht nur Brems- und Schaltzüge, sondern auch Charakter.

Meiner jungen Unfallgegnerin versuchte ich das alles mit kurzen Worten zu erläutern: »Und wenn du irgendwann nach Jahren die dritte Decke auf die Felge ziehst, dann merkst du: Diese Beziehung hatte Zeit zu reifen.«

Sie lächelte bezaubernd und ein bisschen geheimnisvoll. Ich hatte das Gefühl, dass sie mich verstand.

»Weißt du, ich mag das Rad sehr«, gab ich ihr deshalb noch etwas mehr Einblick in mein Seelenleben. »Wheeler ist ein verlässlicher Kumpel, der zwar nach nichts aussieht, aber alles mitmacht. Er ist jemand, der mir mit seinen Mucken und Geräuschen gewaltig auf die Nerven geht, der aber immer da ist, wenn ich ihn brauche.«

Seit Petra ausgezogen war, fühlte ich mich wieder besonders verbunden mit meinem Stadtrad. Sein etwas mitgenommenes Äußeres war ein perfektes Spiegelbild meines inneren Zustands. Ich fühlte mich auch etwas rostig und abgenutzt. Bis zu dem Moment, an dem das Fixie mit den blonden Zöpfen in mich reingerauscht war.

Manchmal glaubte ich sogar, erzählte ich Prisca jetzt, in Wheeler eine lebendige Persönlichkeit neben mir zu haben: »Ich hoffe, du erklärst mich jetzt nicht für völlig verrückt, aber manchmal habe ich sogar den Eindruck, dass Wheeler mit anderen Rädern kommunizieren kann, dass er versucht, sie an seiner großen Lebenserfahrung teilhaben zu lassen.«

Wenn ich zum Beispiel nach einem Einkauf in der Innenstadt zu dem in einem Radständer geparkten Wheeler zurückkehrte, schien es mir manchmal, als ob sich die anderen Räder verschreckt ein wenig von ihm weglehnten, während er – dessen ungeachtet – seine Geschichten zum Besten gab. Junge Dinger waren das meist, die er da zu beeindrucken suchte, oft gerade erst aus dem Baumarkt geschlüpft. Die kannten ja nicht selten nur den kurzen Weg vom Radschuppen hinterm Haus bis zum Supermarkt. Mit großen Halogenscheinwerfern, die verschreckt blinzelten, lauschten sie Wheelers Erzählungen von nächtlichen Polizeikontrollen, bei der es ihm gelungen war, mit letzter Kraft sein Rücklicht zu aktivieren, um so seinen Besitzer vor einer mehrjährigen Haftstrafe zu bewahren. Er berichtete von abenteuerlichen Verkehrsübertretungen, die den umstehenden Rädern die Luft im Reifen gefrieren ließ, von zahllosen Beinaheunfällen mit rücksichtslosen Autofahrern und von jugendlichem Vandalismus, der ihn sein halbes Schutzblech und etliche Speichen gekostet habe. Auch sein Rahmen sei leicht verzogen. Ob jemand mal fühlen wolle. In solchen Situationen zog ich mich diskret ins nächste Stehcafé zurück und ließ ihm noch seinen Spaß. Wer weiß, wie lange er noch so auftrumpfen konnte. Auch jetzt vor unserem Fenster schien er in seinem Element zu sein.

»Siehst du, wie er sich aufplustert und gegenüber deinem ziemlich unbekleideten Fixie den Beschützer raushängen lässt?«

Wieder lächelte Prisca.

»Ja, und dein Rad?«, wechselte ich das Thema. Schließlich wollte ich ja noch auf dem Fixie fahren. »Das hat ja auch schon ein paar Jährchen auf dem Oberrohr?«

»Das ist ein Bahnrad von 1982«, sagte sie stolz, »und seitdem kaum verändert. Ist das nicht krass?«

»Ein Bahnrad?«, fragte ich. »Ein Rad, mit dem man in der Bahn fahren kann?«

Sie sah mich fragend an. »Na, von der ersten Klasse durch den Speisewagen bis zum Bordbistro ...?«

»Ach soo! Nein ...«, sie hatte ein herzliches, klingendes Lachen, »nein, nein, das stammt aus dem Bahnradsport. Weißt du, Radeln in der Halle.« Ich fand das süß, wie sie mir die Welt der Räder erklären wollte.

Fixies, erzählte sie, seien ja ganz etwas Besonderes. Man hebe sich damit ab von der Masse. Das sei die Gegenbewegung zu Full-Suspension-Mountainbikes und Elektrofahrrädern, die es ihren Besitzern nur bequem machen wollten und sie so des wahren Raderlebnisses beraubten.

Ich schnaufte zustimmend verächtlich. Wer kommt denn auch auf die Idee, sich ein E-Bike zu kaufen? »Da kann man sich ja gleich auf den Friedhof stellen und warten bis man an der Reihe ist.«

Wieder lachte sie. Wenn Petra das gehört hätte, sie hätte mich aufs Rad gebunden und den Raben vorgeworfen. Ich verscheuchte den düsteren Gedanken. Ich musste mich konzentrieren.

Prisca referierte jetzt ganz ernsthaft. Es gebe Single-Speed-Räder und Fixies. Beide haben ihren Ursprung in der Kultur der Fahradkuriere oder *Bike Messenger*, wie sie die Kuriere nannte, und seien das Ergebnis des verbreiteten Wunschs, ein Fahrrad auf seine wesentlichen Elemente zu reduzieren. Also keine Gangschaltung, keine Schutzbleche oder Lichtanlage, das Fixie sei nur noch radikaler.

»Insofern ist ja mein Wheeler von einem Single-Speed eigentlich nicht weit entfernt«, meinte ich. Er habe ja auch nur einen wirklich funktionierenden Gang, die Vorderbremse sei praktisch in Rente gegangen, das Licht funktioniere nur sporadisch. Ich hätte die Komponenten also genauso gut abschrauben können.

»Und weil ich ja zur Zeit Junggeselle bin, bekommt die Bezeichnung Single-Speed mit Freilauf noch mal eine ganz besondere Bedeutung für mich.« Ich war mit mir zufrieden. Ich fand, ich hatte ihr auf unheimlich subtile Weise meinen Familienstand mitgeteilt.

Sie ging aber nicht darauf ein. Stattdessen erklärte sie mir, dass so ein Single-Speed ja quasi erst der Anfang, der Einstieg zur echten *bike-experience* sei.

»Das Fixie geht noch einen Tritt weiter. Das Ziel ist die totale Reduktion. Denn da gibt es überhaupt keine Bremsen mehr. Und keinen Freilauf. Dreht sich das Hinterrad, drehen sich die Pedale. Und umgekehrt. Wenn du anhalten willst, musst du die Pedale nach hinten drücken.« Das Fixie sei die Essenz des Radelns. Da könne man nichts mehr weglassen, ohne dass das Fahrrad zusammenfallen würde.

»Es wäre dann kein Fahrrad mehr.«

Wichtig sei die Idee »Zurück zu den Wurzeln«. Weg mit dem technischen Schnickschnack, der den Blick auf das Wesentliche versperre. Sie sprach vom Zusammenspiel von vorausschauender Intelligenz, tierischen Instinkten und atemberaubenden Reflexen, die nötig seien, wenn man das Fixie-Fahren beherrschen wolle. Das habe was von chinesischer Philosophie: Den Unfall als mögliche Tatsache akzeptieren und ihm so ausweichen zu können. Dem Angriff des Autos keinen Widerstand entgegenzusetzen, sondern dessen Energie zu nutzen, um selbst unbeschadet aus der Situation zu kommen. Es gelte Lücken zu finden, Räume zu schaffen, Situationen zu antizipieren. Sie nannte das ihre »Velo-sophie«.

Mir wurde etwas schwindelig. Wo hatte sie das bloß alles her? Ich war schwer beeindruckt, und ich fand, wir verstanden uns prächtig.

Tatsächlich ließ Prisca mich dann noch ihr Fixie ausprobieren. Ich fuhr vorsichtig und ziemlich umständlich ein paar langsame Meter auf der Würzburger Uferpromenade am Main im Kreis. Sie stand in der Mitte, wie ein Pferdeführer beim Voltigieren, und erklärte mir weiter Technik und Philosophie des reduzierten Radelns.

»Klar, ohne Bremsen ist man verletzlich. Aber Fixie heißt ja nicht, bar jeder Möglichkeit zu bremsen zu sein. Das Bremsen ist nur etwas komplexer, anspruchsvoller.«

Ich hörte nur halb hin, denn ich hatte alle Hände und Füße voll zu tun, nicht umzufallen. In dem Tempo war Bremsen noch kein Problem. Ich musste eher aufpassen, dass ich beim Rückwärtstreten nicht irgendwann auch ins Rückwärtsfahren geriet. Dass die Kurbel sich immer drehte, solange man rollte, fand ich sehr gewöhnungsbedürftig. Außerdem lief ich immer Gefahr, bei dem kleinen Radius, den ich fuhr, mit der Pedale den Boden zu berühren.

»Du bist zu einer voll anderen Art Rad zu fahren gezwungen«, rief sie wie aufs Stichwort, »das ist ein viel intensiveres Radlerlebnis. Du bist ein urbaner Cowboy, und das Fixie ist deine Waffe.«

Eine Waffe, die sich aber auch ganz schnell gegen dich selber richten kann, dachte ich, als ich von der sich weiterdrehenden Kurbel fast aus dem Sattel gehoben worden.

»Wichtig ist: Das ist ein *Fahrrad*, und kein *Bremsrad*!«, postulierte Prisca weiter, »Wer bremsen muss, hat vorher einen Fehler gemacht. Der hatte nicht den *flow*, der dich ohne Probleme durch den Verkehr trägt.« Ich versuchte einigermaßen cool auf dem etwas störrischen Rad zu wirken. Von *flow* keine Spur.

Sie habe jetzt übrigens mit analoger Schwarz-Weiß-Fotografie angefangen, sagte sie dann unvermittelt, als ich endlich wieder abstieg. Vielleicht zeige sie mir ja mal ihre Werke. Sie sagte tatsächlich »Werke«.

Ich fand sie hinreißend. Mir war egal, dass sie wahrscheinlich lässig 20 Jahre jünger war als ich. Vielleicht sogar jünger als mein Sohn. Im Gegenteil: Das tat sicher etwas zur Sache. Ich mochte ihre jugendliche Unbekümmertheit, ihre jungenhafte Robustheit. Ihre ungebremste Energie wirkte auf mich wie eine Frischzellenkur. Ich wollte mehr davon. Aber ich traute mich nicht, sie um ein Wiedersehen zu bitten. Ich fürchtete eine peinliche Zurückweisung. Zögernd gab ich ihr das Fixie zurück. Ich wusste, ich musste mir schnell etwas einfallen lassen.

Da kam sie mir zuvor. »In zwei Wochen ist *Critical Mass* in Würzburg, hast du nicht Lust mitzufahren?« Ungläubig starrte ich sie an. Sie missdeutete das.

»Weißt du, was *Critical Mass* ist?«

Ich überlegte kurz, ob ich erwähnen sollte, dass ich schon *Critical Mass* gefahren bin, als sie wahrscheinlich noch in die Windeln machte, aber das wäre sicher kontraproduktiv gewesen. Schon Anfang der Neunzigerjahre hatten sich in San Francisco die Radler monatlich zu gemeinsamen Ausfahrten verabredet, um als Pulk im Stadtverkehr auf sich aufmerksam zu machen. Ganz in der Hoffnung, irgendwann eine kritische Masse zu erreichen, die die Kräfteverhältnisse im Großstadtverkehr umkehren könnte. Dem Geist dieser Stadt entsprechend, entwickelte sich diese Spazierfahrt bald zu so etwas wie geradelten Karnevalsumzügen. Kühne Aufbauten überragten das Meer von Radlerhelmen, Bike-Anhänger mit monströsen Lautsprechern versorgten die Teilnehmer mit der ortsüblichen Grunge-Musik. Petra und ich waren während unseres USA-Aufenthaltes auf *Critical Mass* aufmerksam geworden und hatten uns an der einen oder anderen Aktion beteiligt. Wir sind mit Hunderten anderen Radlern durch San Franciscos abendliche *rush hour* gerollt, hatten unter dem wütenden Hupen der motorisierten Fahrer den Feierabendverkehr lahmgelegt, uns an unserer Macht berauscht, uns aber immer rechtzeitig aus dem Staub gemacht, bevor die Polizei eingriff und Dutzende von Leuten festnahm.

Ausgehend von der *City of Love* hat sich diese Demonstrationsform bald über die ganze Welt verbreitet und insbesondere in Europa Nachahmer gefunden. In den letzten Jahren haben auch in vielen deutschen Städten immer mehr Radler Spaß daran bekommen, einmal im Monat als »Kritische Masse« aufzutreten. Ich hatte diese Entwicklung in den letzten Jahren mit großer Freude verfolgt. Aber ich wollte ja nicht als altkluger Besserwisser erscheinen.

»Ja, hab ich schon mal gehört«, sagte ich deshalb nur. »Ich bin den ein paarmal in San Francisco mitgefahren«, konnte ich

mir dann doch nicht verkneifen, und tat dabei so, als sei das das Normalste auf der Welt.

»Als das gerade aufkam«, schob ich hinterher. Die Wirkung war wie erwünscht. Sie riss ihre grauen Augen auf.

»Echt? Wie cool ist das denn?«

»Na, kein großes Ding«, winkte ich ab, »wann geht's denn los?«

Sie gab mir die Einzelheiten. »Meine ganzen Kumpels mit Fixies sind dann auch da.«

»Also bis dahin.« Ich winkte ihr nach, als sie sich wieder auf ihr Rad setzte und antrat. Aber sie drehte eine weite Kurve und kam noch einmal zurück: Ob sie mir in den nächsten Tagen einen Kuchen vorbeibringen dürfe, als Entschädigung für die verbogene Speiche?

»Lothar, ich brauche sofort ein Fixie! Auf der Stelle!«

Der Fahrradhändler meines Vertrauens stand hinter seinem Mechanikerstand und schaute mich ruhig an.

»Ein Fixie? Bist du sicher?«

»Jaja, frag nicht so blöd. Wo stehn die denn bei dir?« Hektisch suchte ich seinen Laden nach der Single-Speed-Abteilung ab.

»Nun mal langsam. Das geht nicht so einfach«, sagte er und wischte sich die ölverschmierten Hände ab, »ich darf dir so was gar nicht verkaufen, da mache ich mich strafbar. Das musst du dir schon selber zusammenbauen.«

Er sah meinen offensichtlich enttäuschten Gesichtsausdruck. Ich hatte gehofft, gleich mit einem Fixie aus der Tür rollen zu können. Viel dran war ja nicht an den Dingern.

»Das Selberbasteln ist außerdem eine Frage der Ehre. Du willst doch nicht als »Fakenger« dastehen, als einer, der die Messenger-Kultur nur faked, oder?«

Ich schüttelte den Kopf. »Aber ich hab doch gar keine Ahnung, was man da genau machen muss. Und wo krieg ich die Teile her?« Das war ja schwieriger, als ich gedacht hatte.

»Zufälligerweise«, sagte er gedehnt, »habe ich ein altes Rennrad bei mir im Lager stehen, kein italienisches Edelteil – sonst würd ich es auch für so etwas gar nicht hergeben, aber ein solider Stahlrahmen aus England, den ich unter Umständen bereit wäre, für einen nicht unbeträchtlichen Obolus an einen guten Kunden abzugeben. Und wenn du die nächsten Tage Zeit hast, dann zeige ich dir, wie man alles herrichtet.«

Ich hätte ihn küssen können.

»Aber nur«, fügte er grinsend hinzu, »wenn du mir sofort sagst, wie sie heißt.«

»Ist das so offensichtlich?«

»Es steht dir praktisch auf der Stirn geschrieben – wie wäre es morgen um siebzehn Uhr?«

Während ich am nächsten Tag an der Werkbank das Hinterrad vom alten Zahnkranzsatz befreite und mit einem einzelnen 13-zähnigen Ritzel ausstattete, gab mir Lothar von seinem Mechanikerstand aus einen Überblick über die Fixie-Szene: Die ersten Fixies konnte man in den Achtziger- und Neunzigerjahren auf den Straßen amerikanischer Großstädte sehen. Der Bahnradsport verlor zu der Zeit immer mehr an Popularität, da waren gebrauchte Bahnräder billig zu haben, oft fand man sie sogar einfach im Schrott. Und weil Hipster gewöhnlich kein Geld haben, zumindest solange sie echte Hipster sind, haben sie sich also diese Teile geschnappt und sind damit durch die Städte gegeigt. Oft waren das auch Fahrradkuriere, die aus praktischen Gründen sowieso alles weggelassen haben, was irgendwie kaputtgehen konnte.

»Die Räder haben also oft Patina, haben einen *used look*. Stahlrahmen und alte Vorbauten vollenden den Retrolook.«

»Verstehe«, rief ich, um den Lärm zu übertönen, den die Schleifmaschine machte, mit der er die Anschläge für die Schaltzüge vom Rahmen flexte, »und wenn man dann noch Kurierkappen, kurze Hosen und Beinlinge trägt, dann sieht man so verwegen aus wie die Radler in dem Film ›Kuhle Wampe‹ ...«

Lothar schaltete die Maschine wieder aus. »Ja genau, cooles Strampeln.« Er schob sich die – natürlich *vintage* – Schutz-

brille auf die Stirn. »Obwohl«, schränkte er dann ein, »du weißt schon, dass nicht alle Radler Single-Speeds cool finden. Manche sagen ja auch, Fixie-Fahrer sind bloß zu blöd zum Schalten.« Ich scheuchte ihn mit erhobenem Schraubenschlüssel durch seine Werkstatt.

Wir stritten uns auch lange über die Farbe meines neuen Rads. Er wollte den ganzen Rahmen auf den blanken Stahl runterschmirgeln und dann mit Klarlack versiegeln. Das hätte noch mal ein paar Tage Arbeit bedeutet. Ich setzte mich deshalb als zukünftiger Besitzer mit meinem hellgrünen Anstrich durch. Als wir tags darauf dann begannen, das Rad aufzubauen, musste er zugeben, dass der Rahmen klasse aussah. »Kannst froh sein, dass das keine Original-Bahnmaschine war, sonst wäre da nur über meine Leiche neue Farbe drauf gekommen.«

Aber da bestehe kaum eine Gefahr, erklärte er mir dann. Inzwischen seien alte Originalteile von Bahnrädern praktisch nicht mehr zu haben. Man könne noch sündhaft teure Teile aus Japan beziehen, die mit einem extra Zertifikat ausgestattet seien, zum Beweis, dass sie wirklich aus dem Bahnradsport kämen.

»Hat deine komplizierte Kaffeemaschine hier eigentlich auch ein Echtheitszertifikat?«, fragte ich, als wir am späten Abend des zweiten Tages mit einer Flasche Bier auf die erfolgreiche Reduktion des englischen Rennrads auf ein superschickes Fixie anstießen.

»Wieso?«

»Leihst du die mir mal? Ich kriege in ein paar Tagen Damenbesuch.«

»Vergiss es!«

Zu Hause hängte ich das neue knatschgrüne Rad an der Stelle an die Wand, unter der mein E-Bike explodiert war. So verdeckte es die Schmauchspuren. Gleichzeitig wirkte es dort im Flur eher wie ein Kunstwerk als wie ein Gebrauchsgegenstand.

Als Prisca dann eines Nachmittages mit ihrem Kuchen kam, lobte sie meine neue Errungenschaft gebührend. Sie bezeichnete meine Farbauswahl als »voll geschmackvoll« und fand, dass es ja »krass schnell« gegangen sei mit dem Umbau.

Wir setzten uns in die Küche, und sie bewunderte Lothars Kaffeemaschine mit Handhebel, das sei ja »voll *old school*«. Sie sagte auch im weiteren Verlauf des Nachmittags noch oft »krass« und »voll«, fand zum Beispiel, dass ihre Eltern »krass wenig Geld« hätten, aber »voll liebevoll« seien, sie sprach von facebook-Partys, Shitstorms und Flashmobs, ihren Plänen nach dem Studium – »irgendwas mit Medien« –, und ich langweilte mich ein wenig. Aber wer so schöne Augen hat und so ein herrliches Lachen, der darf auch ein bisschen langweilig sein, redete ich mir ein. Tatsächlich versuchte ich ihr am Ende ihres Besuchs an der Wohnungstür einen Kuss auf die Lippen zu drücken, aber sie drehte sich weg. Dann tat sie so, als sei nichts gewesen. »Also, wir sehen uns nächste Woche, oder?«

Critical Mass in Würzburg war ein »voll wenig« aufregendes Event, wie Prisca wahrscheinlich gesagt hätte. Während 20 Jahre vorher in San Francisco die ganze Aktion etwas von radikalem Umstürzlertum hatte, von Anarchie und Freiheit, verlief sie in Würzburg doch in recht bürgerlich geordneten Bahnen. Ungefähr 80 Radler hatten sich zum vereinbarten Termin eingefunden. Prisca war allerdings nirgendwo zu sehen.

Es dauerte eine Weile, bis wir überhaupt losfahren konnten. Denn zunächst einmal gab es ewig lange Diskussionen mit der Polizei. Die wollte den Versammlungsleiter sprechen. Die Teilnehmer versuchte, den Beamten klarzumachen, dass es so etwas nicht gebe. Dies sei keine Versammlung, sondern ein paar Freunde träfen sich zum Radeln. Und weil laut StVO mehr als 16 Radler als Gruppe auf der Straße fahren dürften, hätten wir vor, genau das zu tun. Was denn die Route sei, wollte ein Polizei-was-immer-Meister mit Sprechfunkgerät in der Hand wissen. Das könne ihm keiner sagen. Das sei ja eine Spazierfahrt, da komme es immer wieder zu spontanen Entscheidungen. Wir dürften aber bei Rot nicht über die Ampel fahren, warnte der Polizeichef. Einige StVO-feste Aktivisten hielten dagegen, dass eine zusammenhängende Radlergruppe mit mehr als 16 Rädern wie ein einzelnes Fahrzeug behandelt werden müsse, dass also, wenn die Spitze bei Grün losfahre, die ganze Gruppe über die Kreuzung fahren dürfe, egal ob zwischenzeitlich die Ampel wieder auf Rot springe. Ziemlich zähe Diskussionen waren das. Ich probierte aus Langeweile auf meinem Fixie stehen zu bleiben, ohne mit den Füßen den Boden zu berühren. Die Profis nennen das *Track-Stand*. Für mich war es eher noch ein »Drecks-Stand«. Immer wieder musste ich von den Pedalen steigen, um nicht umzufallen.

Als wir uns endlich in Bewegung setzten, war Prisca immer noch nicht zu sehen. Dafür waren zwei, drei andere Jungs mit Fixies dabei. Wir hielten uns zusammen in der Mitte des Zuges auf, damit uns die Polizei nicht herausgreifen konnte wegen unserer nicht verkehrssicheren Fahrzeuge. Ein Fahrrad ohne Bremsen ist im Straßenverkehr nicht zugelassen. Nicht auf-fallen, war also die Devise. Dabei riefen wir uns gegenseitig aufmunternde Scherze zu wie: »Wer später bremst, ist länger schnell.« Als mich ein zauseliger Hollandradfahrer neugierig fragte, wie ich denn mit der Maschine bremsen würde, antwor-tete ich: »Mit dem Gesicht.«

Insgesamt war ich stolz auf mein stilvolles Auftreten. Mein Franken-Fixie glänzte im Sonnenlicht, meine gelbe Messen-ger-Tasche mit (ziemlich unpraktischem) Flugzeug-Sicher-heitsgurt-Verschluss am Schulterband kontrastierte schön mit der dunklen Windjacke und meinen schwarzen Baggy-Radlershorts. Die schwarzen Beinlinge vervollständigten das Bild eines Bike-Messengers. Hoffte ich jedenfalls.

Ich hatte in den letzten Tagen das Fixie-Fahren geübt wie ein Wilder, in fiebriger Erwartung dieses Tages. Mir wurde immer klarer, wie sehr ich von Gangschaltungen und funktionieren-den Bremsen verwöhnt war. Dabei sind Generationen von Rad-fahrern ohne ausgekommen. Ich musste immer wieder an die Erzählungen meiner Mutter denken, wie sie als junge Frau mit Freunden ins Sauerland geradelt war – für Münsteraner eine wilde Berglandschaft – und wie sie dort die Abfahrten mit rauchenden Rücktrittbremsen bewältigt hatten und bei den haarigsten Stellen Stöcke zwischen Gabel und Felge klemmten, um mehr Bremswirkung zu erzielen. Mir fiel auch ein, dass die ersten Gangschaltungen erst etwa ab 1930 für Rennräder erfunden wurden, davor waren praktisch alle Räder Single-Speeds, alle Radler also Hipster.

Bei meinen Probefahrten stellte sich heraus, dass der kurze Radstand und die bedingungslose Verbindung von Kurbel und Hinterrad so ein Fixie zu einem sehr agilen, wenn auch etwas nervösen Gefährt machten. Es war unglaublich wendig und sehr dynamisch beim Antritt. Das Bremsen, also dieses machtvolle Nach-hinten-Treten, bis die Räder blockieren, kostete zwar einige Übung und einige Versuche auf freier Fläche, die mit unzähligen unfreiwilligen Abstiegen endeten. Aber irgendwann bekam ich das »skidden« so einigermaßen hin. Es machte mir immer mehr Spaß, mit diesem eigentlich unpraktischen Rad umherzufahren. Ich genoss das Gefühl, nach langer Zeit wieder einmal etwas richtig Unvernünftiges zu tun, noch einmal allen zu zeigen, was in mir steckte.

Ich hatte mich auch schon mehrmals in den dichten Innenstadtverkehr gewagt. Eine sehr anstrengende Erfahrung. Irgendwie verleitete einen die kurze Übersetzung immer dazu, schnell zu fahren. Ich gab immer viel mehr Gas als bei dem vergleichsweise gemütlichen Wheeler. Aber wenn man so spritzig anfährt und beschleunigt und aus purer Lust am selbst erzeugten Tempo durch die Innenstadt saust, dann kann es sein, dass viele andere Verkehrsteilnehmer schlicht überfordert sind. Immer wieder hatte ich den Eindruck, dass sie mich für ein unbekanntes Fahrobjekt hielten. So schnelle Räder waren die anderen um mich herum nicht gewohnt. Umso mehr musste man höllisch aufpassen, durfte sich keine Sekunde der Nachlässigkeit erlauben.

»Du musst hellwach sein und für jeden auf der Straße mitdenken«, hatte Prisca noch beim Kaffee gesagt. Sie hatte außerdem behauptet: »Mit einem Fixie kannst du die Verkehrsregeln nicht einhalten, weil du ja nicht ständig bremsen willst. Das ist ja nur für den Notfall vorgesehen.«

Bei meinen Trainingsausfahrten merkte ich schnell, was sie meinte. Bald sprang auch ich über Bordsteinkanten, Gehwege, rote Ampeln, um den *flow* nicht zu verlieren. Dabei hielt ich immer Ausschau nach grünen Spaßverderbern, die mir ein fettes Strafmandat geben und das Rad stilllegen würden. So war das Fixie auch ein Instrument, mit dem ich mich endlich mal wieder ordentlich gegen alle Restriktionen und Verkehrsregeln auflehnen konnte. Das fand ich cool, denn es erinnerte mich an alte Zeiten, als ich noch mit dem Megafon in der Hand dem Staatsapparat die Stirn geboten hatte. Schon deshalb fühlte ich mich um Jahrzehnte jünger. Ich war hip, endlich wieder auf der Höhe der Zeit. Allerdings fand ich dieses hochtourige, nervöse Manövrieren durch den Stadtverkehr, ehrlich gesagt, auch etwas anstrengend. Aufregend zwar, aber auf die Dauer ganz schön ermüdend. Laut zugegeben hätte ich das allerdings niemals.

Zudem übersah ich geflissentlich, dass so ein Fixie im Alltag einige Fehler hatte. Bei Regen sah man aus wie Sau. Beide Reifen spritzten ungehindert und unaufhörlich allen Dreck ins Gesicht und aufs Gesäß, den sie irgendwie von der Straße klauben konnten. Ohne Gepäckträger musste man außerdem alles am Körper transportieren. Das war mit einer Messenger-Tasche einigermaßen machbar und sah auch voll cool aus. Wurde aber schwieriger, wenn man mit Jutetaschen unterwegs war.

Als angehender Hipster wusste ich natürlich, dass in Berlin lommelige Jutetaschen gerade wieder total angesagt waren. Je *vintage* die Tasche, desto besser. Jetzt mal egal, warum. Daran war bei mir zu Hause kein Mangel. Da hatte sich bei den Einkaufstaschen im Küchenschrank, im Schuhregal oder bei der Kletterausrüstung das ein oder andere Stück versteckt, das aus der Zeit stammen musste, als Joschka Fischer noch im Frankfurter Stadtrat saß. Jutetasche und Fixie geht aber nicht zusammen, musste ich feststellen. Meine Versuche, einen mittleren Einkauf in der Jutetasche am Lenker hängend von den Speichen des Vorderrads fernzuhalten, scheiterten kläglich. Eine aufgescheuerte

Milchtüte und ein aufgeschürftes Knie später beschloss ich, diesen Coolness-Overkill vielleicht doch irgendwelchen Akrobaten zu überlassen. Kurzzeitig überlegte ich, meine Einkäufe in einer alten Milchkanne zu verstauen, das wäre wenigstens »mega krass *vintage*« gewesen, aber mehr als ein Joghurtbecher ging nicht durch die schmale Öffnung. Ich entschloss mich, darauf ebenso zu verzichten wie auf die Tweed-Kniebundhose, die ich mir angeschafft hatte, um den Retrolook zu verstärken. Aber sie juckte grausam und saugte sich beim ersten Platzregen so voll, dass ich kaum noch die Beine heben konnte. Schnell kam sie wieder unter den eBay-Hammer.

Beim *Critical Mass* in Würzburg waren sowieso weder ausgefallenes Outfit noch besondere fahrerische Fähigkeiten gefragt. Wir schlichen betont langsam in Zweierreihen durch die Stadt. Lediglich das immer wieder aufflammende kollektive Klingeln verbreitete so etwas wie die Ahnung von einer rebellischen Stimmung. Es erschien mir eher wie ein kläglicher Versuch, an die Demonstrationen früherer Jahre anzuknüpfen, in denen wir mit riesigen Transparenten und Ho-Chi-Minh-Rufen im Laufschritt eingehakt durch die Straßen gezogen waren. Mitklingeln konnte ich eh nicht, denn natürlich hatte mein Fixie keine Glocke. Das wäre das Gleiche, als wenn ein Formel-1-Rennwagen eine Hupe hätte.

Wir waren inzwischen vielleicht 100 Radler und lösten ungefähr so viel Verkehrschaos aus wie einer der vielen Trecker, die voll beladen mit Trauben während der Weinlese durch Würzburg tuckerten. Selbst wenn wir mehrere Ampelphasen brauchten, um über eine Kreuzung zu kommen, blieb alles ruhig. Etwas ratlos, aber geduldig schauten uns die Autofahrer an, die wir passierten, und fuhren einfach weiter, als wir vorbei waren.

Und immer noch keine Spur von Prisca. Plötzlich aber, nach mindestens einer halben Stunde Gegurke durch die Stadt, war sie auf einmal neben mir.

»Hey, du hast es ja echt geschafft!«, rief sie begeistert. »Und sogar mit deinem Fixie! Voll cool!« Sah so aus, als hätten sich die Mühen der letzten zwei Wochen gelohnt.

»Sorry, dass ich erst später komme, wir hatten noch ...« Dann unterbrach sie sich und schaute sich um.

»Hey Basti, das ist der coole Typ, von dem ich dir erzählt habe, der den Critical Mass in San Francisco mit erfunden hat.«

Ich musste mich nicht lange fragen, mit wem sie da sprach.

»Das ist mein Freund Sebastian«, stellte sie mir den schlanken blonden Rasta vor, der plötzlich – natürlich auf einer original vintage Bahnmaschine – angesprungen kam. Er baute sich im Track-Stand vor mir auf, diesem Stehversuch, den ich so lange erfolglos trainiert hatte, und musterte mich und mein grünes Bike kühl. Dann rauschte er mit einem nachlässig hingeworfenen »Hi!« davon. Prisca lächelte etwas gequält. »Er ist ein bisschen scheu!«

Reichlich geknickt rollte ich eine Stunde später heim. Weil es ja eine »spontane Radtour« war, hatte es bei dem Critical Mass keine Abschlusskundgebung oder so etwas gegeben. Also löste sich alles einfach irgendwann auf. Prisca hatte sich noch einmal zu mir gesellt und ein bisschen Small Talk gemacht, aber ich war nicht recht bei der Sache. Ich hatte das Gefühl, mich ziemlich zum Affen gemacht zu haben. Jetzt kam mir mein Versuch, bei einer vielleicht 25-Jährigen zu landen, lächerlich vor. Wie hatte ich nur annehmen können, dass so ein radelndes Rotkäppchen einfach im Freilauf herumfuhr und sich obendrein für jemanden interessieren würde, der mit Fixie und hipper Kleidung die Tatsache zu vertuschen suchte, dass er ungefähr doppelt so alt war wie sie! Zwar fuhr ich mit Helm, aber mein Herz war ungeschützt aufs Pflaster geschlagen. Offensichtlich hatte ich dabei eine leichte Seelenerschütterung davongetragen.

Eigentlich hätte ich also guten Grund gehabt, das Rad wütend an die Wand zu werfen. Es hatte mir ja nicht den gewünschten Erfolg gebracht. Da konnte ich es auch gleich wieder verschrotten. Stattdessen aber hängte ich es, zu Hause angekommen, ganz behutsam im Flur vor die angeschwärzte Raufasertapete, trat einen Schritt zurück und musterte es. Erst jetzt erkannte ich, dass es mich in seiner radikalen Einfachheit ein bisschen an mein erstes Fahrrad erinnerte, an Flury. Auch was den Erfolg bei Frauen anging, stellte ich bitter fest, nahmen sich die beiden nichts: mehr Single als Speed. Dennoch war es ein wirklich hübsches Rad, fand ich. Und unabhängig von meinen fehlenden Erfolgen bei Prisca hatte es sich gelohnt, es herzurichten. Bloß weil sich eine Frau nicht für mich interessierte, musste ja nicht gleich die ganze Philosophie hinter dem Fixie sinnlos sein. Die Idee nämlich, nur das absolut Unabdingbare am Fahrrad zu lassen, nur das gelten zu lassen, was das Fahrrad wirklich ausmachte. Im Gegenteil: Vielleicht brauchte man ja eine gewisse Isolation, um diese Idee wirklich zu verstehen.

In den nächsten Tagen saß ich viel im Flur vor meinem grünen Flitzer an der Wand und dachte nach. Zwischendurch nahm ich ihn immer wieder mit auf eine Ausfahrt. Ich genoss die anerkennenden Blicke der Wissenden und die wütenden Schmähungen der gemeinen Verkehrsteilnehmer.

Und je mehr ich rasend auf ihm unterwegs war oder schweigend zu ihm aufschaute, desto mehr schien mir die Philosophie des Fixies nicht nur in Fleisch und Blut überzugehen, nein, sie schien mir bald noch gar nicht weit genug gedacht.

Plötzlich sah ich meine Wohnung mit anderen Augen. Ich kam mir komisch vor, mit meinem total minimalistischen Fixie herumzufahren, nur um danach eine mit Unmengen von Kram vollgestopfte Wohnung zu betreten. Der schäbige Sisalteppich im Flur musste als Erster dran glauben. Das große Bett, das ich ja mit niemandem mehr teilte, war das nächste Opfer. Stattdessen zog ein simpler Futon ein, bretthart zwar, aber er ließ mich wieder meinen Körper spüren. Schränke, Regale, Kommoden, alles wanderte in den Keller. Deren Inhalt, wie Bücher, Bettwäsche und Geschirr, fand sich im Sozialkaufhaus wieder. Ich verkaufte meine voluminöse Stereoanlage samt historischem Kassettendeck und meine CD-Sammlung, die sich wildwuchernd übers ganze Wohnzimmer ausgebreitet hatte. Ich trennte mich ohne Trauer von der Filterkaffeemaschine, der Mikrowelle und dem Eierkocher. Dafür zogen ein: ein einzelner Lautsprecher mit iPod-Dockingstation, eine Espressomaschine mit Handhebel und eine unglaublich unpraktische Designer-Zitruspresse. Ich wollte Wohnen wieder aufs Wesentliche reduzieren. Ich spürte wieder das Linoleum unter den nackten Füßen, wenn ich nachts aufs Klo ging, und meine Schulter, weil ich im radikal lichtreduzierten Flur an der Pedale meines an der Wand hängenden Fahrrads hängengeblieben war. Wenn ich ehrlich war, unternahm ich diese Schritte natürlich zunächst mit dem Gedanken an Prisca. Aber irgendwann verselbstständigte sich der Gedanke, er wurde zu meinem eigenen Bedürfnis. Wie beim Fixie stellte ich mir bei immer mehr Gegenständen die Frage: Brauche ich das wirklich? Ist das wirklich essenziell? Und meistens musste ich die Frage negativ beantworten. Brauchte ich wirklich noch andere Kleidung, als die, die ich zum Fahrradfahren benutzte? Meinen guten Anzug, die alte, nicht mehr ganz dichte Gore-Tex-Jacke, die farblose Cordhose – die Leute im Sozialkaufhaus kannten mich bald beim Namen.

Irgendwann ging ich daran, auch meine menschlichen Beziehungen auf den Prüfstand zu stellen und zu reduzieren. Während meiner ausgedehnten Exkursionen auf meinem Fixie fragte ich mich: Brauche ich die wirklich? All diese Abende mit Kumpels oder Freunden, vollgestellt mit Worthülsen, die einem die Sicht auf das Wesentliche versperrten? Was, dachte ich, während ich mich mit schlafwandlerischer Sicherheit pfeilschnell durch den städtischen Verkehr manövrierte, was, wenn einem im Leben nicht unendlich viele Worte zur Verfügung stehen, sondern man nur einen begrenzten Wortschatz hat, der im Laufe eines Lebens langsam abschmilzt? Sollte man da den Ausstoß nicht radikal reduzieren, auf das Wesentliche konzentrieren, um nicht irgendwann ohne Worte dazustehen?

Während ich mich mit meinem essenziellen Fahrrad zwischen an der Ampel wartenden Autos schwerelos hindurchschlängelte, wälzte ich die schwierige Frage: Wie viele Worte braucht ein Gespräch eigentlich wirklich? Was kann man weglassen, ohne dass die Sätze zusammenbrechen? Sollte man nicht beginnen, Artikel vor Hauptwörtern wegzulassen?

Plötzlich erschien ein Auto von rechts in meinem Sichtfeld. Nicht eigentlich eine Überraschung, weil ich ja bei Rot auf einem Fußgängerüberweg unterwegs war. Viel zu schnell kam es auf mich zu, als dass ich zum *skidden* Zeit gehabt hätte. Ich konnte noch den total reduzierten Satz »Oh,oh,oh!« herausbringen, bevor ich ungebremst gegen den Kotflügel knallte und zum zweiten Mal in meinem Leben zum Flug ansetzte. Diesmal gab es keine Zeitlupe. Diesmal hörte ich keine Stimmen. Dieser Unfall war aufs Wesentliche beschränkt. Der Aufprall kam schnell und schmerzhaft.

Mir wurde schwarz vor Augen.

Als ich im Krankenhaus wieder aufwachte, saß Petra an meinem Bett.

»Sag mal, machst du dir das jetzt zur Gewohnheit, dich alle naselang ins Hospital zu legen? Kaum lässt man dich aus den Augen, hast du schon wieder 'nen Unfall!«

Ich wollte einwenden, dass ihr »kaum« ja nun schon über ein halbes Jahr andauerte, aber ich hatte so ein pelziges Gefühl im Mund, das mich am Sprechen hinderte. Deshalb bat ich sie gestenreich nur um einen Schluck Wasser. So überspielte ich auch meine Rührung darüber, dass sie an meinem Bett gewacht hatte.

»Brauchst dich aber gar nicht an den Service zu gewöhnen«, sagte sie in ihrer gewohnt herzlichen Art, als sie mir den Becher reichte. »Du bist nur noch zur Beobachtung hier. Hast nur ein paar Schrammen und 'ne leichte Gehirnerschütterung.« Erst jetzt merkte ich, wie sehr ich sie und ihre ruppigen Bemerkungen vermisst hatte. Aber ich konnte mich nicht lange daran freuen. Ein anderer Gedanke drängte sich auf.

»Und mein Rad?« Ich hatte plötzlich ein Déjà-vu. Hatte ich nicht vor Kurzem genau dasselbe gefragt, als ich in einem englischen Krankenhaus lag?

»Dein Fixie lebt«, antwortete Petra zu meiner großen Erleichterung, »aber die Polizei hat es wegen Verkehrsuntüchtigkeit beschlagnahmt. Soweit ich weiß, rücken die solche Räder auch nicht mehr raus.«

Empört richtete ich mich auf. Ein plötzliches Schwindelgefühl ließ mich aber wieder in die Kissen sinken.

»Vielleicht solltest du auch gar nicht versuchen, es wieder aus deren Klauen zu befreien«, meinte Petra, unbeeindruckt von meinem schwachen Protest. »Denn erstens ist das gar nicht so einfach, und zweitens sieht es nämlich so aus, als wenn du mit dem neumodischen Kram nicht so ganz klarkommst.« In ihrer Ironie schwang auch ein Hauch von Eifersucht mit. Sie nutzte die Tatsache weidlich aus, dass ich immer noch nicht so richtig reden konnte. »Vielleicht solltest du auch mal 'ne Weile gar nicht mehr Rad fahren.«

Und dann plötzlich, mit viel mehr Wärme in der Stimme: »Hast du Lust, mit mir über die Alpen zu wandern?«

Petra und ich saßen auf einer Bergwiese jenseits des Alpenhauptkamms und hatten unser Picknick auf einem Stein ausgebreitet. Das Panorama der Dolomiten erstreckte sich vor uns in seiner ganzen Pracht. Die Seiser Alm lag zu unseren Füßen, und ich meinte, ein paar Kehren der Grödnerjoch-Passstraße in der Ferne erkennen zu können. Beim Anblick dieser Landschaft verspürte ich einen großen Frieden. Sie war mir vertraut und erschien mir doch durch das Wandern ganz neu. Genauso ging es mir mit Petra. Es war nicht schwer gewesen, die Beziehung dort wieder aufzunehmen, wo sie vom explodierenden E-Bike auseinandergesprengt worden war. Es verband uns einfach zu viel. Gleichzeitig war etwas Neues in unser Leben getreten, eine gewisse Vorsicht, nein, es war Achtung voreinander. Das Wissen, dass wir auf unserem Lebensradweg nicht unlösbar auf einem Tandem unterwegs waren, dass wir uns jederzeit entscheiden konnten, unabhängig voneinander einen anderen Weg einzuschlagen, schweißte uns mehr zusammen als Oberrohr und Muffe bei einem Stahlrahmen.

»Wenn du willst, zieh ich wieder ein«, hatte sie während eines besonders schweißtreibenden Anstiegs gesagt.

»Was ziehst du ein? Eine Speiche?«

Sie boxte mir schmerzhaft auf den Oberarm. »Blödmann!« Es war fast wieder wie in alten Zeiten.

»Unter einer Bedingung. Dein alberner Futon muss weichen.«

Ich war nicht überrascht von dieser Forderung. Inzwischen hatte ich so viel Lebenserfahrung gesammelt, um zu wissen, dass es ein paar Dinge gibt, die sollte Mann mit Frauen nicht teilen: Fahrräder, Fernbedienungen und Futons zum Beispiel. Ich war sicher, dass meine Mutter das genauso sah, obwohl ich nicht glaubte, dass sie je auf einem Futon geschlafen hatte.

Krachend biss ich ins Schüttelbrot, das selbst mit Öl beträufelt immer noch bretthart war. Schnell schob ich ein Stück Tomate und Käse nach, was zu einem unnachahmlichen Geschmackserlebnis führte, das man eigentlich nur in Südtirol in vollem Ausmaß genießen kann. Durch den Lärm, den meine mahlenden Zähne veranstalteten, verstand ich Petras Frage zunächst nicht.

»Ich wollte wissen, ob du dir wieder ein neues Reiserad kaufst?«, wiederholte sie. Die langsam untergehende Sonne tauchte ihr Gesicht in ein zauberhaftes Rosé. Ich fand sie unglaublich schön.

Ich dachte an all die Räder, die ich schon besessen hatte und die mir alle etwas bedeuteten. Zum Beispiel an GT, der als Reiserad schon lange ausrangiert war, der mir aber noch nicht genug heruntergekommen war, um ihn als Stadtrad im Regen stehen zu lassen. Je weniger ich mit ihm fuhr, desto mehr weckte es in mir nostalgische Gefühle. Immerhin hat er mich auf unserer längsten Radreise begleitet. Und ohne dieses Bike hätte ich mich nie mit den technischen Einzelheiten eines Rads beschäftigt, hätte nie gelernt, Speichen oder ein Tretlager auszuwechseln. Kenntnisse, die ich zwar seitdem kaum mehr anwenden musste, die mir aber auf jeder Reise eine gewisse Sicherheit gaben: Egal was passierte, wir kriegten das schon irgendwie repariert.

Ich dachte an Rabe, den ich trotz des verzogenen Rahmens als Single-Speed wieder hergerichtet hatte. Natürlich blieb er auch als solcher etwas schief. Weil ich mit ihm aber nur gelegentlich und natürlich ohne Gepäck und ohne lange steile Abfahrten nur mal so lässig durch den Stadtpark *cruiste*, konnte ich das tolerieren. Mit ihm verband mich zu viel, als dass ich den Rahmen einfach hätte in den Schrott werfen können. Mit ihm bin ich zum unverbesserlichen Bergfahrer geworden. Der Rabe hat mir die technischen Hilfsmittel dafür zur Verfügung gestellt und mich gleichzeitig die Geduld gelehrt, die man braucht, um raufzukommen. Mit ihm habe ich die langen Bergabfahrten richtig genießen können, weil seine Bremsen mir das nötige Vertrauen gaben, vor der nächsten Haarnadelkurve auch wieder stoppen zu können.

Da war aber auch Scotty, das Rad, das mir die Berge noch mal auf ganz andere Weise erschlossen hatte. Auf keinem Rad habe ich je so gejapst wie auf ihm.

Unvergesslich natürlich Colnago. Die Geschwindigkeit, die man mit einem Rennrad erreichen konnte, war begeisternd. Dieses Rad hat keinen anderen Zweck gehabt, als Freude am Fahren zu erzeugen. Mit ihm musste ich kein Ziel erreichen, nichts transportieren, keinen Stadtverkehr erdulden. Das war Fahren um des Fahrens willen. Und da war natürlich Wheeler, das Fahrrad mit dem schillerndsten Charakter. Der hielt wahrscheinlich in diesem Moment, in dem wir in den Bergen die Aussicht genossen, den anderen mit ihm im Kellerabteil in Würzburg zusammengepferchten Rädern einen Vortrag.

»Wie viele Nächte habt ihr denn schon an die Hauswand gelehnt verbracht? Wie viele Winterabende geduldig vor irgendeiner Kneipe gewartet? Und dann unseren angetrunkenen Fahrer heimkutschiert? Da möchte ich mal sehen, wie ihr dann aussseht.« Ich war sicher, Wheeler war nicht gerne im Bretterabteil, in das ich ihn nur bei langer Abwesenheit verbannte. Was wollte er auch im feuchten Keller herumstehen? Da holt man sich ja nur Schimmel auf dem Sattel. Ich war mir sicher, dass er die Nacht lieber draußen an der frischen Luft verbrachte. Da hatte Rad seine Ruhe und musste sich nicht das Geschwätz dieser Schönwetterräder anhören.

»Schalten?«, meinte ich ihn in diesem Moment verächtlich lachen zu hören. »Was ist das? Als ich das letzte Mal erfolgreich einen Gang gewechselt habe, da seid ihr alle noch auf der Brennsuppe im Stahlkocher geschwommen.« Besonders das Mountainbike ist Ziel seiner Verachtung.

»Der lässt sich ja nur manchmal dekorativ mit ein bisschen Dreck bespritzen, damit man auch sieht, was für 'n harter Kerl er ist. Aber eigentlich ist er doch immer heilfroh, wenn Herrchen ihm abends sorgfältig das Hinterrad abwischt. Und so empfindlich ist so ein Rad. Ui, da ist ein Stein in meine Bremsanlage geraten, da kann ich nicht mehr weiterfahren. Ui, meine Federgabel hat ein Leck, das muss sofort repariert werden. Und mit Stadtverkehr muss sich so ein Muttersöhnchen ja nicht auseinandersetzen. Den kann er sich ja ganz entspannt von seinem Dachgepäckträger aus anschauen, mit dem er durch die Niederungen des Lebens kutschiert wird. Auf dem Weg zu seinem, ohoh, ach so gefährlichen Abenteuer.«

Ich musste lachen bei der Vorstellung, wie Wheeler das Mountainbike zu Schnecke machen könnte.

»Woran denkst du grade?«, fragte Petra und stellte sich in die untergehende Sonne, um mich wieder in die Realität zu holen.

»Ooooch, ich habe über deine Frage nach einem neuen Fahrrad nachgedacht.«

»Und?« Sie setzte sich wieder neben mich.

»Ich habe in meinem Leben so viele Räder geritten«, antwortete ich nachdenklich. »Von den Rädern meiner Jugend bis zum Rabe selig.« Ich vermied eine detailliertere Aufzählung, hätte ich doch so heikle Themen wie Tandem, E-Bike oder Fixie ansprechen müssen. »Jedes hat auf seine Weise eine tragende Rolle gespielt. Manche sind immer noch bei mir, erfüllen eine Aufgabe in meinem Leben, andere sind von uns gefahren. Ich sollte also dankbar sein, für das, was mir da geschenkt wurde. Dennoch ist da ein Sehnen, die Sehnsucht nach dem ultimativen Rad. Ich bin alt genug, ich habe genug Rad-Irrwege hinter mir. Deshalb bin ich jetzt bereit für das ideale Fahrrad. Ein Rad ohne Schwächen, das perfekt zu mir passt, so wie du perfekt zu mir passt.« Sie lächelte, sagte aber nichts.

»Irgendwo da draußen«, fuhr ich also mit großer Geste Richtung Berge fort, und ich war sicher, dass ich dramatische Geigenmusik hörte, »da ist das absolute Rad; das Rad, das nur für mich bestimmt ist, das Rad, mit dem ich bis ans Ende unserer Tage fahren werde. Und ich weiß, der Tag ist nicht mehr fern, dass ich es finden werde.«

Petra nahm meine Hand, und wir schauten schweigend in den Sonnenuntergang, während die Musik langsam verebbte.

DANK

An meine Geschwister Doris, Heiner und Stephan für all den Blödsinn, den wir als Kinder gemeinsam angestellt haben, und den Spaß, den wir zusammen hatten. Auf und neben dem Rad. Besonders an meinem Bruder Jochen für die Fotos aus Münster und fürs Auf-Dem-Gepäckträger-Rumfahren.

An Saci McDonnald und Sean Braniff for being the best bike buddies in the world.

An Christian Voigt, den größten A-Fixie-onado westlich von Berlin, der mir die Welt der Single-Speeds öffnete.

An Hans-Jürgen Beck vom ADFC Würzburg für die vielen Hintergrundinfos. Dank auch an die Würzburger Stadtverwaltung, die mich mit ihren Ideen zur Verkehrsführung immer wieder zum Lachen bringt.

An die Kabarett-Freunde Mathias Tretter und Florian Hoffmann fürs Manuskriptlesen, die Ermutigungen und die hilfreichen Hinweise.

An meinen Lektor Philip Laubach-Kiani und den ganzen Piper Verlag für die fast schon gewohnt enthusiastische Unterstützung.

An alle Radler, die wir auf unseren Reisen getroffen haben und die uns so viele Tage und besonders viele Abende bereichert haben.

An alle Ferienwohnungen, Zugabteile, Cafés, Wartezimmer und Krankenhausgänge, die mir beim Schreiben vorübergehend Unterschlupf gewährt haben.

An Kolja for being my son und für seinen unschätzbaren Einfluss aufs Manuskript.

Nicht zuletzt an meine Mutter, für alles. Besonders aber für ihre Gelassenheit. Und ihre weisen Sprüche.

Vor allem aber: An Andrea, die trotz all meiner Macken immer noch neben mir fährt.

MALIK

Steffen Möller

Expedition zu den Polen

Eine Reise mit dem Berlin-Warszawa-Express
288 Seiten mit 33 Abbildungen und einer Karte. Gebunden

Viel ist geschehen, seit der Autor und Kabarettist Steffen
Möller in seinem Bestseller »Viva Polonia« vom Leben als
deutscher Gastarbeiter in Polen berichtete: Das einstige
Land der Autodiebe und Spargelstecher hat sich zum EU-
Musterknaben und zum drittbeliebtesten Auswanderungs-
land der Deutschen gemausert. In seinem neuen Buch betätigt
sich Möller als Reiseführer und lädt zu einer amüsanten
Bahnfahrt nach Warschau ein. Er weiht in die Grundregeln
des polnischen Masochismus und in ein geniales Steuersys-
tem ein und erzählt von vertrackten polnischen Weihnachts-
bräuchen. An jedem Bahnhof lauert ein neuer Kulturschock, und als in Poznań eine wunderschöne Frau einsteigt,
bricht Unruhe im Zug aus …
Lassen Sie sich anstecken vom polnischen »Rajzefiber«,
erfahren Sie, was Sie mit einem lässig dahingeworfenen
»super buty« alles erreichen können. Und warum es hinter der
Oder so Neiß ist!

02/1146/01/R

Frank Rumpf

Ohne Sand kein Strand

Und andere Wahrheiten über den Urlaub. 208 Seiten. Malik

»Naturstrand«, »aufstrebende Ferienregion« und andere
tückische Formulierungen: Wer kennt nicht die Stolper-
steine des Urlaubs? Frank Rumpf schreibt von denen, die sich
hinter Hochglanzprospekten verbergen und die Reise-
maschinerie am Laufen halten. Von Frühstückseiern, die um
die halbe Welt gekarrt werden, und exotischen Salatbüfetts
an deutschen Autobahnraststätten. Er ergründet die geheimen
Botschaften von Ansichtspostkarten und ist dabei, wenn
die Crew für ein Kreuzfahrtschiff gecastet wird. Er erhält Rei-
nigungstipps in einer polnischen Hotelwäscherei und er-
fährt in der Beschwerdestelle eines großen Urlaubsanbieters,
was deutsche Touristen wirklich bewegt. Ein heiteres, amü-
santes Buch über Urlaubsmacher – und über uns Urlauber
selbst.

»Herrlich komisch ...«
Bild.de

02/1131/01/R

MALIK

Mark Spörrle

Weg da, das ist mein Handtuch!

Auf der Suche nach dem perfekten Urlaub. 256 Seiten.
Gebunden

Willkommen auf dieser ziemlich deutschen spanischen Insel!
Im Clubhotel mit allen Schikanen und Gästen, die unterschiedlicher nicht sein könnten: Oliver, der mit Frau und
Zwillingen im Ersatzzimmer mit Ameisen und hauchdün-
nen Wänden einquartiert und im Pool mit Schwimmnudeln at-
attackiert wird, bis er die Abendshow sprengt. Susan, die
ihrem Leben ein Ende setzen will, es aber ums Verrecken nicht
schafft. Moritz, Schauspieler und Star, der sich lieber als
sein Doppelgänger ausgibt. Jessica, die auch in den Ferien
durcharbeitet, zwei SMS verwechselt und am Ende ohne
Job und ohne Freund dasteht. Und Mario, Profi-Liegen-
Reservierer und ausgekochter Pauschalurlauber, der jedes
All-inclusive-Angebot mitnimmt ...

02/1124/01/R